HEXES

Sur l'autrice

Agnieszka Szpila est née en 1977 en Pologne. Diplômée en cultural studies, elle est écrivaine, scénariste et activiste. Elle fait ses débuts en littérature en 2015 avec la publication d'un récit, *Łebki od Szpilki* (non traduit). Son premier roman, *Bardo* (non traduit), paraît en 2018 et devient rapidement un best-seller. Son deuxième roman, *Hexes*, dont les droits ont été vendus en huit langues, finaliste du prestigieux prix Nike, adapté au théâtre, a connu un très grand succès auprès du public polonais et été ovationné par la critique.

Agnieszka Szpila

HEXES

Roman

Traduit du polonais par
Cécile Bocianowski

NOTAB/LIA

Le personnage de Heinrich Babel est inspiré de l'inquisiteur Heinrich Franz Boblig von Edelstadt (1612-1698).

Titre original : *Heksy*

ISBN : 978-2-88983-037-4

À mes filles, Milena, Helena, Jagoda,
et à toutes mes merveilleuses amies…

AU COMMENCEMENT…

« Szpila, me dit Zajdel, le roseau a un rhizome souple, moelleux, merveilleux. Rien ne t'oblige à te masturber avec quelque chose de dur… »

Maintenant imagine, toi qui es comme moi, ou juste un peu différente parce que tu as un grain de beauté sur la fesse gauche et pas sur la droite, des yeux bleus et pas verts, quelques centimètres de plus ou de moins à la taille ou à la poitrine, des cheveux plus ou moins courts, dans ton cœur plus ou moins d'humilité et d'angoisse parce qu'un cri reste coincé en travers de ta gorge, que l'amertume et la bile envahissent ton foie… Ce foie *capital city* de nos émotions dominées par une foutue fureur omnipotente, submergeante et pas seulement génétique, qui, au moins une fois par mois, déclenche un incendie tel que les montagnes brûlent, les forêts brûlent, les chaumières, les granges brûlent et les casernes des pompiers aussi, avec leurs camions aux sirènes hurlantes en pleine alerte incendie, et avec ça les hôtels de luxe, les palais de la culture et les palais de la honte, les ponts, les viaducs, les rues et les centrales électriques, les foutues mines de charbon – prolongements de ce yang masculin qui creuse dans la sainte chatte de notre Planète Mère avec son énorme burin. Une foutue fureur qui te donne la force de vivre, mais qui te l'ôte aussi, en t'empêchant à jamais de te sentir sereine. Une fureur si ardente qu'elle illumine ton chemin. Une fureur à laquelle tu t'accroches pour ne pas ressentir de nouveau la douleur. Une fureur dirigée contre trois P : le pénis, la politique et le patriarcat, qui sont tous trois une forme de violence – la violence économique et physique, celle de l'industrie porno, et de l'industrie en général qui, en tant que telle, est la plus grande forme de violence exercée envers notre Terre-Mère offensée par les trois P. Une fureur à l'épicentre de ton brasier, que tu alimentes de temps en temps de tes espoirs brisés, de tes rêves et de tes désirs, et même parfois des enfants que tu as mis au monde, par accident ou par grand amour, et qui t'ont donné tellement de fil à retordre que tu as supplié en pensée qu'une assistante sociale vienne te les enlever pour extrême négligence. Une fureur qui te monte aux yeux chaque fois que tu n'es pas d'accord et que personne ne t'écoute. Une fureur qui mettra bientôt le feu aux temples de toutes les religions dont on t'a rayée ou chassée simplement parce que ton sang menstruel n'est pas halal, putain. Une fureur qui embrasera les bancs de bois du parlement, les innombrables dossiers, tous ces documents qui se sont ligués contre tes affaires et ta vie. Une fureur sur laquelle se consumeront les crânes empalés des amants et des maris dépravés par le patriarcat, l'industrie et la pornographie.

Dis-toi que Zajdel a raison. Que le temps est venu d'arrêter de désirer ce qui est dur, gonflé, dressé, en érection. Que ce n'est qu'en fermant cette vulve dont on a abusé jusqu'aux limites de l'imaginable, en fermant ton centre le plus tendre, qui est aussi le centre du monde, que tu pourras réellement avoir une influence sur l'avenir de la planète.

Que grâce à cet acte, appelé plus loin ENSERREMENT, tu mettras fin à ce qui, jour après jour et nuit après nuit, aspire la vie de notre Mère violée, ce qui l'humilie au-delà du supportable : les mines de charbon, les raffineries, les centrales thermiques, les émissions de gaz toxiques, la glorification de la merde. L'industrie porno qui ne cautionne que ce qui bande. Même métaphoriquement. Ce qui se dresse, pas ce qui rampe. C'est grâce à toi que pourra enfin disparaître ce qui est en érection et naître ce qui est humide, tendre, élastique et moelleux. Grâce à toi, si tu refuses à présent de prendre part, ne serait-ce que *via vagina*, à ce jeu auquel tu ne gagneras de toute façon jamais. Tu n'y gagneras jamais parce que tu resteras sagement assise sur le banc de touche à attendre un changement.

Toi qui es semblable ou presque semblable à moi, à ma mère, ma grand-mère, mon arrière-grand-mère ou à la sœur que je n'ai pas mais que tu deviens quand tu te rappelles que, mère biologique mise à part, ta première mère est la Terre-Mère, c'est toi la véritable héroïne de cette histoire, même si tout comme moi tu n'y verras jamais figurer ton nom.

Seras-tu celle qui décidera de mettre un terme à tout ça ? Et ce, peu importe le prix à payer ?

I.

HISTOIRE DE LA FOLIE
D'ANNA SZAJBEL

Du feu-fureur annonciateur

Sur la grand-place rectangulaire, où les tours des églises et du grand hôtel de ville richement orné dépassent de loin les toits des somptueuses maisons bourgeoises, déambulaient des hommes et des femmes habillés à l'ancienne : les femmes étaient vêtues d'amples jupes longues qui leur tombaient jusqu'aux chevilles, de chemisiers blancs brodés, dont le col était agrémenté d'une fraise, et dotés de manches bouffantes cousues de fil de soie ; les hommes, eux, portaient de très longs pantalons qu'ils enfonçaient dans leurs chaussures ornées de boucles, ou des culottes courtes laissant apparaître leurs mollets gainés de collants, des chemises, des gilets et des caftans de fête, la tête coiffée de chapeaux élégants. Dans les rues tortueuses recouvertes de pavés, à l'ombre des demeures à trois niveaux des riches bourgeois, qui, avec leurs greniers, rappelaient les bâtisses néerlandaises, et dont les toits étaient couverts de belles tuiles rouges sur lesquelles aimaient à camper de longues heures les pigeons et les moineaux, des chats flânaient paresseusement en direction du marché dans l'espoir d'attraper en passant un bout de lard aux abattoirs.

Le brouhaha de la grand-place, les gens qui affluaient par vagues avec toutes sortes d'articles sur leurs chariots – de la volaille qui caquetait à tue-tête, du linge ouvré, des pièces de viande séchée, des cruches à ce point remplies de lait qu'elles débordaient en route, éclaboussant régulièrement les passants –, rien n'indiquait qu'un événement autrement extraordinaire que le marché avait lieu dans la ville.

La seule chose qui semait le doute était le grand nombre d'escouades de gardes postées sur la grand-place en ce simple jour de marché.

Soudain, les cloches de toutes les églises retentirent, de façon irrégulière, ce qui provoqua un plus grand trouble encore et vint entailler telle une lame le quotidien ordinaire et rassurant de la ville.

Lorsqu'elles commencèrent à sonner, le peuple, pressé par la garde montée, s'écarta pour former une sorte de haie. Que près d'une douzaine de femmes empruntèrent alors. Malgré la chaleur, elles avaient froid jusqu'aux os. Elles étaient complètement nues, de grandes croix expiatoires pendaient à leur cou, et leur crâne rasé était saupoudré de cendres. Pareilles à des spectres, à des mortes-vivantes rentrant de la guerre, elles traînaient les pieds, avançaient d'un pas incertain – leurs orteils avaient été écrasés, fracturés. Tout comme leurs doigts qui pendaient, inertes, et semblaient n'être retenus que par leur peau maculée de sang. Certaines saignaient de l'entrejambe ; chez d'autres, le sang s'écoulait de leur poitrine entaillée, de différentes parties de leur corps lacérées par un instrument tranchant.

On leur lançait des injures et du crottin de cheval, qui jonchait le sol en abondance sur la grand-place – et d'autant plus les jours de marché. Elles étaient surtout visées par les hommes ; les femmes, quant à elles, levaient tantôt les yeux au ciel, comme pour y chercher de l'aide, tantôt les rivaient au sol de honte, de culpabilité, ou pour une autre raison encore.

Une vieille femme qui vantait ses liqueurs à un client fit trois fois le signe de croix sur son front, tandis que les potiers, qui proposaient des culs-de-poule, des jattes et des cuillères d'argile pour attraper la pitance, se mirent à percuter leur vaisselle avec des louches, ce qui, accompagné des injures des bigotes, créa une cacophonie digne d'un charivari. Seuls les étrangers, qui vendaient des parfums dans des boîtes argentées richement ornées et des oiseaux exotiques, des canaris ou des perroquets, observaient ce déplorable cortège avec incrédulité et effroi.

Un groupe d'évêques en riches habits cousus de fils d'or et de pierres précieuses fermaient la marche, veillant à ce qu'aucune femme ne tentât de s'échapper. Les deux premières étaient celles qui marchaient avec le plus d'assurance, malgré leurs plaies. La tête fièrement relevée.

Soudain, devant la maison des Poids et Mesures apparut une construction dont elles ne pouvaient encore deviner l'usage. Faite de briques rouges, haute de huit pieds, elle était munie d'une porte en laiton si basse que, pour la franchir, il fallait presque se plier en deux. En haut, à la place du toit, un paillage sur lequel étaient posées ici et là des bûches et des planches.

Ce n'est que lorsqu'on les conduisit toutes à l'intérieur qu'elles purent apercevoir quelque chose qui vint confirmer les vieux ragots qui circulaient en ville : la grille installée au plafond.

Celles qui supplièrent d'être décapitées obtinrent qu'on leur octroyât cette grâce. Le bourreau leur indiqua où poser la tête sur les souches d'arbre. Des dix ou douze femmes, moins de la moitié profitèrent de ce privilège. Les autres, dont les deux qui avaient marché en tête du cortège, voulaient être brûlées vives.

Lorsque la porte fut fermée et la grille enflammée du dessus, les femmes – bien quc personne ne le vît depuis l'extérieur – se placèrent l'une sur l'autre, formèrent un tas de leurs corps, se collèrent si étroitement l'une à l'autre qu'on n'aurait pu glisser un brin de paille entre elles.

Avant que les flammes n'éclatent, les femmes se mirent à bouger délicatement, l'une sur l'autre, d'infimes mouvements de feuilles que le vent printanier vient effleurer. Chacun de ces mouvements venus de la base faisait naître l'envie de bouger chez celles du dessus, provoquant une avalanche de frissonnements invisibles et néanmoins perceptibles. Et cette absence de mouvement qui était mouvement malgré tout, quelque part à l'intérieur de cet organisme compact, de cette unité, produisit une flamme telle qu'au moment même de mourir, un autre feu avait déjà éclaté en elles, un feu qui les embrasait de plaisir.

Elles semblaient savoir ce qu'elles faisaient. Lorsque les flammes commencèrent à leur lécher pieds et cheveux, elles restèrent calmes, car elles n'avaient plus rien de charnel, elles étaient séparées de leur corps. Vivantes, mais mortes dans leur corps, incinérées.

Trois quarts d'heure plus tard, lorsque les gardes ouvrirent les portes pour constater le décès des condamnées, un vent s'éleva soudainement, si fort que toutes les cendres du bûcher s'en trouvèrent chassées à l'extérieur. Parmi ceux qui en furent témoins, sur la grand-place, certains se couvrirent le bas du visage pour empêcher que les cendres de ces femmes maudites par l'Église ne leur entrassent par le nez ou par la bouche, tandis que d'autres au contraire, plus près du bûcher, les inhalèrent délibérément, comme s'ils désiraient ainsi absorber tout l'événement.

Année 2025.

Szajbel se réveilla en s'étouffant, luttant contre la fumée, crachant de la cendre. Ce n'était qu'une impression, pourtant elle s'enfonça un doigt dans la gorge pour vérifier que de la suie n'en tapissait pas les parois. Elle conserverait toute la journée ce mauvais goût en bouche, une fumée âcre dans les narines. Et avec ça une odeur de brûlé. Une odeur de chair humaine calcinée…

En plus de ces sensations, elle sentit soudainement que ses pieds recommençaient à la brûler. Elle ne supportait plus ces rêves qui la faisaient flamber de l'intérieur comme une torche. Qui la laissaient aux prises avec un feu inextinguible. Aucune dispute, aucun scandale, pas plus à la maison qu'au travail, ne saurait en venir à bout. Même la Poste n'y parviendrait pas, où elle n'irait que pour faire son petit numéro, c'est-à-dire passer un savon pour expier ce qui était arrivé à d'autres dans son rêve. Elle anéantirait la nana du guichet avec son chemisier en polyester. Une foutue souris insignifiante tapie derrière son bureau dans l'espoir de se fondre avec toutes ces autres souris parfaitement identiques – mais elle n'y parviendrait pas. Szajbel imaginait avec une satisfaction sauvage sa virée à la Poste, scène après scène. Avec qui entamerait-elle la danse ? Qui valserait avec elle aujourd'hui ? La demoiselle du guichet craquerait-elle de nouveau, se décomposerait-elle encore ? Appellerait-elle à la rescousse la directrice du bureau ? Pourvu que oui ! Szajbel aurait peut-être alors une chance de décharger cette fureur qui grondait en elle, la directrice était celle qui lui tapait le plus sur les nerfs. Avec sa docilité. Sa dignité. Ses hochements de tête et ses excuses. Avec – comme disent les hommes – sa soumission.

C'est ce que Szajbel exécrait le plus. Ce qui lui faisait perdre ses moyens. Plus la directrice se montrerait soumise devant elle, et plus elle-même se déchaînerait. Quelqu'un de la file d'attente s'immiscerait alors dans la discussion – Szajbel en connaissait le scénario par cœur, elle le pratiquait depuis des années. Lui aussi se déchaînerait. Il sortirait en claquant la porte et en criant à gorge déployée : « C'est le vingt et unième siècle ! Vous pouvez vous les fourrer dans le cul, vos avis de passage du dix-neuvième ! »

Alors, elle se sentirait soulagée. Du moins pour un temps. Heureusement, Bartek était à la maison. Il lui restait quelqu'un à emmerder. Quand il lui demanderait de le laver, elle le ferait sans piper mot, comme d'habitude, en ravalant sa colère, elle ne pouvait tout de même pas cogner un infirme, mais après, elle se saisirait enfin d'un couteau ou d'une fourchette, ou même d'un crayon à la mine bien taillée. Et c'est seulement lorsque son sang coulerait qu'elle se sentirait mieux.

La fureur qui grondait en elle après ce genre de rêve était rouge sang. C'était une gigantesque boule de feu qui dévalait une pente en prenant une vitesse invraisemblable. Une boule vorace qui engloutissait toute délicatesse, toute tendresse.

« Ah, la PDG doit avoir ses règles. »

Szajbel entendrait ces commentaires. Si elle avait pu, elle en aurait aussitôt licencié les auteurs. Mais elle s'en tirerait autrement. Après tout, c'était elle qui distribuait les cartes, là-bas. Elle avait toujours senti qu'il suffirait d'approcher une allumette et qu'elle s'embraserait si fort que les montagnes brûleraient, les forêts brûleraient. Et tous ceux qu'elle rencontrerait sur sa route brûleraient aussi.

D'ailleurs, elle adorait ce moment. Et si les autres en bavaient… Tant pis. Elle aussi elle en bavait avec les autres. Il n'y avait que lorsque ce feu l'incendiait des pieds à la tête qu'elle ne se sentait pas seule. Comme si ce feu-fureur l'unissait à celles qui avaient brûlé dans le four.

Du pied-de-poule, de l'oligurie et des différents types de jardinage d'agrément

Tu ne te retrouves pas à la tête d'un grand groupe pétrolier NATIONAL en ayant entre les jambes un petit animal duveteux : un raton laveur, un castor, une belette ou une chouette. Tu ne te retrouves pas non plus à la tête d'un grand groupe pétrolier national en ayant entre les jambes une chatte, un vagin, un *vadjaïna* atavique, ni même un fourreau aussi étendu que les steppes d'Ukraine.

Pour prendre les rênes – répétons-le une fois encore – du « grand groupe pétrolier national » dont le logo est un oiseau – et pas n'importe lequel, un oiseau appartenant à l'espèce la plus respectée par les empereurs romains, par Charlemagne, par le Saint-Empire romain germanique, puis par la dynastie des Habsbourg et enfin par l'Allemagne contemporaine, la Russie, les États-Unis et… la Pologne – tu dois avoir un aigle entre les cuisses. De préférence de couleur blanche, car dans ce pays où le logo du groupe pétrolier national et celui de la nation concordent, un petit oiseau noir dans le slip ne laisse augurer rien de bon, et sûrement pas un grand avenir. Pour les représentants de la nation polonaise, les propriétaires d'oiseaux noirs, pourtant si désirés par les femmes sous toutes les latitudes, ne sont que le chaînon manquant de la théorie de Darwin, qui n'emballe déjà pas les foules en Pologne. Rien de tel qu'un oiseau blanc bien campé dans un slip, un boxer ou un caleçon – voilà, dans tous les segments du marché polonais, la carte d'identité du pouvoir.

Mais revenons plutôt *ad vaginam*. Dans la course qui les oppose à la volaille prédatrice des hommes, les doux petits animaux à fourrure qui représentent l'espèce des femmes sont généralement battus à plate couture. La volaille *corporate* nichée dans les slips, boxers ou caleçons est protégée de l'extérieur par une couche supplémentaire, celle des pantalons à pinces des costumes qui peuvent – et surtout ceux des plus riches Polonais des cités-jardins situées aux alentours de la capitale, Podkowa Leśna en tête – coûter autant qu'une voiture d'occasion de gamme intermédiaire, ou égaler la dépense annuelle de vingt familles en Républiquc démocratique du Congo. Observons les étoffes dans lesquelles on a coupé ces costumes, leurs *kissing buttons* – ces boutons qui s'embrassent pour en fermer les manches –, l'attribut secret des rupins. Le pied-de-poule ou les rayures, par exemple, motifs de choix de l'establishment et des élites intellectuelles des cités-jardins, ces endroits volés à la nature par les riches pour les riches, pour qu'ils n'aient pas, contrairement aux pauvres, à respirer les émanations de la révolution industrielle. Des endroits où l'on a abattu la forêt pour y dessiner des villes vouées à être peuplées de privilégiés, loin des Trous du cul du monde et des Pétaouchnock où vivent les putes, les pervers, les voleurs et les malades mentaux.

Le pied-de-poule de la plèbe, celle de Pétaouchnock, n'est pas du vrai pied-de-poule. La différence saute aux yeux : sur les épaules et au niveau des coutures, les motifs ne coïncident jamais, les lignes ne se rejoignent pas comme sur le pied-de-poule d'élite, et, au lieu d'inspirer à celui qui le porte la sensation distinguée de calme et de joie que procure l'harmonie d'un motif, le faux pied-de-poule ne provoque que désillusion, chaos et hostilité. Porter du vrai pied-de-poule ne sied qu'aux habitants des cités-jardins.

Il en va de même pour les rayures. À Pétaouchnock, on voit dès le premier coup d'œil qu'un vêtement a été taillé dans une seule pièce de tissu. Dans le monde des élites, le grand *bizness* (avec le groupe pétrolier national en tête), mais aussi dans ce qu'on appelle « l'intelli-guien-tsia », on prévoit en moyenne cinq mètres de tissu supplémentaires pour un seul costume. Pour que les rayures puissent coïncider. Pour que, grâce à ces lignes qui se rejoignent, celui qui porte le costume se sente satisfait, en sécurité. Comme si le contact de ces rayures, méridiens et parallèles de gabardine, garantissait la circulation d'un flux d'énergie occulte qui permettait de maintenir le monde sur ses rails et dans un ordre relatif.

L'intelli-guien-tsia mentionnée plus haut (à ne pas confondre avec l'intelli-gen-tsia ordinaire), qui habite à Podkowa Leśna – crème de la crème des cités-jardins en Pologne –, peut se vanter, outre ses tenues parfaitement coupées (et cela vaut aussi pour les survêtements, chers et estampillés), d'un statut démographique prodigieux, d'une concentration inédite de célébrités du monde de la culture et de l'art au mètre carré ! Un Club des intellectuels catholiques y organise la vie culturelle. Des paons déambulent dans le jardin de l'église, et des messes rock y ont été organisées par le passé.

« Mesdames et messieurs, imaginez donc ! Votre voisine de gauche est une écrivaine à succès, votre voisin de droite, le metteur en scène le plus illustre de Pologne, et si jamais vous lavez la vaisselle, vous pouvez apercevoir par la fenêtre de votre cuisine une star du cinéma en train de faire son jogging en compagnie d'un politicien qui a quitté femme et enfants pour elle. N'est-ce pas merveilleux ? » Rien d'étonnant à ce que Podkowa Leśna, dont on faisait ainsi la publicité dans de nombreux congrès, ou au cours de simples conversations mondaines, suscitât de plus en plus d'antagonismes.

Cette même ville, hormis sa meute de catholiques, d'artistes et de businessmen, pouvait aussi se vanter de posséder le plus d'ouvrages (souvent poussiéreux) hérités de bibliothèques ancestrales et le plus de tableaux au centimètre carré de mur ! Des tableaux transmis par des grands-pères et des arrière-grands-pères, tous, précisons-le, de véritables et homogènes Polonais, sans une goutte de sang étranger ! Des grands-pères et des arrière-grands-pères patriotes. Notons que les tableaux en question représentent souvent des chevaux. Des chevaux qui s'abreuvent à une source, des chevaux sur un champ de bataille, des chevaux léchant le visage d'un insurgé, des chevaux au marché, des chevaux devant le coucher du soleil, des chevaux sur fond d'autres chevaux, comme si le pays, et derrière lui la nation, reposait sur les chevaux – et était très à cheval là-dessus. Heureusement, l'animal laissait de temps en temps place à une femme éplorée qui voyait son mari partir à la guerre tel un cheval à l'abattoir. Pour y lutter à cheval et donner sa vie pour l'aigle. Voilà l'histoire. Une intelli-guien-tsia à l'image de ses reproductions accrochées aux murs. Dans le cas des élites d'affaires, le goût pour les récits historiques de famille, dont les coursiers à la Kossak et les Mères-polonaises à la Grottger constituaient l'indispensable, était remplacé par celui du mobilier moderniste. Des chaises modernistes, des villas modernistes, des jardins modernistes, et même des toilettes de style moderniste.

Souffrant d'oligurie, de sécheresse vaginale et de trouble bipolaire, Anna Szajbel habitait avec son mari infirme à Podkowa Leśna depuis six ans, depuis qu'elle avait pris la tête du grand groupe pétrolier national. Les premières années, elle avait vécu l'âme déchirée entre les portraits d'ancêtres (pas les siens, qui étaient tous issus de Mszczonów, mais bien plutôt des ancêtres d'emprunt achetés à Desa Home) et le modernisme dont les meubles étaient imprégnés. Mais après être entrée en fonction à la présidence du groupe, elle avait finalement tranché pour le design et relégué les aïeux qui n'étaient pas les siens et leurs bibelots (Desa Home, eux aussi) au grenier, les y avait enfermés à clé, recouverts d'une courtepointe centenaire de Kurpie prétendument léguée par un ascendant, elle aussi. Au lieu d'exploiter cette identité ancestrale (Desa Home), elle avait donc tout misé sur le mythe polonais de la classe moyenne, feint d'être cette personne moderne affranchie du contexte historique, toute tournée – du moins en matière de design – sur l'« ici et maintenant ».

Dans sa vie, peu de choses la préoccupaient, elle était *successful*, comme on dit. Le problème, c'était son mari, paralysé de la taille aux pieds, et ses parents, qui venaient deux fois l'an – à Pâques et à Noël – depuis Mszczonów, une ville voisine et si lointaine pourtant, intellectuellement et culturellement parlant. Le simple fait de prononcer ce nom déclenchait des associations d'idées dont il était difficile d'échapper, alors en provenir ! Ses parents portaient des tenues peu modernes : sa mère, un tailleur pied-de-poule (sans lignes qui coïncident ni boutons qui s'embrassent) ; son père, un survêtement de seconde main estampillé d'un puma sur la cuisse et à ce point usé qu'il semblait effectivement à peine arraché de la gorge d'un puma. La seule chose qui les liait à Podkowa, c'était l'église, car on y priait et on y chantait les mêmes cantiques langoureux qu'à Mszczonów.

Szajbel leur demandait toujours d'arriver tard le soir. Elle voulait ainsi éviter qu'ils ne croisent ses voisins curieux, inaccoutumés à de telles extravagances vestimentaires. Pourtant, ensuite elle s'en voulait, se reprochait la superficialité qu'avaient gravée en elle la cité-jardin et le grand groupe pétrolier national. En cachant ses parents à la vue de ses voisins, elle protégeait d'un côté son « image », quand de l'autre elle se vengeait du fait que, malgré la somme rondelette qu'elle leur envoyait tous les mois, ils n'étaient pas capables de s'habiller comme il fallait et de ressembler à quelque chose. Par conséquent, au lieu de visiter avec elle la capitale – où elle se rendait chaque jour en empruntant le tunnel aérien payant construit pour les plus riches, pour qu'ils n'aient pas à respirer l'oxyde d'azote, le soufre et le smog – ou même Podkowa, perle de Mazovie, ils demeuraient tapis, erraient telles des ombres dans la maison qu'elle avait heureusement, dès qu'elle avait pris la tête du grand groupe pétrolier national, fait clôturer de hauts murs. Lorsque ses parents lui demandaient de les emmener au travail ou de simplement prendre un train de banlieue, Szajbel s'énervait :

– Mais maman, à quoi bon aller à Varsovie ?! L'atmosphère y est irrespirable ! Ici, à Podkowa, nous avons l'air le plus pur de Pologne. Ici, tu respires de l'iode. Et plus encore qu'au bord de la Baltique. Notre iode est produit à destination unique des habitants de Podkowa Leśna par un ioniseur d'air de la taille d'un terrain de sport et il est filtré par des moraines de Finlande.

– Qu'est-ce que c'est que ces conneries, chérie ? – son père avait interféré comme il le faisait toujours dans ses grands discours. On ne trouve de l'iode qu'en bord de mer.

– Non, pas quand on a de l'argent. Après avoir alimenté le compte de l'Église, le groupe pour lequel je travaille a versé un sacré capital pour l'amélioration de l'environnement. Personnellement, je ne crois pas à ces foutaises, de toute façon qu'est-ce que j'en ai à faire du réchauffement climatique, il fait bon ici.

– Mais, chérie, nous ne sommes pas seuls sur cette planète, ce n'est pas comme ça que je t'ai élevée, voyons, avait dit la mère, qui désespérait de plus en plus. Tu n'en as vraiment rien à faire de la fonte des glaciers, des incendies au Brésil, de la disparition des espèces animales, de la souffrance des morses et des phoques, des mignons petits pingouins ? avait-elle ajouté, ne s'avouant pas vaincue.

– Chacun ses cauchemars, ses angoisses, ses problèmes. Pour vous, c'est le réchauffement climatique et la souffrance des pingouins, pour moi, c'est mon mari coincé sur un fauteuil roulant, à qui je dois torcher le cul comme à un enfant. Et aussi de devoir dîner avec le curé de la paroisse depuis que mon mari s'est converti. Il a soudain ressenti que disserter de Dieu lui faisait du bien. C'est pas assez ? Lâchez-moi la grappe ! Ne venez pas me torturer et vous torturer vous-mêmes avec des problèmes qui ne nous concernent pas directement.

– Je crois qu'ils nous concernent quand même, puisque, comme tu l'as dit toi-même, ton groupe a accordé des fonds pour sauver la planète, avait lancé son père.

– Mon groupe avait peur de se mettre les écologistes à dos. Les Verts ne nous foutent pas la paix. Ils ont porté plainte à l'Union européenne. Et au Danemark. Et en Suède. Les Allemands n'en ont rien à foutre, ils ont leur propre Nord Stream, mais les Vikings veulent nous mettre en pièces. C'est bien pour ça qu'on teste des solutions modernes, ici, à Podkowa. On a produit un iode artificiel, plus sain, paraît-il, que celui de la mer, on a importé des moraines de Finlande qu'on a fait lyophiliser, et ces moraines sèches sont un filtre de plus, donc voilà, au lieu de raconter des conneries sur la mort de la planète, concentrez-vous sur votre santé, et respirez, parce qu'un microclimat comme ça, vous n'en trouverez nulle part ailleurs en Pologne, et qui sait si, mis à part la Forêt-Noire, il existe un autre endroit comme ça sur terre.

– Tu te souviens de la série *La Clinique de la Forêt-Noire* ? avait lancé son père.

Szajbel avait alors pris discrètement le lithium qu'elle avalait normalement avant de se coucher, elle savait alors que si elle ne le gobait pas immédiatement, elle allait leur infliger une profonde douleur émotionnelle. L'idiotie de son père éveillait en elle un feu qui pourrait rapidement s'attaquer non seulement à la maison, mais aussi à la cabane du jardin et aux niches où elle gardait ses deux rottweilers. Son père, et c'est le travers que Szajbel avait le plus de mal à accepter, faisait sans cesse allusion à des séries télé médiocres, adulées par leur famille et incomprises par qui que ce soit d'autre.

Or, quand on lui demandait si, hormis leur titre, celles-ci étaient en rien corrélées à la situation, il donnait l'impression de n'en connaître en réalité que le nom, qu'il déformait la plupart du temps de toute façon.

À vrai dire, chaque fois que Szajbel se demandait pourquoi elle s'était ainsi coupée de ses proches, c'est ça qui lui venait en tête – l'idiotie de son père et le monothématisme de sa mère dont les pensées ne faisaient qu'osciller entre son bout de jardin et la façon dont elle le réarrangerait pour le concours suivant. Et à la saison prochaine. Un an après son déménagement, Szajbel les avait invités à la plus grande réjouissance de la ville de Podkowa, le festival Jardins ouverts, qui se tenait chaque année depuis la fin de la guerre. Sa mère avait alors proposé à tous les concurrents de réaménager leurs jardins sur le modèle de son propre coin de terre qu'elle avait exhibé en tirant de son sac à main le magazine *Jardins ouvriers de Pologne*, lequel mettait à l'honneur un reportage sur son éden de Mszczonów. Après cela, Szajbel ne s'était plus montrée en ville pendant une année entière, elle faisait ses courses en ligne et ne mettait pas le nez hors de son jardin, qui avait été entièrement modernisé par un architecte paysagiste. Elle filait au travail le matin dans sa magnifique voiture et ne rentrait qu'après le crépuscule pour n'être remarquée par personne. Voilà la honte que c'était. La honte de Mszczonów aux yeux d'une cité-jardin dotée de riches traditions culturelles.

La mère de Szajbel parcourut nerveusement des yeux le jardin de sa fille, aménagé originellement par ses soins peu de temps après l'emménagement d'Anna à Podkowa. Elle savait y faire, son espace vert familial avait gagné dix années de suite, de 2009 à 2019, le concours du plus beau jardin de Mszczonów.

Enfant, oui, Szajbel aimait le jardin envahi de vivaces de ses parents, avec son mini-verger bien délimité sur lequel régnaient les reines-claudes et les cerises, mais elle avait depuis compris qu'il y avait plus qu'un gouffre entre les jardins ouvriers de Mszczonów et les édens de Podkowa. C'était un schisme, celui d'un empire séparé entre est et ouest. Alors que dans la nature organisée selon les goûts des habitants de Mszczonów dominaient de grosses pivoines, des dahlias et des phlox, alternant ici ou là avec les pénis des glaïeuls, dans les jardins de Podkowa, que les propriétaires partageaient une fois l'an avec les curieux (à l'exception des Tchétchènes du camp de réfugiés), c'étaient les hostas, reines de l'ombre, dans toutes leurs variétés les plus spectaculaires, et les rhododendrons dignes du jardin botanique de l'Académie des sciences de Powsin qui menaient le bal. Ces arbustes n'étaient pas de ceux qu'on pouvait parfois trouver en promotion à Mszczonów. À Podkowa, les rhododendrons étaient grands et plantureux, des éléphants ! Les plus médiocres des variétés des reines de l'ombre étaient déjà des Blue Elf, et cela allait jusqu'aux spécimens de collection, dont le prix égalait souvent celui de tout un jardin mis en vente sur jardinsouvriersdemszczonów.pl.

Le style horticole même avait son importance : dans la ville d'origine de Szajbel, les plantes étaient cultivées à l'état de graines ou de boutures, et ces êtres végétaux vivaient ainsi leur enfance, l'automne et l'hiver de leur vie au sein d'une même famille, sur un même terrain, une terrasse ou un balcon ; dans la cité-jardin de Podkowa, elles étaient transplantées dans leur phase de développement la plus spectaculaire. Cet effet fulgurant étant valorisé au détriment du procédé de culture, le *big wow* l'emportait sur les secrets d'un savoir-faire complexe et sur le fait d'avoir ou non la main verte. C'est avoir la main verte pour l'argent qui comptait ici, et les habitants de la cité-jardin pouvaient se permettre les plus beaux spécimens de Pologne.

– Anna chérie, mais où sont les belles immortelles et les corydales que j'avais plantées ? Je ne vois aucune de nos plantes chez toi. Et la boule de neige ? Où est-elle ? Est-ce que tout est vraiment mort ?

Szajbel plia et crispa très fort ses orteils, jusqu'à en avoir mal. Elle avait appris ce truc au fil de ses années en entreprise. Comment ne pas montrer que ton interlocuteur, avec sa connerie innée, te met au pied du mur, d'un mur que tu es par ailleurs prête à défoncer pour ne plus avoir à regarder cet adversaire. Pour que tes yeux se voilent de rouge. Pour ne plus être fatiguée, assommée par un visage exempt de toute trace d'intelligence. Au lieu de serrer les poings, ce qui trahirait immédiatement tes intentions meurtrières, tu crispes les orteils de toutes tes forces, jusqu'à les replier sous la plante de tes pieds. Un exercice difficile dans des talons aiguilles étriqués, mais (et Szajbel le savait bien, car, si elle ne l'avait pas su, elle ne serait pas à la tête du grand groupe pétrolier national) pas impossible.

– Eh oui, tout, maman, tout. Ce n'est pas la même terre... Je te l'ai déjà dit cent fois.

La douleur qui affluait de ses orteils compressés était si aiguë que Szajbel se mit à respirer plus profondément, comme si elle s'apprêtait à priser une énorme ligne de coke. Mais cet instant de self-control engendré par la douleur fut interrompu par le mantra de sa mère :

– On aurait pu te rapporter de la terre de Mszczonów. Je te l'ai proposé cent fois, voyons...

Szajbel mordit le bout de sa langue pour ne pas exploser, pour ne pas lui balancer que Mszczonów c'était Mszczonów, et Podkowa une cité-jardin, et qu'un lopin ouvrier ce n'était pas la même chose qu'un jardin. Et qu'elle avait dû passer une nuit entière, après son emménagement, à arracher tout ça et à le bazarder au compost, pour planter ce qu'on plante ici, dans la société des habitants de la cité-jardin. Elle croyait quoi ? Que c'était facile à faire ? Arracher de soi-même Mszczonów et toute son enfance, une enfance qui n'avait pas été ponctuée de vacances à l'étranger mais passée dans le jardin ouvrier de ses parents, qui avant cela était celui de ses grands-parents ? « Ça fait mal, maman.

Ça faisait mal comme si quelqu'un m'avait poussée à l'improviste et m'avait prise par-derrière. » Mais elle ne pouvait pas leur dire ça, au fond d'elle-même, elle savait que ça les tuerait, sa mère et son père. Ce serait comme ôter le portrait de Jean-Paul II du mur de leur chambre à coucher pour lui pisser sur la figure.

C'est ainsi qu'elle mentit de nouveau, pour la sixième fois d'affilée sur le même sujet, reconnaissant chaque fois en son for intérieur qu'elle était une chienne ingrate, arrivée là où elle était grâce à ce genre de calculs. Et grâce à son don d'observation. La capacité à jouer le jeu comme les autres était l'atout majeur de Szajbel. Elle en connaissait des centaines, des jeux, mais elle ne jouait qu'à ceux qui étaient en vogue. Elle gagnait, mais elle était aussi capable d'évaluer quand et qui faire gagner pour satisfaire la vanité de ses collègues hommes (dans cette branche, les collègues femmes étaient toujours une minorité) et de ses partenaires en affaires. Au niveau managérial, même hors de la Pologne, on ne rencontrait aucune femme. Les femmes étaient trop occupées à ronger la branche sur laquelle était assise Szajbel en exigeant l'arrêt total des forages de puits d'hydrocarbures et du développement de la raffinerie, sous prétexte de lutter pour la Terre-Mère et la protection de l'environnement.

Des immortelles, des corydales et du compost des morts

Or, Szajbel avait le même rapport avec la Terre-Mère qu'avec la sienne. Elle ne leur devait rien d'autre que la vie. Il fallait tout rectifier après leur passage et les garder toutes deux sous contrôle, sous peine de se faire engloutir. Elles vous enveloppaient de leurs ramures grimpantes, vous emprisonnaient dans leurs racines. Szajbel était satisfaite de son incapacité à établir des liens avec elles. C'était plus sûr. Et rationnel. Comment faire confiance à quelqu'un d'imprévisible, qui n'est pas capable de contrôler ses propres émotions, qui pleure devant des télénovelas, hurle au téléphone ou – dans le cas de la Terre – ne cesse de terrifier le monde avec des inondations, des incendies et des pandémies ? Elle réprimait donc par tous les moyens possibles ces deux mères, et les prenait de haut.

C'est parce qu'elle était incapable d'accepter l'incontrôlable que Szajbel avait renié la Terre. Elle ne faisait pas confiance à ses ressources, estimait que celles-ci n'étaient là que pour qu'on les exploite, et répondait insolemment aux critiques des écolos en citant ses collègues masculins du grand groupe pétrolier national : la Terre aime que de temps en temps on la prenne bien fort avec une tarière, qu'on lui fasse un bon forage. Ce qui lui avait valu d'être fustigée à maintes reprises lors de conférences de presse ou de réunions professionnelles.

– Même si vous m'apportiez votre terre, aucune immortelle ni corydale ne prendrait ici, répondit Szajbel – encore mobilisée à endiguer le feu qui la prenait aux pieds et semblait sur le point d'incendier ce qui se présenterait sur son chemin, à commencer par ses parents de Mszczonów –, les filtres d'air ont pour fonction d'éliminer de Podkowa – je vous rappelle : Podkowa la cité-jardin – tout ce que la nature telle que la conçoit l'homme peut avoir de quelconque, de nocif, de mauvais. Ce peut être simplement une mauvaise herbe.

La mère de Szajbel pleurait. L'immortelle, une mauvaise herbe ? La corydale, une mauvaise herbe ? Les glaïeuls, *gladiolus* en latin, des mauvaises herbes ? Elle avait bien changé, sa fille, bien changé depuis qu'elle avait cessé de venir leur rendre visite au jardin ouvrier, de manger des cerises de Mszczonów. Ce n'est pas comme ça qu'ils l'avaient élevée. La voisine avait raison. Varsovie l'avait changée. En monstre. En un avorton qui avait éclos d'on ne savait où ni de qui, pas d'eux en tout cas. Et cette horrible Podkowa. Le pire endroit au monde. Pas envahi de mousse, certes, mais bien de perversion. Pervertie par le pognon et la religion. Qu'une église ait un jardin comme celui-là ! Avec des perroquets et des paons ? N'importe quoi ! Et qu'est-ce que c'était que ce jardin sans phlox ? Sans dahlias ? Juste des azalées et des rhododendrons sous fertilisants artificiels.

– Mais quels filtres, trésor ? Il n'y a rien au-dessus de nos têtes ! On ne voit rien ! osa répondre la mère malgré ses pensées gorgées de colère.

– Ils sont transparents, maman, de la couleur du ciel ! Ce que tu vois au-dessus de nous, ce ne sont pas de vrais nuages, mais des nuages 3D déposés sur un filet aérien aussi fin que le brouillard. Ils ne sont peut-être pas vrais, mais ils sont beaux.

– C'est n'importe quoi, ma grande – le père prit la parole quand sa fille, PDG, avança pour la première fois dans la discussion cet argument qui lui semblait abstrait. Si on ne voit pas un truc, c'est qu'il n'existe pas. Ne va pas raconter ce genre de bêtises.

La façon dont son mari abordait les choses redonna à la mère de Szajbel confiance en elle et en ses propres valeurs.

– Et dis-moi, ma petite Anna, où est-ce que vous enterrez vos morts, ici ? Il y a un cimetière ?

Szajbel resta silencieuse. Elle savait que cette question sournoise et proactive allait tomber tôt ou tard, comme tous les ans. Entre elle et ses parents, le bras de fer commençait. Et l'assaut suivant sur la vie qu'elle avait mis des années à scrupuleusement aménager n'allait pas se faire attendre.

– Où enterreras-tu ton petit Bartek, quand il en aura marre de rouler dans son fauteuil, qu'il s'enfilera des cachets avec une bouteille de vin, et que c'en sera fini de lui ?

En effet, on n'enterrait pas de cadavres à Podkowa. Les corps des défunts étaient transportés dans une Lincoln noire jusqu'à Varsovie, où on les incinérait dans un crématorium privé nommé d'après le roman *Cendres et diamant.* Moyennant des frais supplémentaires, un diamant était créé avec les cendres, puis restitué à la famille. C'était le destin réservé aux plus riches après leur mort. Une autre réalité *post mortem* attendait les pauvres de la périphérie de Podkowa, à Owczarnia ou à Żółwin. Dans les Trous du cul du monde ou à Pétaouchnock, ces communes limitrophes et pourtant hors de l'orbite des dieux, d'autres règles s'appliquaient. Des règles dictées par la crème de la cité-jardin. Les corps des indigents n'étaient pas soumis à la crémation, ils étaient jetés dans un grand composteur situé à la frontière de Podkowa et de Żółwin, derrière le monument dédié à Jésus-Christ. Malgré ce qu'on pouvait en penser, cette pratique était intrinsèquement liée au style de vie local, où la première marche de la hiérarchie sociale était occupée par les jardins des rupins. Les macchabées décomposés étaient répandus sous les magnifiques azalées et rhododendrons des propriétaires qui s'acquittaient d'une redevance spéciale. La redevance de compostage.

Il valait mieux ne pas expliquer cette philosophie mortelle ou, pourrait-on dire, immortelle à ses parents arriérés de Mszczonów. Elle fit donc, à l'image de l'année précédente, comme si la provocation n'avait pas eu lieu. Elle guida ses parents vers les chambres d'amis situées à l'étage en leur demandant comme d'habitude de ne pas retirer leurs chaussures, mais ils se sentirent néanmoins obligés de les ôter pour ne pas abîmer le parquet de chêne (que Szajbel, par ailleurs, faisait poncer régulièrement), et en les autorisant à visiter une fois de plus la maison. De façon à repérer ses défauts et imperfections.

– Le robinet de la salle de bains du bas n'a pas l'air bien vissé. Il n'arrête pas de goutter. Il finira par vous inonder.

– Le tiroir aussi, trésor, laissa échapper son père tel un premier de la classe qui, en cours de polonais, voudrait frimer avec des connaissances sans queue ni tête. Ici, tu vois, celui de la buanderie, il ne marche pas comme il devrait. Il ne rebondit pas. Il est censé rebondir, non ?

– Le plafond est craquelé, fillette, là-bas. Papa pourrait te le repeindre, puisqu'on est là.

– Et pourquoi il fait sombre ici, on se croirait dans une tombe, c'est toujours aussi sombre ?

En préparant le thé pour le dîner, Szajbel tentait de garder sous contrôle la colère qui la rongeait de l'intérieur, lui grignotait le foie et le pancréas, et de ne pas ajouter de la mort-aux-rats dans leurs verres. Elle se sentait comme un nain saisi par le col et maintenu en l'air, les pieds au-dessus des feux d'une cuisinière à gaz. Un nain qui pendouillait et remuait les jambes en se disant que, lorsque les tortures auraient cessé, sa hargne, elle, serait sans fin. Que le petit nain aux petons brûlés ne tarderait pas à se venger.

– Est-ce qu'il fait jamais clair dans une forêt ? C'est bien pour ça qu'on a toutes ces lampes.

Szajbel s'approcha du mur et appuya sur l'interrupteur. Une authentique lumière solaire se mit aussitôt à ruisseler du plafond, les propulsant en un instant sur la plage de Świnoujście.

– Elles imitent le soleil. Sans les rayons cancérigènes, heureusement. On peut aussi enclencher le bruit de la forêt ou de la mer. Ça vous dit ? demanda Szajbel par courtoisie, les dents serrées.

Au fond d'elle-même, elle désirait ardemment qu'ils rentrent enfin « chez eux », qu'ils ferment la porte derrière eux et se livrent à leur occupation favorite : débattre de tout ce qui lui était arrivé depuis qu'elle avait quitté Mszczonów pour faire ses études. Depuis qu'elle avait commencé à travailler dans une grosse boîte. Depuis qu'elle avait arrêté de manger les cerises du jardin ouvrier de Mszczonów. Depuis qu'elle n'était plus leur fille que de nom – nom que, pour des raisons incompréhensibles, elle avait souhaité garder après son mariage au lieu de prendre celui de son mari.

C'est ainsi que les parents de Szajbel, une ou deux fois par an, parcouraient la maison une pièce après l'autre, un étage après l'autre, astiquaient de leurs chaussons en promotion rapportés de Mszczonów les escaliers en chêne, buvaicnt l'eau du robinet la plus propre de toute la Pologne et mangeaient de la cuisine moléculaire accompagnée des glaces les plus chères au monde, produites dans une manufacture locale, que les habitants du Trou du cul du monde appelaient de façon acerbe « la crème glacée de la crème », après quoi ils expulsaient leurs excréments les plus organiques dans les toilettes modernistes, excréments qui, une fois purifiés par les agents biodégradables les plus modernes au monde, servaient alors de compost.

C'est d'une maison comme celle-ci, valant au bas mot dix millions de zlotys, équipée des innovations technologiques les plus récentes, que jouissait Anna Szajbel depuis sa prise de poste au sein du grand groupe pétrolier national. Et, cela mérite d'être souligné, elle était arrivée là sans avoir à faire trop de sacrifices. Quelques petites fois, lors de banquets, elle avait laissé le vice-Premier ministre faire sa connaissance plus intime, et comme celui-ci avait senti en Szajbel un penchant pour l'expérimentation et pour le dépassement de ses limites, il lui avait demandé ce qu'aucune autre n'avait voulu lui donner, même pour de grosses sommes d'argent. Toutes, y compris les prostituées de luxe, avaient refusé ses propositions avec dégoût, et ce, malgré le beau pactole qu'il y avait à gagner. Toutes, sauf Szajbel. À la différence près qu'elle ne le fit pas pour l'argent, mais pour le poste de PDG du grand groupe pétrolier national – c'était le plus facile à libérer sur-le-champ…

L'arrangement passé avec le vice-Premier ministre était à la fois fétide et propre. Pour Szajbel, il était même sain, d'une certaine façon : il lui permettait de se débarrasser de toute la frustration, de toute la colère qu'elle ressentait envers elle-même, ses parents, son mari et le monde, d'être ainsi libérée d'un poids. De ne plus avoir à garder tout ça en elle. Leur petit accord aurait pu durer des années, mais c'était compter sans la gaffe du vice-Premier ministre, qui alla faire imprimer des photos de vacances passées en compagnie de ses enfants et de sa femme à Rhodes, photos qu'il avait enregistrées sur une clé USB et parmi lesquelles se retrouva par hasard une image parfaitement inappropriée, au potentiel si dévastateur que la vendeuse du relais photo de la galerie souterraine en vomit. Elle n'avait jamais rien vu de semblable de toute sa vie. Bien sûr, elle en avait entendu parler, mais elle ne pensait pas que ce genre de déviance existait vraiment. Elle pensait que c'était une légende. Heureusement pour Szajbel, le vice-Premier ministre avait demandé à être immortalisé en portant la trace de leurs actes de perversion sur son visage et sa cage thoracique. Sur les photos qu'elle avait prises, on ne voyait donc que lui, le vice-Premier ministre, mari exemplaire et père de cinq enfants…

« Maman ? C'est quoi, ça ? Quelqu'un a fait caca sur la tête de papa ! », s'écria Jadzia, cinq ans, la fille de monsieur le vice-Premier ministre, qui, pendant le déjeuner, regardait les photos de vacances à peine revenues du magasin.

Il perdit en une heure sa femme et le toit qu'il avait au-dessus de la tête, et sa moitié outragée prit une photo des clichés qu'elle envoya aussitôt au cabinet du Premier ministre. En deux heures il était fini. Son anéantissement ne fut l'œuvre d'aucun bureau d'investigation, mais celle d'un penchant qu'il n'avait pas réussi à dépasser depuis l'enfance, parce que ses parents l'avaient mis trop tôt sur le pot.

« Le fumier » – comme l'appelait Szajbel en pensée – avait néanmoins eu le temps de la placer, quelques mois auparavant, sur cette chaise tant convoitée, d'où elle allait, en hommage au suicidé, le convoquer à loisir dans ses fantasmes sexuels : lui seul, en l'affranchissant largement des limites de la vulgarité, lui avait permis de vraiment réaliser ses fantasmes, tandis que son mari, Bartek, était paralysé de la taille aux pieds depuis des années.

De la façon dont un jambon à l'ancienne conduit aux forages de puits de pétrole dans la mer Baltique

Le triduum pascal en famille arrivait à son terme. Ça devait durer une semaine au départ, mais, heureusement pour Szajbel, il en fut autrement. Avec un finale habituel – la crucifixion de toute illusion sur les liens qui l'unissaient à ses parents en dehors de leur nom, que pour des raisons inconnues elle n'avait pas souhaité changer après son mariage.

Pourquoi les détestait-elle autant, et pourquoi eux – ces parents de Mszczonów – ne capitulaient-ils pas ? N'avait-elle pas réalisé un miracle ? S'échapper de Mszczonów pour aller à Varsovie, s'emparer du poste de président du grand groupe pétrolier national, posséder à Podkowa une maison avec jardin dont deux mensualités valaient plus que l'appartement de ses parents, leur Škoda Octavia et les économies d'une vie entreposées dans la banque au logo de bison ; n'était-ce pas suffisant pour qu'ils reconnaissent enfin que leur fille avait atteint tout cela seule, sans aucun piston – car de quels pistons pouvait-il être question dans leur famille plébéienne ?! Le fait d'être président (Szajbel évitait volontairement la forme féminine du terme, qu'elle considérait comme stupide et dégradante, tout ce qui provenait des femmes avait une valeur assurément moindre que tout ce qui était masculin), ce n'était pas assez pour sa famille de Mszczonów ? Combien d'entre eux s'étaient échappés de ce cloaque ? Combien avaient réussi quoi que ce soit ? La sœur de sa mère, Lidka, travaillait dans une passementerie ; les frères de son père, Włodek et Edek, géraient un magasin d'éclairages, et leurs enfants, Lucyna et Robert, qui avaient l'âge de Szajbel, passaient surtout leur temps à consommer des spiritueux et à fabriquer des cigarettes maison qu'ils vendaient ensuite au marché à des Ukrainiens. Et, face à eux, il y avait elle. La seule de toute cette compagnie foireuse à être devenue quelqu'un. Elle avait décroché bien plus que le premier prix du plus beau jardin de Mszczonów. Ça lui avait coûté beaucoup d'efforts : un double cursus, la maîtrise de trois langues étrangères et une aventure avec un vice-Premier ministre qui avait un faible pour une pratique qui ferait honte au marquis de Sade.

Elle ne sciait pas la branche sur laquelle elle était assise, elle n'avait jusque-là commis aucun dérapage spectaculaire, ce qui n'était pas chose facile avec les imbéciles qui formaient le gouvernement, qu'elle rencontrait aux raouts et banquets en tous genres. Bien évidemment, beaucoup attendaient avec impatience le moment où elle tordrait sa petite cheville dans ses talons aiguilles – le poste de Szajbel faisait rêver. Soixante-dix mille zlotys par mois, principalement sous forme de primes, ç'aurait été indécent de l'écrire noir sur blanc (la presse l'aurait réduite en miettes). Szajbel parvenait d'ailleurs à se justifier assez facilement – l'entreprise prospérait.

Tout fonctionnait. Aucun accroc ne venait entraver la signature de nouveaux contrats. Elle préférait miser sur l'Arabie saoudite et limiter les liens avec Moscou.

Qui plus est, elle avait des couilles, et plus grandes que son prédécesseur. C'est grâce à elle si la Pologne menait à présent de grands forages dans la mer Baltique. Elle y avait fait construire une nouvelle base. Une nouvelle plateforme. Elle avait donné du travail à des centaines de chômeurs. Les géologues engagés avaient découvert un énorme gisement de gaz de schiste sur le territoire national. Et exactement à l'endroit qui l'avait interpellée plus de trente ans auparavant, ce dont elle se souvint un jour en achetant un « jambon comme au temps du communisme » dans une épicerie de Podkowa : Kołobrzeg, sa jetée, trente-cinq ans en arrière. Dans les planches, un trou si grand qu'on voyait l'eau se briser contre les piliers. La petite Szajbel avait contemplé cette brèche, comme hypnotisée ; elle avait repéré des reflets arc-en-ciel sur les vagues. Les mêmes reflets que sur les tranches de jambon du temps du communisme, quand elle demandait : « Mamie, donne-moi un lait chaud cacao et du jambon à l'essence. » En voyant les éclats arc-en-ciel de la mer à travers le trou, Szajbel avait tiré l'ourlet de la jupe de sa grand-mère, occupée à tricoter un chandail. « Va t'amuser avec les autres enfants, ma chérie, laisse un peu mamie tranquille », mais non, la petite Szajbel – dans cette vision, elle n'avait pas plus de cinq ans – devait lui montrer quelque chose, là, tout de suite. Sa grand-mère, agacée, avait mis de côté ses aiguilles à tricoter, s'était agenouillée sur le pont à côté de sa petite-fille et avait distingué en effet la même chose. De l'essence ! Du pétrole !

Le jour où elle était allée acheter son jambon, Szajbel avait saisi avidement une des tranches coupées par la vendeuse à la manucure semi-permanente avant de fourrer le reste dans son sac, puis elle était sortie précipitamment de l'épicerie. Pour demeurer le plus fidèle possible au passé, elle n'avait pas pris la voiture mais le train en direction de Kołobrzeg, comme avant, avec sa petite Mamie. Quelques heures plus tard, elle était allongée sur la jetée de Kołobrzeg, cherchant les traces d'une illumination vieille de plus de trois décennies. Et bien qu'elle ne distinguât plus d'essence arc-en-ciel chatoyant à la surface de l'eau, elle se fia à la réaction de son corps – à l'excitation rendue manifeste par sa chatte, immédiatement mouillée – et ordonna que l'on fît des forages. Elle réussit à convaincre le ministre de l'Industrie et le Premier ministre au téléphone.

Lorsque ce dernier lui demanda une preuve qu'on trouverait bien des gisements de pétrole en creusant à l'endroit qu'elle indiquait, elle eut envie de crier dans le combiné : « Ma chatte ne ment pas ! », mais elle n'en eut pas le courage. Elle opta pour un simple : « Je le sais. Je le sais, c'est tout », et comme aucune des décisions qu'elle avait prises jusque-là ne s'était soldée par un échec, le ministre de l'Industrie et le Premier ministre donnèrent leur accord pour un forage, même si elle entendit ce dernier lui dire : « Putain, les écolos vont nous étriper. »

Des soja-connards et des écolos

Deux semaines plus tard, l'intuition géniale de Szajbel se trouva confirmée. Les titres des journaux et des portails en ligne le claironnaient à tout vent : la Pologne, magnat du marché pétrolier ! Finies les courbettes devant Abu Dhabi ou Moscou. Finis les coups de bâton. Alors qu'on racontait depuis des dizaines d'années que ces gisements n'existaient pas ou que les quantités y étaient médicinales, il apparut soudain que c'était faux ! Un complot, peut-être, des écolos et des ONG ?! Des putains d'Avaaz, suggéra Szajbel au Premier ministre. Oh non ! Elle n'était pas des leurs – *fuck* les Verts ! De toute façon, on allait tous mourir, mais sans se faire enculer par l'économie mondiale, au moins. Que les autres se branlent avec le réchauffement climatique et la fonte des glaciers. « La Pologne ne disparaîtra pas tant que nous vivrons » – elle chantait l'hymne polonais en gerbant dans la limousine du Premier ministre. Fini le WWF. Fini Greenpeace. Finis les Verts ! Elle ordonna au Premier ministre de faire dorénavant disperser toute manif écologique, tandis qu'elle essuyait sa bouche dans sa veste de tailleur noire en laine mérinos. Tel un parent sévère, elle pointa son index dans sa direction pour lui rappeler sa faiblesse, quand, juste avant de tomber sur le gisement, il avait voulu se retirer, par peur de Greenpeace. Le Premier ministre sentit que la collègue Szajbel commençait à déraper et qu'elle n'aurait pas dû boire autant à la réception. Il la saisit fermement par le poignet et lui replia le doigt en montrant où elle pouvait se le fourrer.

Malgré cette provocation, Szajbel savait qu'elle devait arrêter son offensive, le Premier ministre lui faisait peur. Elle avait entendu parler de ce qui arrivait quand il perdait sa maîtrise, des punitions étranges données à ses collègues pour mauvaise conduite. S'agenouiller sur du gravier pour chats devant un mur, lécher de la pisse dans un bac à litière. Exécuter des sauts de grenouille sur les marches du monument à la catastrophe aérienne de Smoleńsk, un enchaînement en posture accroupie qui faisait brûler les muscles. En y pensant, elle eut chaud – elle déboutonna son chemisier de soie blanche et ôta ses talons de huit centimètres dont se moquaient notoirement les féministes et le Camp pour la Forêt primaire – les « soja-connards », comme les appelait Szajbel.

Elle les connaissait comme sa poche. Elle les observait en cachette tandis qu'ils faisaient le piquet, jour et nuit, devant sa maison. Il y en avait des escadrons. Ils étaient sales, leurs vêtements n'étaient pas repassés, ils portaient des fripes – c'était la vermine de la Pologne. Un simulacre de démocratie, une foutue tofuïsation du système. Depuis que son adresse avait fuité à cause d'un journaliste de la presse de droite, ils débarquaient du train de banlieue et couraient droit devant chez elle. Ils visaient ses fenêtres avec des œufs et des courgettes. Des cornichons à la saumure et du kimchi maison. Des fallafels rassis. Du tempeh, qui était plus cher que de la viande ordinaire, fabriqué par des petits doigts d'enfants noirs et affamés, et pourtant, pour eux, c'était du commerce équitable, putain ! Ou par des petits doigts de singes sauvés par des écosauvages pendant leur transport vers un zoo. Ou de vieilles tigresses qui allaient être abattues. Ça la dépassait. De quoi vivaient ces gens qui se faisaient passer pour les sauveurs de la planète et étaient prêts à tout pour un avocat Hass et un latte au lait d'amande ? Des femmes écoterroristes l'avaient menacée de mort. Elle fit donc construire un mur. Trois fois plus grand qu'eux, pour pouvoir s'en isoler efficacement. Elle demanda qu'on installe des écrans de verre pour étouffer les sons. Et être enfin coupée de ces emmerdeurs une bonne fois pour toutes. Qu'avait-elle fait de si terrible ? Elle avait donné du travail aux gens, et donc de l'argent, grâce auquel ils pouvaient envoyer leurs enfants faire des études et s'échapper de tous ces Mszczonów, tout comme elle-même s'en était échappée. Pour qu'ils puissent apprendre des langues étrangères et mettre les voiles vers de plus grandes eaux que celles de la Baltique. Et assurer financièrement le budget de la Pologne de façon qu'il reste assez d'argent pour les années à venir. « La culture, c'est la culture ; la nature, c'est la nature ; et la civilisation, c'est la civilisation. Tu n'y échapperas pas », avait l'habitude de dire Szajbel lors des réceptions du gouvernement, quand elle tentait d'expliquer aux participants que la révolution industrielle n'avait pas fait autant de mal que ce qui était communément admis depuis un certain temps. Elle suggérait même que sa seconde vague approchait et que les Polonais, en s'opposant à la politique écologique internationale, prendraient les devants. Dans les couloirs, même les plus grands ennemis de l'implémentation de solutions écologiques disaient tout bas que c'était tout de même contre nature. Pas seulement la nature féminine. La nature en général. Ils disaient que l'Union européenne finirait par reléguer la Pologne au fond de la classe ou par l'exclure tout bonnement de l'école pour la renvoyer au champ de choux dont elle s'était arrachée – à parts égales – grâce à une chance de cocu et à une fourberie vache. Et malgré tout, quand les meilleurs spécialistes analysèrent les comptes de la compagnie de Szajbel, il s'avéra que le bilan des six derniers mois était positif et que, en outre, Szajbel avait rapporté davantage à l'entreprise que toutes les autres branches de l'industrie réunies !

Du somnambulisme et de l'arbre monté

Comme elle n'était pas modeste, elle se gratifia d'une prime de rendement. Et elle récompensa ses subalternes aussi. Une plus petite prime pour eux, pour qu'on la prenne pour une chienne, ce qu'elle était déjà à leurs yeux de toute façon, donc pour les renforcer dans leur conviction. Que fallait-il de plus à ses parents de Mszczonów pour qu'ils soient enfin fiers d'elle, bordel ?!

Szajbel, qui ne parvenait pas à les comprendre, prit une double dose de lithium, bien qu'elle sût qu'il ne fallait pas jouer avec les quantités, on l'avait récemment attrapée en pleine nuit dans une station-service appartenant à la compagnie qu'elle dirigeait en train de voler du chocolat, des chips et des gâteaux.

Le somnambulisme (effet secondaire du lithium), intensifié par les scènes de famille stressantes et par son travail qui ne l'était pas moins, lui avait attiré plus d'une fois des ennuis. Elle aurait été dans de sales draps sans Rair, le jeune Tchétchène qui travaillait à la station d'essence et qui, en échange de son silence sur ces vols inconscients, n'exigeait d'elle qu'une seule chose : que dans la réserve, quand il n'y avait pas de clients, tard la nuit, elle se frottât à lui. Il restait habillé, convaincu ainsi de ne pas commettre de péché. Agrippée aux étagères recouvertes d'huiles à moteur, de lave-glace et de lingettes pour tableaux de bord, elle devait, comme punition pour son envie effrénée et involontaire de voler des gaufrettes *cheap* aux noisettes, des croquants au sésame ou du halva, passer par trois quarts d'heure de pelotage, la seule option qui soit halal pour Rair et sa grande queue gonflée. L'était-elle aussi pour sa femme ?

Heureusement, la personnalité de Szajbel lui épargnait tout sentiment petit-bourgeois de honte, et si elle éprouvait ce qui pourrait être associé à du dégoût, ce n'était pas à cause de l'immoralité de ses actes, mais du sperme de Rair, dans lequel elle percevait chaque fois l'odeur du cumin, qu'elle exécrait.

En pensant au cumin, cette épice pour laquelle on aurait dû, selon elle, fusiller les Égyptiens et les Indiens qui, pour des raisons qui lui échappaient, s'étaient entichés de cet ingrédient puant la sueur masculine et avaient répandu cette saloperie dans le monde entier, elle en oubliait à la fois les larcins et le sexe.

Ce soir-là, pour limiter les risques, elle avait attaché son bras gauche au cadre du lit avec une ceinture. Au cas où. Pour ne pas avoir à finaliser de nouvelles transactions halal dont la posture, on ne peut plus malcommode pour sa colonne vertébrale, lui valait ensuite, des jours durant, un mal de dos lancinant.

Mais elle ne pouvait trouver le sommeil. Après avoir passé de longs quarts d'heure à se retourner sur son matelas en attachant tantôt sa main droite, tantôt la gauche à la ceinture, elle finit par saisir la bouteille de vin presque pleine qui était cachée sous son lit, malgré l'interdiction d'associer de l'alcool aux comprimés de lithium prescrits par son psychiatre. « Ma faute, ma faute, c'est ma très grande faute », se dit-elle en souriant et en avalant son troisième comprimé avec un verre de vin de la vallée du Rhin, son préféré. « Tu es poussière et tu redeviendras poussière », chuchota-t-elle en regardant son reflet dans un miroir, la bouteille à la main, puis elle porta un toast à son QI et à l'ironie qui était, selon Szajbel, l'arme la plus efficace contre le monde.

Soûle et heureuse après deux verres et demi du nectar de Dionysos, elle oublia de rattacher sa main. Elle s'endormit aux alentours de deux heures, lorsque l'éclat de la lune, ronde comme une miche de pain, se mit à lécher son visage et à chatouiller ses paupières. C'est à cet instant précis que se brisa le miroir qui reflétait le matériel psychologique accumulé au fil des jours et assemblé en un kaléidoscope de rêves. Un kaléidoscope d'arrêts sur image, de fragments de réalité arrachés de leur contexte, qui s'enchaînaient selon un nouvel ordre de cause à conséquence. Le miroir se brisa sans pour autant la réveiller, et elle demeurait, comme tout somnambule, emprisonnée entre deux mondes.

Tandis qu'elle quittait son lit en pleine transe, à deux maisons de là, Ildone (il-donne une augmentation ou il-donne-pas) – un employé stratégique haut placé de sa compagnie, alors directeur économique – finissait justement de tringler la prof particulière de sa fille, tandis que sa femme – productrice publicitaire – rentrait de son tournage à Los Angeles. Il était trois heures et demie. Dire qu'Ildone tringlait la prof particulière n'est pas absolument vrai. En la tringlant, il se tringlait lui-même en train de tringler la prof particulière, et c'était lui, et non elle, qui était à la fois le sujet et l'objet de cet acte. Ildone était un amant à ce point exceptionnel qu'il en était autoréférentiel. Le fait de savoir par qui ou grâce à qui il se tringlait lui-même n'avait aucune importance en cet instant, il était donc difficile d'appeler ça tromper sa femme. Celle-ci n'avait pas à le savoir puisqu'il ne se passait rien, se disait justement Ildone lorsque, pendant qu'il changeait de position pour un appui arrière plus confortable – car il lui épargnait tout risque de croiser le regard de cette quasi-amante –, il jeta un œil sur l'horloge lumineuse design qui trônait au-dessus de sa fausse cheminée. 3 h 33. Cette série de trois n'augurait rien de bon. Il sut immédiatement qu'il ne jouirait pas, la coïncidence de trois chiffres lui avait toujours porté malheur. Trois ans auparavant, le 1er janvier à 1 h 11, soûl au ski, il se cassait un bras en essayant, malgré les règles anankastiques des Autrichiens, de descendre une piste pour prouver que les Polonais étaient un peuple plein de fougue. Dix-sept ans plus tôt, à 5 h 55, il retrouvait son père, policier à Pruszków, pendu à la poignée de porte de la salle de bains.

Et à 0 h 00 l'avant-veille, l'alarme de leur propriété s'était déclenchée, quelqu'un forçait encore la porte du garage. Il était à présent 3 h 33 et Ildone savait déjà qu'il ne baiserait plus cette nuit-là, ça n'avait plus de sens. À quoi bon se fatiguer, puer, froisser des draps changés il y a quelques jours à peine, faire entrer des microbes, râper ses peaux mortes. Sentir la sueur. Ildone retira de la prise sa fiche qu'aucune surcharge de courant ne faisait plus grésiller, présenta ses excuses au « native matelas » qu'il payait cent vingt zlotys de l'heure pour donner des leçons à sa fille, se leva et approcha de la fenêtre. Il voulait contempler le visage de la lune. Feindre un quelconque lien métaphysique avec la nature, avec son rythme. En tout cas, parvenir à donner cette impression à la jolie russisante.

Cet instant-là allait justement, et Szajbel, qui courait nue dans sa transe somnambulique, l'ignorait parfaitement – comment aurait-elle pu le savoir –, marquer le point de non-retour de sa carrière dans le carburant. Clic, clic – Ildone la prit en photo avec son téléphone, photo qu'il envoya d'un geste du doigt à son ami de la chaîne Polsat, qui se réveilla au moment où se répandit dans l'éther un stimulus sonore – la sonnerie du message intercepté.

« OMG », répondit de façon lapidaire Polsat, qui, en une seconde, fut dans sa voiture. Localiser Szajbel ne lui prit pas plus d'un quart d'heure. Il avait de la chance, des aboiements trahirent sa présence. Il la vit, rue des Mélèzes, prendre la rue des Hêtres et filer dans les bois. Non seulement elle était nue, mais en plus elle était pieds nus. La neige qu'elle avait foulée était tachetée de sang, elle avait dû se blesser aux pieds. L'homme gara sa voiture devant l'épicerie Chez Małgosia. Il courut sur quelques mètres en se faufilant entre les arbres, suivant les traces. Il l'aperçut alors dans une clairière, zooma avec ses pupilles, aiguisa son regard et se cacha derrière les troncs.

Szajbel, les yeux fermés – ce que Polsat ne remarqua qu'au moment où ils n'étaient plus séparés que de quelques pas –, était assise à califourchon sur un grand arbre coupé recouvert de mousse. Elle serra les cuisses autour du tronc comme si elle montait à cheval : elle s'y installa confortablement, de même que sur une selle, puis se pencha en avant pour que sa poitrine et son ventre adhèrent à l'écorce moussue. Elle semblait étreindre tendrement l'arbre abattu. Puis elle passa les mains sur sa surface moelleuse et humide. Elle mit son index et son majeur dans sa bouche pour les mouiller de salive et les glissa délicatement dans un tout petit creux qu'elle avait deviné de la pulpe de ses doigts. Plutôt que d'y entrer par à-coups, elle en dessina l'entrée avant de faire pénétrer ses doigts dans la fente. Elle en approcha davantage son visage. Du bout de son nez et de la pointe de sa langue, elle caressa les endroits moussus qui bordaient l'entrée. Par ces attouchements, elle se comblait elle-même tout en comblant l'arbre. En léchant les gouttes de sève qui s'écoulaient de la brèche, elle lui transmettait sa propre humidité. Pour ne rien ôter, pour échanger.

Elle se figea, puisant dans ces caresses une grande quiétude et une force vivifiante. L'instant d'après, elle corrigea l'angle d'inclinaison de son corps pour coller plus encore, ventouser sa fente à la mousse qui recouvrait le tronc. Puis elle frotta son vagin d'avant en arrière. Elle s'immobilisa soudain, les mouvements de ses hanches se firent ensuite de plus en plus rythmiques, comme pour allumer un feu avec son sexe. Le frottement contre la mousse était aussi régulier qu'un métronome. L'arbre semblait lui donner un tempo sur lequel elle ne faisait que s'accorder. Szajbel émit ensuite un son grave et monotone qui s'harmonisait aux craquements des plus vieilles branches des chênes de l'allée du parc. La nature, qui avait saisi sa monodie, y ajoutait ses propres sons – ceux des stalactites qui se détachaient dans un bruit métallique et vitreux, de leur chute sur la terre glacée, du hululement du vent qui s'enchevêtrait dans la cime des arbres. Au moment où le balancement de Szajbel cessa de prolonger le mouvement de ses hanches pour devenir quelque chose qui la dépassait, une chose supérieure qui la créait tout entière, un hurlement animal s'échappa de sa gorge, d'une intensité telle que Polsat en fit presque dans son froc : il n'avait jamais rien entendu de si horrible et si discordant de toute sa vie. Et il en avait entendu, des choses. Y compris la répétition d'un orchestre de handicapés avant un concert donné au sanctuaire de Częstochowa. Les sons alors engendrés sur scène, des sons que l'on aurait dû interrompre, selon lui, par un avortement spontané ou déclenché, associés, amplifiés par les foutues cloches du sanctuaire, n'étaient plus qu'un pet de bourdon comparés au cri de Szajbel qui jouissait sur son tronc. De la présidente du grand groupe pétrolier national. D'une personnalité !

Polsat, qui avait commencé par prendre en photo Szajbel qui chevauchait son chêne, eut soudain une meilleure idée : il alluma la caméra de son téléphone pour immortaliser l'action par un film. Quand l'affreux cri perçant le cerveau cessa, il osa ouvrir les yeux et surprit ceux de Szajbel à moitié ouverts ; elle semblait plongée dans une profonde torpeur. Il la vit s'installer et se trémousser, toujours à califourchon sur l'arbre, semblant sur le point de pondre un œuf démesuré, ou en train de couver un poussin aux dimensions cosmiques avec sa grosse chatte devenue pourpre à force de la frotter contre les nœuds de l'arbre.

Les mains du journaliste tremblaient comme à un stade avancé de la maladie de Parkinson, son cœur battait la chamade, ses oreilles sifflaient comme si la mer Baltique entière s'y engouffrait, et son pénis, effrayé par ce spectacle, se recroquevillait comme s'il ne devait plus jamais ressortir de son short en coton. Polsat pria pour avoir assez de batterie.

Une demi-heure plus tard, il était assis à la table de la cuisine d'Ildone, devant un verre de vodka qu'il avait demandé en même temps qu'un café, pour pouvoir oublier pour toujours ce dont il avait été témoin.

– Je ne banderai plus jamais !

Ildone tapota le dos de son ami en l'invitant à prendre un crocodile – une spécialité de la famille des pickles, préparée par sa belle-mère.

– On l'a dans la boîte ! dit-il en versant un shot de vodka directement dans la gorge de son ami.

De la fin d'une carrière

Au lever du jour, après que la vidéo se fut retrouvée sur Internet et qu'Ildone en eut transmis le lien par texto au Premier ministre, le président du Conseil convoqua sa flotte au Hibou grand-duc.

– Une putain de somnambule dirige une de nos entreprises publiques ! Messieurs, notre navire coule, et vous, au lieu de pagayer, vous avez la main droite dans le futal et dans la gauche une télécommande. Pendant ce temps, cette salope de Szajbel nous enfonce dans le cul sa griffe rouge aiguisée comme une pointe !

C'est ainsi que Monsieur le Premier ministre inaugura son discours au café du Hibou grand-duc, tandis que des coupes de glace affluaient sur la table.

Le Premier ministre avait l'habitude de manger le dessert avant le plat principal, c'est ce que lui avait conseillé son diététicien, pour accélérer son métabolisme.

Le regard du Premier ministre était attiré par les fesses rebondies des serveuses, modelées à la sueur de leur front par la technique des cent squats. Pas vraiment modelées, mais en cours de modelage, disons, car le processus était sans fin, c'était une élaboration perpétuelle. Des fesses modelées, pressées, pompées chaque jour, sous le soleil ou sous la pluie, qu'on soit en bonne santé ou malade, sobre ou soûle, tantôt par des flexions réalisées jambes écartées, comme pour couver le globe terrestre tout en exécutant l'acte de déféquer, tantôt allongée, les jambes en l'air, à la façon d'une cariatide handicapée qui, ne pouvant rien soutenir de sa tête, le ferait avec ses pieds. Question : que soutenait donc la serveuse ?

L'employé stratégique du grand groupe pétrolier national à l'Oiseau en appréciait les résultats et se mit alors à fantasmer sur l'idée de semer en elle sa petite graine, même si, dans la réalité, il ne banderait pas, à cause de l'émotion. Mais en pensées, et d'autant plus quand celles-ci avaient été abreuvées de films pornographiques, il jouissait en moins de deux. Le Premier ministre demanda à la serveuse d'ouvrir la bouche, d'y mettre de la glace – de l'une des coupes posées sur la table – et de vérifier avec la langue si des micros ne s'y cachaient pas.

La serveuse, d'abord confuse, surmonta en un rien de temps sa timidité naturelle grâce à la liasse de billets qui se retrouva soudain fourrée dans son décolleté. Elle en fit même des tonnes, escomptant un supplément gouvernemental. Elle assura et garantit que, cette fois au moins, nul mot prononcé autour de la table du Grand Oiseau ne s'envolerait à la lumière du jour pour partir faire son nid sous les toits d'honnêtes citoyens polonais qui de toute façon ne demandaient qu'à dormir tranquillement, griller tranquillement des saucisses discounts les jours fériés, niquer tranquillement leurs femmes et pas leurs femmes, leur ordonner d'accoucher tranquillement d'enfants plus ou moins handicapés et, quand elles le méritaient, de décharger tranquillement leur colère sur elles, et certainement pas à se noyer dans le genre de merde qui avait fuité par le passé, s'était retrouvée à la une des journaux de toute l'Europe. De la merde qui avait salopé toutes les télévisions en Pologne. Et les postes radio. Qui avait fait tomber des têtes. Le scandale que ç'avait été !

– Alors ? demanda le Premier ministre, à ce point enfoncé dans son fauteuil de velours qu'il semblait former un nouvel être avec le siège.

Un être matérialisé, en velours, et pourtant irréel. Un Premier ministre existant et inexistant en même temps, apparaissant et disparaissant tel le Chat du Cheshire.

– Qui va remplacer cette mégère ? Levez le doigt ! Toi, Ildone ? Tu crois que tu peux, alors montre-nous comment tu bandes !

Ildone ne cacha pas sa joie. Il avait enfin réussi. Il faudrait filer quelque chose à Polsat. Il y avait quand même une justice sur cette terre ! L'expérience avait foiré, et les porteurs de testicules remontaicnt à bord !

À neuf heures, l'heure précise à laquelle commençait la journée de travail, le téléphone sonna sur le bureau de Szajbel. Ignorant qu'elle était devenue la nouvelle star du porno polonais après Teresa Orlowski, Szajbel décrocha. L'instant d'après, elle prenait place dans la limousine du Premier ministre, qui sentait l'encens. Elle traversa la ville. « Il baise des enfants de chœur là-dedans, ou le nonce apostolique en personne ? », se demanda-t-elle. Elle descendit devant le palais du Belvédère. Le *staccato* de ses talons aiguilles sur le sol en marbre donnait une touche dramatique à son entrée. La tension montait.

Lorsqu'elle avait pénétré dans le cabinet du chef suprême, c'était un être humain. Quand elle en était sortie, ce n'était plus le cas. Une carapace de chitine au lieu du trench luxueux dont la doublure était pourvue des carreaux les plus reconnaissables au monde. À la place des yeux, des antennes qui enregistraient tout mouvement alentour. Elle avait rétréci en sept minutes et demie. C'est ce qu'avait duré la rétrogradation de Szajbel au poste d'agent subalterne du service des cadres. Et encore, à la condition qu'un psychiatre déclare par écrit qu'elle avait retrouvé la santé. Szajbel et sa carapace de cafard remercièrent le chauffeur qui l'attendait bien qu'elle n'y eût plus droit, ce que celui-ci ne savait pas encore, et s'engouffra dans le métro.

Le visage des anthropoïdes qui occupaient les sièges devant elle lui sembla tiré des toiles de Bosch et de Bruegel qu'elle avait vues dans des musées au cours de voyages professionnels. Lors de ces visites, elle avait attentivement étudié ces toiles, y cherchant des traits de Mszczonów, ces traits polonais dont Podkowa était absolument dépourvue. Et c'était justement pour cela qu'elle avait choisi cette ville sept ans plus tôt, quand elle avait été promue.

Elle voulait s'échapper le plus loin possible des ruelles étroites, des portails puant la pisse de chat et d'humain, des visages dénués de toute réflexion. Elle jubilait du fait que, malgré le vagin qu'elle avait entre les jambes, elle avait réussi à obtenir tout ça.

À présent, dans cette rame de métro, ces visages bruegelo-boschiens valaient toujours mieux que le sien. Son squelette effondré, ses articulations effondrées, ses muscles effondrés. Son cerveau en grève, et avec lui le pilote chargé de transmettre les informations. Szajbel essaya de faire une grimace, d'effrayer les gens qui la regardaient, mais elle n'y parvint pas, l'entrevue avec le Premier ministre semblait avoir fait tomber le masque qu'elle portait chaque jour et sous lequel beaucoup de choses se cachaient. Il lui semblait qu'ils la regardaient tous. Qu'ils vérifiaient sur leurs smartphones si elle n'était pas, par hasard, cette Szajbel, présidente du grand groupe pétrolier national, qui sautait le patrimoine naturel. Szajbel sombra en elle-même. Comment avait-elle pu faire une chose pareille !

Le même jour, en début de soirée, quelqu'un tentait désespérément de la joindre par téléphone. Mais Szajbel rejetait les appels. Elle n'était pas prête à parler. Même au principal magazine féminin de Pologne, qui lui proposait cinquante mille zlotys pour une interview. Une interview avec une photo la montrant nue, à cheval sur un chêne bicentenaire. Pourtant, le message envoyé par ce numéro insistant attira l'attention de Szajbel : *Félicitations pour la meilleure des performances écologiques ! Avec tout notre respect – La section féminine des Verts. Les Vertes.* Puis en arriva un second. Rien qu'en pensant à l'organisation des Vertes, Szajbel sentit le sang bouillir dans ses veines : elle se souvenait encore de ces larves qui jetaient des pommes pourries, des tomates et du kimchi sur ses fenêtres. Elle lut le deuxième texto :

Nous considérons qu'avec une manifestation aussi radicale, vous êtes enfin passée de notre côté. En guise de reconnaissance pour le courage à la limite de la bravoure dont vous avez fait preuve, nous vous proposons le poste de cheffe des relations publiques de notre association.

Szajbel prit ces messages pour des provocations et ne répondit pas. Les Vertes envoyèrent alors un troisième SMS :

Nous planifions une occupation de la forêt primaire de Białowieża dans trois jours. Nous vous empruntons l'idée de copuler avec les arbres destinés à la coupe.

Szajbel ne pouvait y croire. Lorsqu'elle avait découvert du gaz de schiste dans la mer Baltique et ordonné les forages, cette folle s'était déclarée prête à la tuer avec une arbalète ! « Quelle salope écœurante ! », se dit-elle, avant de briser d'un geste adroit contre le mur son iPhone dernier cri, à l'écran en diamant d'Herkimer. « Sale gouine. »

Comme cette décharge énergétique ne la soulageait pas, Szajbel dévala les escaliers du jardin. Elle ne se souvenait pas de ne pas avoir mis de pyjama après son bain. C'est donc nue qu'elle brancha la tondeuse électrique semblable à une Batmobile miniature. La meilleure et la plus chère tondeuse au monde, si ce qu'on lui avait dit au magasin n'était pas du baratin. Elle lança le moteur avec élan et appuya sur la pédale pour mener bataille contre la nature ironique, qui ferait mieux d'éliminer sur-le-champ les idiotes comme celle-là. Elle dirigea la tondeuse de manière à exterminer les plus grandes surfaces possible d'un seul coup. Elle s'attaqua aux rhododendrons, qu'elle mutila avec sa bouche de Pac-Man. La tondeuse resta bloquée entre les branches, mais Szajbel eut l'intelligence de reculer. Elle fonça ensuite sur les azalées. Le combat dura des heures. À la fin, il ne restait plus que les arbres. Bartek était impuissant depuis son fauteuil roulant. Szajbel ne l'entendait de toute façon pas, elle sombrait de plus en plus dans la démence. Dans la célèbre autocombustion dont son entourage ressentait les effets bien assez souvent.

Elle saisit un bâton. Et se mit à faire ce qu'elle avait fait durant toute son enfance : défoncer du bois mort.

Quand elle alla consulter son psychiatre, quelques jours plus tard, il lui demanda d'expliquer ce que signifiait pour elle « défoncer du bois mort ».

– Il n'y a plus de forêts de ce genre maintenant, aucune autre forêt, aucun autre bois, bosquet, taillis n'est comme ça… C'est mon cousin qui m'y a emmenée la première fois, c'était un enfant des bois, un défenseur des arbres. Je le suivais en toute confiance dans cette forêt qui n'était pas une forêt. C'était un taillis puant, situé près d'une station d'épuration, que l'on rejoignait en longeant des rails. Étrange, particulier. Du bois mort y poussait, c'est-à-dire des arbres au bois mort… Ils poussaient très rapprochés. Le vert ne commençait qu'au-dessus de nos têtes, au-dessus des branches sèches. Il n'y avait pas de chemin, il fallait s'en frayer un, le tapis avare cachait parfois des violettes au parfum enivrant. En dehors de la saison des violettes, le maquis aride était moche, fétide, sec, plein de bois mort, de moustiques et de mouches.

Szajbel se mit à remuer sur sa chaise, elle semblait prise d'une excitation érotique à l'évocation de ces souvenirs. Elle ne supportait plus d'être assise. Ses yeux brillaient d'une façon que le psychiatre ne lui connaissait pas. Il n'avait jamais remarqué ce type d'animation chez elle.

– Continuez, je vous en prie, dit-il pour l'inciter à poursuivre, tout en lui tendant un verre d'eau, car il avait remarqué que, sous le coup de l'émotion, elle avait la gorge sèche.

– Quand j'allais couper du bois mort, je laissais tout derrière moi ! On entrait dans la forêt avec amour et dévotion. Dans nos mains, les bâtons avaient une existence propre. La sueur, la saleté, les moustiques – tout cela n'avait soudain plus d'importance, seuls comptaient dans nos mains nos bâtons pour le bois mort. Et des gourdins pour les plus grosses branches. Une putain de grosse barre tenue à deux mains pour les trolls de bois mort. Pour les arbres entièrement morts. C'est ceux que préférait faucher mon cousin ! Le mouvement du poignet et le beau craquement sonore de la branche sèche donnaient le rythme. Pour avancer, il fallait se tailler un chemin en défonçant du bois mort. On avançait dans cette petite forêt, ce taillis, ce monde de bois mort remontés à bloc ! Bam, crac, boum et tchac, putain. Si t'as pas de barre, tu dégages. En défonçant ces arbres, je n'étais plus moi-même. J'étais comme envoûtée, en transe. Comme si quelque chose était entré en moi et me possédait corps et âme.

Le psychiatre demanda à Szajbel si elle connaissait le sens du mot « défoncer ». Si elle pouvait dire quelque chose à ce sujet. Si, après avoir « défoncé du bois mort », elle n'avait jamais ressenti le besoin de se masturber. L'envie d'avoir des rapports sexuels avec son cousin. Ou avec un bâton.

Szajbel ne savait pas.

Le psychiatre affirma avoir déjà soigné quelqu'un du somnambulisme, mais qu'il n'avait jamais eu affaire à un dendrophile. Autant pouvait-il à la limite concevoir que des hommes fourrent leur membre dans le creux d'un arbre, dans un pomelo troué, dans du foie de veau, une pastèque, autant… Non, il ne comprenait pas. Comment une femme pouvait-elle être dendrophile ?!

– Que serait-elle censée faire ? se demanda-t-il à haute voix – ce qui emplit Szajbel d'une consternation grandissante –, se fourrer des brindilles, des pommes de pin, des champignons, des glands dans le vagin ?!

Szajbel s'effondra. Cela ne pouvait pas se passer comme ça. Elle ne pouvait pas lui avoir confié le récit le plus intime de sa vie pour ça. Incomprise, moquée, elle se recroquevilla et s'enfonça encore plus dans son fauteuil.

– La seule chose qui me vient en tête est que vous essayiez d'arrêter les cachets pendant un mois. Au moins jusqu'à ce qu'on trouve une autre solution. Durant cette période, l'hypomanie se maintiendra à un niveau stable, ne se transformera pas en manie. Je vous conseille la prière. Allez voir le curé de votre paroisse, confiez-lui ce problème. Vous avez des curés intelligents à Podkowa. Tout le pays vous les envie. Et ces paons dans le jardin. Des messes légendaires pour la Patrie. Tournez votre regard, et plus encore votre chatte dévoyée vers Dieu. Sinon, elle risque bien de vous envoyer de nouveau en orbite. Et, dans ce cas, il ne nous restera plus que les électrochocs…

De la pleine lune, de l'insomnie et des cigarettes Salem

Après deux semaines d'interruption du lithium, Szajbel remarqua une amélioration. Le manque de sommeil ne lui posait plus problème. Et l'absence de la moindre trace de somnambulisme dans la chambre à coucher était déjà une victoire ! Le nombre de pots de crème chocolatée et de harengs, de barquettes d'endives, de ces sachets de noix de cajou que Szajbel grignotait à la place des gâteaux lors de ses épisodes de fringale, d'emballages bleu et blanc du fromage pasteurisé sans lequel elle ne pouvait vivre (et sur lesquels, *nota bene*, était dessiné un petit fantôme blanc qui semblait être directement adressé aux fous somnambules), de tubes de ketchup et de pots de ces confitures sucrées au jus de pomme et certainement pas au sucre, qui traînaient habituellement, était réduit à néant. Szajbel proclama intérieurement l'ère de la goinfrade nocturne – la seule chose sur laquelle elle n'était parvenue à exercer aucun contrôle dans sa vie – révolue.

Jusque-là, les choses s'étaient déroulées ainsi : en journée, un régime de boîtes en polystyrène estampillées « 1 200 calories », soit à peine trois fois plus que la ration des déportés ; la nuit, le pillage systématique du frigo et du congélateur.

Jusqu'aux stalactites de glace accrochées aux parois enneigées. (Qui achetait aujourd'hui des frigos *no frost*, puisqu'ils s'avéraient plus nuisibles encore pour l'environnement ?) Ce qu'elle trouvait sur le sol de la cuisine et près du lit en se levant tous les matins la terrifiait plus encore que l'absence de toute perspective de cunni par son mari, qui aurait pu le faire sans problème vu qu'il n'était paralysé que de la taille aux pieds, mais qui ne le faisait pas pour des raisons inconnues. Depuis l'accident, il refusait à Szajbel ce plaisir-là aussi.

Il arrivait parfois que Szajbel appelle le travail pour dire qu'elle ne viendrait pas, prétextant un début de gastro ou une migraine quand elle avait en fait sifflé la nuit précédente, de façon parfaitement inconsciente, une bouteille de vin rouge ou de Suze, son apéritif préféré à la gentiane ! Après quelques épisodes du genre, elle avait décidé d'enfermer à clé les bouteilles d'alcool dans le cellier, qui garantissait une température maintenue à dix-huit degrés. Elle en avait confié les clés à son mari, de façon à rendre plus difficile d'accès le sésame alcoolisé. Et comme ils faisaient chambre à part, le risque qu'elle se soûle fut réduit à zéro.

Cette nuit-là, la lune argentée brillait si fort que Szajbel se décida à faire ce qu'elle n'avait pas fait depuis longtemps : se recouvrir la tête d'un bonnet de laine. Autrefois, avant de rencontrer Bartek, elle le faisait à chaque pleine lune. Aujourd'hui, elle ne le faisait plus que lors des plus notables. Pour isoler le cerveau bouffé par la lumière de l'astre. Le protéger de cette lueur reflétée du soleil qui faisait même s'agiter les océans – alors ne parlons pas d'êtres humains constitués de plus de quatre-vingts pour cent d'eau ! Son bonnet de laine de Zakopane et du vin. Un duo qui lui garantirait le sommeil.

Elle se faufila hors de sa chambre sur la pointe des pieds pour atteindre celle de son mari et lui subtiliser la clé du cellier, qui se trouvait, sur la demande expresse de Szajbel, au fond du tiroir de la table de nuit. Mais ce qu'elle découvrit la frappa de stupeur : le lit de son mari était vide, quand son fauteuil roulant trônait bien au milieu de la pièce. Szajbel se frotta les yeux, pensa être devenue folle, se dit qu'elle rêvait. Elle rêvait encore. Et pourtant non ! Elle ne se trompait pas ! L'engin électrique digne d'un super-héros, dont le prix astronomique dépassait les moyens de la plupart des handicapés, même aisés, et que seuls utilisaient les infirmes qui jouaient au basket en NBA, était garé comme toutes les nuits, le frein enclenché. Cent trente mille zlotys dépensés à Noël pour que son prince puisse agrandir symboliquement un pénis qui demeurerait pour l'éternité au repos. Et pour se débarrasser ne serait-ce qu'en partie de cette affreuse culpabilité qui lui gâchait la vie et détruisait son mariage. Une culpabilité qui, depuis l'accident, la faisait rétrécir et s'enlaidir aussi bien à ses yeux qu'aux yeux du monde.

Ne voyant pas son infirme de mari dans sa chambre, elle se creusa les méninges, fit chauffer ses cellules grises, ce qui, avec l'interruption des médicaments qu'elle prenait depuis des années, n'était pas chose aisée ! Contraindre son cerveau au moindre effort était laborieux. Les cellules, au lieu de jouer ensemble au rugby ou au hockey sur glace, se limitaient au air hockey. L'esprit de Szajbel, incapable de voler, prit néanmoins de la hauteur et ordonna à son corps de fouiller la maison – bravo, putain, bravo – et de dénicher ce menteur !

Szajbel, enflammée par la colère, crachant du feu, le foie enflé, traversa en courant toutes les pièces de l'étage – pas là ! Puis la cuisine, le salon, la salle de bains – rien ! Essoufflée, en proie à une *aggressive energy*, comme l'appelait son acupuncteur chinois (qu'il aille se faire foutre et s'en tienne à bouffer les serpents et les chauves-souris qui allaient bientôt faire disparaître l'humanité), qui l'irriguait des pieds à la tête, elle arriva au deuxième étage de la maison réservé aux appareils de fitness : des rameurs, des tapis de course, des vélos d'appartement, des Atlas et Orbitrek, le tout en deux exemplaires : un pour elle et un pour lui, à l'époque où il pouvait encore les utiliser, où il pouvait encore bander. Pas là ! La bibliothèque, ensuite – des milliers de livres dont seules les couvertures avaient été lues, et merde, qui allait lui demander des comptes maintenant ? Étudiante, en n'en lisant que le titre et la table des matières, au mieux deux ou trois pages du milieu, elle était déjà assez maline pour savoir de quoi parlait un Barthes ou un Borges ; de toute façon, cela n'avait aucune espèce d'importance, car elle s'apercevrait rapidement que personne de ceux qu'elle croisait au quotidien, et pas plus aux réceptions et banquets, au sein de sa société comme au ministère, n'avait lu ne serait-ce que ces quelques pages ni ne les avait même feuilletées, cornées pour sauver les apparences ou tachées de salive, elle pouvait donc tranquillement étaler sa connaissance de tel ou tel patronyme. De tel et tel classique. Elle passait pour la plus érudite, ce qui d'ailleurs n'était pas bien vu. La bibliothèque aussi était vide ! Szajbel s'assit sur un fauteuil en velours et s'alluma une cigarette tirée d'un paquet qui devait traîner là depuis une dizaine d'années. Des Salem ! Qui fumait encore des Salem, ou plutôt : qui fumait encore tout court ?! Elle, elle allait s'y mettre. Voilà ce qu'elle se promit. Dès qu'elle retrouverait cet imposteur !

Avec la nicotine, Szajbel eut une révélation. Elle courut, cigarette à la main, jusqu'au couloir et atteignit la porte d'entrée. Celle-ci était fermée de l'intérieur, non seulement à clé, mais par une chaîne. Bartek n'avait donc pas pu quitter la maison – il n'aurait pas pu remettre la chaîne depuis l'extérieur. Elle eut soudain l'idée de visionner les enregistrements des caméras de surveillance. Elle les scruta en retour rapide jusqu'à les rembobiner d'une heure. Il devait bien se cacher quelque part dans la maison. Une des caméras l'avait capturé en train de sortir sur la pointe des pieds de sa chambre et de descendre les escaliers. Szajbel emprunta le même chemin. Elle dévala les marches tout en essayant de détecter le moindre rayon de lumière dans les pièces du bas.

Le cellier ! C'est de là que provenait le filet lumineux qui attira son attention ! Le cellier : vide ! Pas une trace de l'imposteur ! Ne restait plus que la grande cave attenante dans laquelle, sur les conseils de l'architecte, elle avait fait installer un luxueux home cinéma… « Attention à l'escalier, il est raide », se dit-elle, se souvenant du nombre de fois où celui-ci l'avait malmenée tandis qu'elle allait chercher du vin en douce.

La porte de la cave n'était pas complètement fermée. Depuis l'extérieur, Szajbel entendit des voix étranges. Les râles d'un troupeau d'hommes des cavernes au-dessus d'une proie fraîchement chassée. Szajbel éteignit sa cigarette sur le mur et entra dans la pièce sans faire de bruit…

De la raison pour laquelle on ne devrait pas se masturber au volant

Elle se souvenait de cette journée survenue six ans plus tôt dans les moindres détails. Le nuage de la pandémie dans laquelle avait sombré le monde entier recouvrait la cité-jardin où ils avaient emménagé l'année précédente. Podkowa baignait pourtant dans une mer colorée d'azalées et de rhododendrons. Les fleurs, alimentées par les corps en décomposition des plus pauvres de la société, étaient spectaculaires, elles semblaient toucher le ciel, et dépassaient en tout cas les toits des luxueuses demeures.

Dans le pays, c'était la panique. Tous les établissements sportifs, les centres commerciaux, les institutions culturelles et les restaurants étaient fermés. Les gens portaient des masques – rien à voir avec le carnaval –, perdaient leur identité extérieure, leur image. Une humanité sans gueule et sans visage. Le spectre d'une espèce. Seule Podkowa gardait son calme, distinguée, équipée du plus grand nombre de respirateurs au mètre carré d'Europe, de terrasses parsemées des chaises longues et des transats les plus onéreux, où se prélassaient des corps qui faisaient l'orgueil des meilleurs chirurgiens plasticiens du pays. Une Podkowa irréaliste, exaltée par l'oisiveté, les siestes au soleil, les menus travaux dans le jardin – façonner les courbes rhododendronesques, jeter des bâtons à des chiens de race, brosser le poil brillant de chats bleus russes, écouter le chant des oiseaux, faire de la limonade, remplir la piscine revêtue de labradorites et de lapis-lazuli. D'après l'architecte qui avait aménagé sa maison, Szajbel allait, grâce à sa mosaïque de labradorites, créer ici, chez elle, dans ce paysage mazovien, dans son jardin podkowien, une Atlantide privée. Elle s'immergerait dans sa vibration car – toujours selon l'architecte –, le plus important, c'était l'énergie. « Que ce soit l'énergie d'avant son naufrage, putain », se dit-elle alors en entendant ces inepties.

Les téléviseurs et les radios étaient éteints pour qu'on n'entende plus le nombre croissant des victimes. Pas un enfant ne braillait dans le jardin grâce à l'école en ligne. Et si enfants il y avait toutefois, ils jouaient en silence, dans leurs cabanes en ébène sur les arbres, pour ne pas déranger leurs parents occupés par leurs *calls*, leur yoga et leur pilates. Poussée par cet excès d'argent et d'ennui, mais aussi par l'excès de tristesse que lui causait le rejet sexuel, toujours plus douloureux, de la part de son mari, Szajbel décida de faire quelque chose de fou. Et comme sa folie n'était pas une folie féminine – envahissante et hors de contrôle –, mais plutôt une réaction simple visant une gratification rapide, et à force de lire chaque semaine la presse automobile, elle succomba à la tentation et se rendit à Gdańsk pour en rapporter une Mercedes bleue CLS 400d dont le concessionnaire de la Triville vantait les mérites avec le slogan « À genoux, nations ! ». Une Mercedes qu'elle paya trois cent soixante-neuf mille zlotys en cash, et en faisant un compromis avec elle-même, car elle rêvait plutôt d'une Rolls-Royce Phantom, vendue par le même concessionnaire sous le slogan « Dieu est descendu sur terre » (trois millions). Par égard pour cet avenir rendu incertain par la pandémie qui se déchaînait partout dans le monde, elle dut dire bye-bye à son rêve fantomatique. « Ça serait plus élégant de dire *farewell* ! », la corrigea alors son mari prof d'anglais.

Bartek se réjouit plus encore qu'elle de l'achat de la voiture. Il aimait le luxe qui entourait sa femme, surtout parce que, étant son mari, il était de fait copropriétaire tant de la maison que de la Mercedes. Comme le lui avait ordonné sa mère, il veillait à ses propres intérêts, des intérêts qui, après le mariage, et de façon indirecte bien sûr, étaient également devenus ceux de sa maman. Dans cette histoire, la seule chose qui déplaisait à Bartek, c'était que Szajbel gagnait quinze fois plus que lui, simple prof d'anglais dans l'école Montessori locale. *So far*, en tout cas.

Le retour de Gdańsk jusqu'à la maison se déroula dans une ambiance agréable, même si les toilettes fermées des aires d'autoroute étaient un inconvénient. Szajbel était incapable de faire pipi dans la nature. Ça la dépassait. Voilà pourquoi elle n'était jamais partie camper ou bivouaquer en colonie de vacances. L'impossibilité d'uriner et de déféquer dans des conditions normales et civilisées la terrifiait. Quand, lors des week-ends d'intégration, ses collègues hommes allaient se soulager dans les buissons, Szajbel ne pouvait contrôler son agacement. Cela la dégoûtait tant qu'elle se découvrait ensuite incapable de boire du vin ou de danser avec quiconque s'était livré à cette action. Pisser sur l'herbe semblait les radier de l'humanité. Et en matière de défécation, Szajbel ne tolérait que les cuvettes exemptes de fond plat. Elle ne pouvait donc pas se rendre en délégation en Allemagne ni en Autriche, pays où l'on prend plaisir à contempler ses excréments avant de tirer la chasse d'eau. Szajbel restait interdite – comment une nation qui avait donné tant d'illustres compositeurs, d'écrivains, de poètes et de philosophes avait-elle pu inventer une chose aussi monstrueuse que des toilettes dans lesquelles la merde gisait sans vergogne sur un plateau en céramique plutôt que de disparaître dans le gouffre des canalisations. C'était tout simplement incompréhensible.

S'il ne tenait qu'à elle, d'ailleurs, Szajbel ne chierait jamais. Elle ne s'alimenterait que par perfusion, la nourriture lui parviendrait par un petit tube directement dans les veines, évitant de fait l'estomac et les intestins. Voilà pourquoi elle mangeait peu, pour aller le moins possible aux toilettes. Le même dégoût la prenait à la vue de cheveux. Un cheveu dans la soupe était un cauchemar comparable à une cuvette souillée d'excréments. Les poils pubiens laissés dans la douche par Bartek étaient tout bonnement intolérables. De même que des aisselles non rasées. Y compris celles de Bartek. Dans le monde de Szajbel, les femmes aux poils pubiens foisonnants ou arborant une touffe sous les aisselles n'existaient tout simplement pas. Elle les rencontrerait plus tard et croirait alors longtemps avoir eu des hallucinations.

Avec Bartek, la conversation était bancale, comme chaque fois qu'ils évitaient les sujets difficiles, parmi lesquels trônait sans conteste le manque de sexe. Quand elle pénétrait ce terrain glissant, Bartek se tendait, rapetissait, se tordait, se raclait la gorge, toussotait et se grattait. Il semblait tout simplement allergique au thème. Alors, Szajbel pleurait, bien que ses larmes ne glissent plus sur ses joues ; elle pleurait à l'intérieur d'elle-même, en silence.

Cela faisait longtemps qu'ils ne se regardaient plus dans les yeux. Le match de tennis dans lequel s'affrontaient leurs âmes n'était plus qu'une pâle imitation du jeu. Ici, il n'y avait même plus de balle. La balle était sortie du terrain, et personne n'était allé la ramasser. Les yeux de deux amants communiquent tant qu'une balle est en service. Une fois ce lien coupé, plus rien ne réélectrifiera les corps, ne suscitera de l'excitation. Pourtant, au début, c'était différent. Il y avait eu des moments que l'on pouvait, en forçant un peu, faire tenir dans le tiroir « heureux ». Coucher ensemble une fois par mois était déjà quelque chose, Szajbel avait des amies qui le faisaient plus rarement. Seule Aneta couchait deux fois par semaine avec son mari.

Toutes l'enviaient. Et elle n'avait pas à réclamer. Elle repoussait même son mari hyperactif.

Szajbel en avait toujours rêvé, elle aurait voulu que Bartek la tripote en rentrant à la maison. Elle aurait voulu qu'il pose ses mains sur ses seins, sur ses hanches. Après les deux verres de vin qu'elle s'octroyait, elle fantasmait sur l'idée d'être harcelée par son mari pendant les banquets d'entreprise, et de s'attirer ainsi la sympathie des hommes de la société. Ceux-ci lui tapotaient le dos, mais dans ses pensées, c'étaient les fesses. Elle riait plus fort que les hommes aux blagues sur la bêtise des femmes. Elle était verbalement brutale envers les femmes au volant. Pour chauffer ses collègues. En signe d'appréciation, ils la tapotaient sur les fesses. Sur les genoux, parfois sur l'épaule. Dans ses pensées, ils l'oignaient de leur sperme – et ce n'était qu'une fois le visage éclaboussé de leur sainte semence qu'elle appartenait à l'Ordre des hommes. Ce n'était que lorsqu'elle était devenue objet qu'elle se sentait attirante.

Il en fut ainsi jusqu'à l'accident. Puis elle se tut. Elle ne fit plus jamais référence au sexe dans leurs conversations. Du jour au lendemain, elle s'était débarrassée de tous les mots derrière lesquels pourrait se cacher une quelconque sollicitation. Heureusement, elle avait entre-temps pris la tête de la compagnie.

Bartek s'endormit à mi-chemin. Szajbel, quant à elle, appuya sur l'accélérateur. Elle n'avait jamais conduit aussi vite de sa vie. Ça l'excitait. C'était comme sur un manège, quand la force de gravité la pressait contre son siège et que son point G s'en trouvait stimulé par un vecteur invisible. Peut-être était-ce par ce mouvement de rotation sur lequel elle n'avait aucun contrôle ? Même si ce n'était absolument pas son style, elle fourra alors sa main gauche dans sa culotte. Elle avait arrêté depuis plusieurs mois, elle voulait rester immaculée et pure pour Bartek, assoiffée de ses caresses, ne s'ouvrir que pour son membre. Quand arriverait enfin le moment du contact, elle pourrait ainsi jouir sur l'instant, sans même avoir à frotter son clitoris (ce qu'elle faisait secrètement, pour qu'il ne remarque pas qu'elle repassait après lui, il aimait croire que son membre lui suffisait).

Elle mouilla si vite que sa culotte fut trempée. De la part de son vagin fossilisé depuis le mariage, cela l'étonna tout en lui inspirant un peu de dégoût. Mais elle n'arrêta pas de se toucher pour autant. Elle tournait autour de son clitoris avec son doigt, dessinait une orbite invisible. Elle le pressait parfois et le pinçait. Et c'est au moment où un éclat de lumière si fort qu'il en était douloureux envahit ses yeux et où un gigantesque frisson traversa son corps que survint l'événement qui allait bouleverser sa vie.

D'un handicap qui allait comme un gant

Quand vous avez eu quatre membres valides (dont les deux supérieurs vous servaient à tourner les pages des livres, à changer de chaîne avec une télécommande, à préparer votre cocktail préféré tiré des livres de Raymond Chandler, ou à vous masturber jusqu'à en crever en l'absence de votre femme occupée à multiplier son capital, et dont les deux membres inférieurs vous servaient non seulement à vous déplacer d'un endroit à un autre, mais aussi à faire des marathons, du ski, du snowboard et du kitesurf au Brésil aux frais de votre épouse) et qu'il ne vous reste soudain plus que les deux du haut – parce qu'à la suite d'un accident de voiture toute la partie basse de Bartek, y compris son pénis, avait cessé de fonctionner –, vivre est très difficile. On recommence pratiquement son existence du début, en y cherchant un sens les premières années, puis en s'accordant de plus petits plaisirs pour compenser son infirmité.

Après l'accident, Bartek avait récupéré exceptionnellement vite sur le plan psychologique. Les médecins prétendaient que c'était un effet du stress post-traumatique – une anomalie des réactions liée à la grandeur du choc et à la difficulté de métaboliser le traumatisme. En réalité, il ne s'agissait pas tant d'une difficulté à le métaboliser que de son déni radical ; l'accident qu'avait provoqué sa femme ne lui semblait pas constituer la pire des choses qui lui étaient arrivées dans la vie. Après son réveil, quand l'ami qui l'avait opéré lui avait annoncé, en présence de Szajbel, qu'il ne récupérerait probablement jamais l'usage de ses membres inférieurs, Bartek avait réagi avec indifférence, pour ne pas dire avec soulagement. Sa paralysie semblait le libérer d'un certain type d'activités dont il ne raffolait pas.

Pour Szajbel, par contre, cela changea tout. Non seulement elle ne pouvait plus compter sur l'aide de Bartek dans les tâches quotidiennes, mais en plus elle devait se faire à l'idée qu'ils ne jouiraient plus d'aucune véritable intimité sexuelle, intimité qu'elle avait recherchée à tout prix au cours des années de mariage et qui se produisait déjà très rarement dans leur couple. Et quand cela se produisait, c'était toujours à son initiative. Comme si le sexe ne comptait absolument pas pour son mari, ce qui, après toutes ces années de vie commune, avait fini par désespérer Szajbel. La dynamique de leur couple reposait ainsi sur une violence conjugale silencieuse – plus Bartek la repoussait, plus Szajbel le désirait. Bien que le rejet suscitât aussi en elle l'envie de lui filer une bonne raclée, le plus souvent verbale. Même si elle s'était jetée une ou deux fois sur lui avec ses griffes, puis avait passé la moitié de la nuit à pleurer de honte et de désespoir, déçue par l'être humain – et la femme – qu'elle s'était révélée être. Il faut reconnaître que c'était Bartek, et non elle

– présidente du grand groupe pétrolier national au salaire moyen quinze fois supérieur – qui détenait le pouvoir, et il ne lui restait plus qu'à pleurer ou à se consumer dans une colère qui croissait jour après jour, ou plutôt nuit après nuit.

Et même hormis le sexe, Bartek n'avait pas perdu grand-chose. Il était parvenu à convaincre Szajbel de l'aider à développer de nouvelles passions : il avait échangé son snowboard, ses skis et son kite pour le deltaplane pour handicapés le plus cher au monde, et s'était mis à planer, tel un Dédale à roulettes, le parachute installé sur un cadre prévu à cet effet. Un sport coûteux et dangereux, mais quel grand malheur aurait-il pu augurer pour des handicapés déjà coincés en fauteuil roulant ? Que pouvait-il arriver de pire ? Seulement la mort, mais quelle mort ! Poétique, icarienne, dont on ne pouvait que rêver, à l'inverse de celle que s'était mijotée sa mère après le décès de son époux en engouffrant sa tête dans le four avant de tourner les boutons du gaz.

Szajbel se réjouissait de voir que Bartek ne se laissait pas abattre, qu'il avait même – selon l'avis des médecins – un plus grand appétit pour la vie ; se retrouver en fauteuil roulant semblait avoir été son rêve secret, une vocation. Les chirurgiens de l'hôpital militaire où Szajbel avait réussi à faire opérer Bartek sur-le-champ n'avaient jamais, de leur carrière, eu affaire à une telle réaction, pas plus que les kinésithérapeutes qui s'échinaient à remettre sur pied les patients après des accidents, apoplexies ou AVC – mais, généralement, pas contre leur volonté ! Avec Bartek, ils étaient impuissants, disaient qu'il ne montrait pas la moindre intention de changer sa situation, au sens littéral comme au figuré. « Comme s'il était né pour être handicapé », répétaient-ils, frappés de constater ce phénomène chez un jeune et beau trentenaire.

Après deux ans passés à lutter pour que Bartek récupérât l'usage de ses membres, Szajbel baissa les bras. Ce qui entraîna des conséquences sur son état mental : jusqu'alors, elle croyait encore qu'ils réussiraient à se hisser sur ce huit mille encore inexploré – le sexe. Mais après deux ans d'efforts intensifs et de vaines tentatives, elle abandonna ces rêves et entreprit de réorganiser sa vie conjugale.

Un problème des plus délicats demeurait pourtant irrésolu : en matière de toilette et d'hygiène, Bartek n'acceptait l'aide de personne d'autre que de son épouse. Elle ne pouvait le comprendre, bien qu'au fil des ans elle se mît à y déceler un désir de vengeance. Elle avait réussi. Contrairement à lui, elle ne s'échinait pas dans une école publique à enseigner à des enfants une langue qu'ils pouvaient tout aussi bien apprendre sur YouTube ou Netflix, elle ne gagnait pas le misérable salaire médian. Les raisons pour lesquelles Bartek la traitait comme une infirmière, et ce, sans aucune trace de honte, alors qu'au lit il avait honte de tout, devaient être analysées sérieusement. Avant l'accident, il dormait toujours dos à elle, en pyjama ou en survêtement. La nudité – la sienne comme celle de Szajbel – lui était dégoûtante, « insupportable », disait-il lui-même. Et d'autant plus si un pli de gras faisait son apparition sur les hanches ou le ventre de sa femme. Ce pli le répugnait comme s'il ne faisait pas partie de son corps. Comme si c'était une chose qui s'y était accrochée et refusait à présent de se détacher. Une horreur. Bartek tâchait de ne pas le regarder, mais son regard se posait néanmoins sur le surplus de Szajbel, et il avait du mal à réfréner des commentaires cinglants.

Son attitude à l'égard de toutes sortes de contacts liés aux soins – que son corps fût nettoyé après ses processus physiologiques, lavé, essuyé ne lui posait plus aucun problème, tant que cela n'empiétait pas sur le terrain de la sexualité – étonnait Szajbel et ne la laissait pas en paix.

De la manière de grossir efficacement tout en étant au régime

Pour sa façon oppressive de la forcer à réaliser des actes dont pourrait parfaitement se charger une quelconque infirmière correctement rémunérée, Szajbel récompensait Bartek d'une façon bien à elle. Gramme après gramme, centimètre par centimètre, elle grossissait à un rythme délétère. Elle qui avait passé sa vie à porter du XS, atteignait à présent le XL tout en restant, aux yeux de ses collègues masculins, attirante, plus attirante qu'avant même, car la graisse donnait à ses hanches et à sa poitrine des formes désirables. Sa taille… Si, elle en avait encore une, même si la différence idéale de trente centimètres entre le tour de taille et de hanches avait depuis bien longtemps disparu. Szajbel avait découvert le plaisir de manger la nuit – ce qu'elle s'était jusqu'alors toujours interdit, même sous l'effet de l'alcool. Et il ne s'agissait pas de nourriture saine, de casse-croûtes équilibrés. Elle grignotait les chips les plus ordinaires avec du fromage à tartiner pasteurisé, et quand elle avait le cafard, elle préparait à minuit une casserole de purée dans laquelle elle versait de la noix de muscade, de la crème fraîche épaisse et une demi-plaquette de beurre. Chaque cuillère de purée était un baume sur son cœur brisé. Contrairement au pénis de Bartek, les glucides lui offraient une récompense immédiate, une overdose, un plaisir irrésistible. Un orgasme, qui durait depuis la première cuillère jusqu'au moment où elle léchait le fond de la casserole.

Elle avait des phases. Un jour, elle avait découvert dans une épicerie de Podkowa des chips *level master* : les Pringles aromatisées *salt & vinegar* qu'elle mangeait en Erasmus à Londres. Elle se tenait immobile devant le rayon, qui devait en compter bien quarante paquets, scrupuleusement alignés. C'était comme tomber sur un amant perdu de vue depuis des années. Pour aggraver les choses, le propriétaire du magasin, à qui elle avait autrefois tapé dans l'œil, lui révéla qu'il disposait en réserve d'à peu près cent paquets dont la date de péremption approchait. C'était une franchise superflue. Une franchise qui faillit bien achever Szajbel. Elle atterrit à l'hôpital avec une violente douleur au pancréas, et le foie enflé à cause des adjuvants chimiques des Pringles. On lui fit un lavage d'estomac et une cure de désintoxication d'une semaine. Comme à l'époque de sa jeunesse houleuse, quand elle avait avalé des cachets d'Aviomarin avec le whisky de son père. Depuis son lit d'hôpital, elle eut le temps de faire un examen de conscience. Elle fit le compte des soixante-seize paquets mangés en un mois, chaque nuit, tout en priant Dieu pour qu'il lui ôtât l'usage de ses jambes et de ses mains : de ses jambes pour qu'elle ne pût pas descendre à la cave chercher un nouveau paquet ; et des mains pour qu'elle ne pût pas s'en saisir.

Après l'épisode des chips et de l'hôpital, où l'on comprit finalement qu'elle se livrait à une consommation compulsive de nourriture dans le but d'affronter ses problèmes, elle fit un compromis avec elle-même. Elle allait continuer à s'empiffrer, mais pas de produits qui risquaient de lui ruiner la santé. Si elle avait envie de carottes, elle en râpait un kilo dans un blender, y ajoutait cinq cents grammes d'amandes effilées et y versait une demi-bouteille d'huile de pépins de courge. Est-ce que c'était bon ? Bien sûr ! Est-ce que c'était sain ? Sans aucun doute ! La salade diététique la plus engraissante au monde. Trois mille calories. Mille cinq cents de plus que ses besoins journaliers. Une salade digne d'un mineur en partance pour son quart de nuit. Et si la diététicienne lui demandait ce qu'elle mangeait, elle pourrait toujours lui répondre : « Des carottes avec des amandes effilées et une goutte d'huile. » Et c'est d'ailleurs ce qu'elle répondait.

Lorsqu'elle découvrit à l'Étal vert – le magasin d'alimentation diététique de Milanówek – un fromage des Alpes allemand, elle en acheta des kilogrammes, y laissant une fortune. Elle le mangeait la journée, même s'il était encore meilleur la nuit. Et dans la baignoire. Dans un bain, avec un verre de vin, en regardant les vidéos fitness d'Ewa Chodakowska. Elle mangeait tout en faisant du sport avec les yeux. Elle écoutait attentivement les recommandations données pour l'échauffement, puis regardait les exercices. Pour le ventre, les cuisses, les fesses – et pendant ce temps, trois cents grammes de fromage s'évaporaient par la volonté du Saint-Esprit. La Chodakowska s'écriait : « Bravo, les filles ! Je suis tellement fière de vous ! Vous êtes fantastiques ! » « Oui, putain, on l'est », se disait Szajbel en s'enfilant une nouvelle tranche de fromage alpin, puis, avec des remords éternels, elle attrapait le pommeau de douche argenté, pourvu de différentes vitesses d'hydromassage, et se masturbait jusqu'à en tomber. Trois, quatre fois de suite, histoire de perdre ne serait-ce que trois cents des quatre mille calories engrangées.

Ils restaient ensemble ainsi, chacun à la fois le bourreau et la victime de l'autre, et permutaient ces rôles qui leur apportaient à la fois de l'extase et de la souffrance, de l'aversion, de la colère, du mépris et tout ce qui ne devrait pas avoir sa place dans ce qu'on appelle un couple heureux.

Mais, en somme, qu'est-ce que ça signifiait, « un couple heureux », se demandait déjà Szajbel après l'accident, tandis qu'elle tirait tranquillement vengeance de son épave de mari et essayait de s'expliquer à elle-même pourquoi elle demeurait dans cette relation toxique.

C'est ainsi que les années passaient, les unes après les autres. Des nuits vides et sans sommeil, des journées remplies d'un travail voulu le plus intense possible pour que dans toute l'étoffe de l'existence il n'y eût pas une maille défaite par laquelle pourrait se glisser une pensée morbide. Une pensée qu'une personne autrefois aimée pourrait même ne pas remarquer…

À présent, en voyant ce corps qu'elle avait désiré pendant tant d'années, elle ne ressentait plus que de la peine. Pas pour le propriétaire de ce corps, mais pour elle-même. Comment avait-elle pu désirer cette charogne qui, tout en profitant d'elle de façon absolue, menait une double vie, et pas sur un fauteuil ? Ce corps qu'elle lavait et hydratait de liniment pour lui éviter les escarres, ce corps qu'elle aidait chaque jour à s'asseoir sur les toilettes, ce corps qu'elle transportait sur la banquette arrière de la voiture en s'esquintant la colonne vertébrale, ce corps dont elle connaissait chaque recoin par cœur, et qu'elle ne connaissait pas du tout…

Sa cicatrice sur le genou gauche : un souvenir de sa première bagarre à l'école, au cours de laquelle un camarade avait utilisé un tesson de bouteille en guise d'arme. Elle avait embrassé cet endroit tant de fois. Cette butte sur la peau de son ventre négligemment recousu après son appendicite. Elle riait en disant qu'il semblait avoir eu une demi-césarienne. Combien de fois avait-elle posé sa main sur ce petit pli en lui faisant une fellation ? Il la repoussait chaque fois dans un geste de honte. Et elle ne savait pas vraiment si celle-ci était provoquée par le plaisir ou par l'embarras dû à son imperfection. Une fossette sur le menton qu'elle adorait toucher du bout de sa langue en l'embrassant. C'était toujours à ce moment-là qu'il se hérissait et se tortillait. Les pavillons des oreilles qu'elle parcourait des doigts et mordillait délicatement. C'était ce qu'il détestait le plus.

Szajbel ne savait pas comment le caresser. Rien de ce qu'elle faisait n'allait. Dès le début, le plaisir qu'elle voulait lui donner s'était révélé pour lui insupportable. Un supplice qui, au lieu de le mener au sommet, menait droit au gouffre. Sous l'influence du toucher de Szajbel, le corps de son mari semblait trépasser. Dans la souffrance, qui plus est. Ses caresses étaient des tortures.

À présent, enfin, ce corps douloureux qu'elle venait de frapper lourdement de ses mains et de ses pieds, gisait devant elle, le visage tourné vers le sol. Avec, près de son extrémité, le clavier d'ordinateur ensanglanté et le saladier en cristal, dont les chips s'étaient éparpillées. Le sang, plus abondant encore sous le visage qu'autour du reste du corps. Szajbel avait entaillé les deux arcades sourcilières de Bartek. Celui-ci reprit connaissance un instant plus tard. Il se mit à geindre et à se débattre pour tenter de libérer ses mains, liées dans son dos avec le câble du portable qui était raccordé au projecteur. Voyez-vous ça ! Des jambes paralysées par un accident de voiture sont-elles aussi vives ? Le regard de Szajbel se posa sur l'extincteur suspendu au mur derrière la porte. Elle le prit et se mit à rouer de coups ces jambes qui avaient feint d'être invalides. Il hurlait de douleur. Elle allait s'arrêter, mais le peu de flamme qui luisait encore en elle après cette décharge s'embrasa soudain à la vue de l'écran de projection.

La femme, en train d'être prise par plusieurs hommes, était son exact opposé. Elle avait d'énormes hanches et des seins monumentaux qui semblaient remplis d'une substance leur permettant, malgré les mouvements vifs du bassin oscillant au rythme des coups de pénis, de rester figés. Des seins en silicone. En bronze. Et des lèvres énormes avec ça, de la taille d'une pêche – ces lèvres dont Bartek disait qu'il n'y avait rien de plus asexué. Des lèvres hologrammes. En comprenant qu'il lui avait menti sur ce sujet aussi, elle lui asséna un autre coup de pied. Toute sa vie au régime pour lui plaire. Il lui disait qu'elle était trop grosse, que c'était pour ça qu'elle ne lui faisait aucun effet. Elle passait d'un régime à l'autre : low carb, sirtuines, vitarianisme, jeûnes, Montignac, Dukan, keto, paléo. Et rebelote : une alimentation interrompue par des abus, jusqu'à en tomber dans les pommes. Jusqu'au dégoût le plus profond. Elle connaissait bien ce moment où elle ingurgitait un demi-mètre de halva au lieu d'en manger un centimètre. Et comme ils ne couchaient déjà pas plus souvent qu'une fois par trimestre avant que Bartek ne joue cette farce sur son fauteuil roulant, avant qu'elle prît du poids, elle s'enfilait des mégapacks de chips avec du fromage à tartiner tout comme d'autres s'enfilaient des lignes de coke. Et quand les chips étaient finies, elle courait à la station d'essence pour acheter des Ritter Sport à la noix de coco. S'il n'y avait rien de vert dans le frigo, elle dévorait l'avoine cultivée en pot pour son chat, pour offrir un peu de fibres à son organisme, pour empêcher les glucides de s'arrimer et de se transformer en bouée autour de son ventre. Puis un peu de jambon serrano pour que son estomac brûle des calories en digérant des protéines, pour que ce salaud ne mollisse pas la nuit venue. Depuis que la machine de la salle de fitness lui avait indiqué son âge métabolique, soixante-trois ans – le double de ce qu'il aurait dû être ! –, développer un métabolisme plus rapide était devenu son combat.

Elle avait demandé à son coach personnel si la machine ne pouvait pas se tromper. « Non, madame, lui avait-il répondu, regardez cet homo de soixante ans. La machine lui indique vingt-six ans, quatre pour cent de masse graisseuse, tout le reste, c'est du muscle. » Ce jour-là, Szajbel avait mangé plus que d'habitude. Et vomi plus longtemps que d'habitude.

De ce qui s'était vraiment passé cette nuit-là

Au souvenir de cet épisode, Szajbel donna un violent coup de pied à Bartek à l'entrejambe. Celui-ci replia ses jambes brisées. Il gémit. Elle y prit goût. Ça l'excitait même. Des gémissements entrecoupés de silences. Elle était maîtresse de la partition, de l'intensité de la violence.

C'est alors qu'elle entendit, bien qu'elle ne fût jamais certaine par la suite que cela se soit vraiment passé, une voix féminine basse et sensuelle sortir de la bouche qui, sur l'écran du home cinéma, s'adonnait à peine un instant auparavant à une fellation :

– Regarde-moi quand je fais ce que je fais. Personne n'est capable de le faire comme moi. Je fais vibrer ma langue pour qu'elle palpite à la vitesse du cœur d'un colibri. Regarde-moi dans les yeux. Au fond de mon iris, tu verras une petite tache de perfidie. Eux ne la voient pas, ils ne nous regardent pas dans les yeux. Ils regardent nos fentes, obsédés par le désir de nous pénétrer. Ils essayent d'entrevoir ce qui se cache profondément en nous. Et quand ils pénètrent nos fentes secrètes tout en tirant fort nos cheveux, ils se disent qu'ils ont du pouvoir sur nous et supposent que nous aimons ça. Mais ils n'en ont pas, sœur. Nous les chevauchons, nous les accueillons en nous dans un but précis. Les garder le plus longtemps possible devant l'écran pour leur enlever leur force. À chaque orgasme, ils utilisent leur carburant et appauvrissent d'autant leurs ressources en énergie vitale. Jusqu'à ce qu'il ne leur reste plus de quoi inventer de nouveaux modes d'oppression ni de lois qui nous oppressent. Plus de quoi signer de nouveaux pactes économiques qui viendraient nuire à la Terre. De quoi organiser leurs chasses sanglantes. De quoi cogner sur leurs femmes et enfants. Nous, les stars du porno, ne sommes pas des victimes de l'objectification des femmes. Pas plus que nous n'en sommes les symboles. Nous sommes des héroïnes. Des Batwomen qui fouettent le cul d'imbéciles qui bandent quand ils sont rossés comme il faut. Qui acceptent d'être sévèrement punis pour le sort qu'ils nous ont concocté. Moi, Sasha, Tanya, Tamila, Samantha, Tracy, Linda, Jenny et des centaines, des milliers d'autres, nous nous échinons à battre les records du nombre de vues pour une raison, et une seule : nous sommes prêtes à tout donner pour éloigner les hommes des autres domaines – de la culture, des sciences, de la politique, de l'économie, de la religion – et pour pouvoir enfin prendre le contrôle du monde.

Szajbel ne pouvait croire que ces mots lui étaient destinés. À elle, Anna Szajbel, qui venait à peine de découvrir que l'industrie pornographique et que l'addiction de Bartek à la masturbation étaient responsables de ses années d'abstinence. Tandis qu'elle s'apprêtait à éteindre l'écran, les lèvres lui parlèrent de nouveau :

– C'est une révolution, sœur. La chute radicale de tout ce qui est rigide, de tout ce qui est en érection. La fin des queues dures signera la fin des viols, des guerres et des conflits religieux. Plus personne ne nous brûlera sur un bûcher. Et des milliers ont été brûlées, qui flottaient avant ça dans des rivières torrentielles, une longe autour du cou. Et tu sais pourquoi ? Pour les punir d'une relation trop étroite avec la nature – de leur connaissance des plantes, de la régulation des naissances pratiquée grâce aux herbes, pour avoir cherché à augmenter leur conscience à l'aide de substances végétales psychotropes. Une conscience qui restaurait notre lien perdu avec l'univers.

Szajbel eut le vertige en entendant ce monologue. C'était trop d'informations à intégrer d'un coup, et farcies d'écologie, en plus. Qu'est-ce que ça pouvait bien lui faire, tout ça ?! Soudain, la caméra qui filmait en gros plan les énormes lèvres dézooma pour montrer la femme en entier, révélant un cadre complètement différent. La femme se trouvait à présent dans une forêt. Elle n'était pas seule, pas plus qu'elle n'était prise en étau entre deux hommes. La forêt était peuplée de femmes nues. Certaines étaient vieilles, d'autres, jeunes, encore minces, aux petits seins fermes, d'autres, colossales, aux hanches rondes, aux lourdes poitrines qui gravitaient vers le sol. Pour finir, le personnage qui parlait à Szajbel et toutes les autres femmes à ses côtés étaient soit accroupies, soit à genoux pour faire en sorte que leur pubis touchât le tapis vert recouvrant le sol, et plus encore, qu'il y collât ou s'y ventousât.

Toutes ces femmes se mirent ensuite à osciller des hanches en frottant leur vulve sur la mousse. Elles se balançaient d'arrière en avant et faisaient parfois tourner énergiquement leur bassin afin d'obtenir de la verdure un plaisir plus grand encore.

Certaines enfonçaient profondément leurs doigts dans la terre, avant de s'enduire, dans un acte d'extase, de cette glèbe ameublie par leurs doigts, de plonger leur visage dans ces marées sous-cutanées, dans l'humidité. D'autres, près des arbres, s'y frottaient, grattaient les croûtes d'écorce et léchaient la sève qui s'en écoulait. D'autres encore s'allongeaient carrément sur la mousse, y collaient leur ventre, puis frictionnaient leurs fentes en rythme, avec insistance, pour absorber et aspirer chaque goutte du flux souterrain. Pour l'accueillir en elles et la mêler à leur humidité, pour enfin palpiter avec la Terre, en un rythme commun.

Et quand le pouls de la Terre commença à battre dans leurs fentes, les femmes se mirent à produire d'étranges sons harmoniques, des vagissements et des grondements, un mélange de pépiements de poussins qui éclosent, de miaulements rauques de chattes en chaleur, du polystyrène qu'on frotte contre une vitre, et du râle d'un veau qu'on égorge. Ces sons qui s'entremêlaient en une fugue se joignaient au bruissement du feuillage animé par le vent pour produire le cantique originel de l'humanité, uni au ramage des oiseaux, aux accords du tonnerre, au staccato de la pluie qui tambourinait sur les toits tressés des habitations d'un peuple vivant quelque part aux antipodes, qui se serait éteint ou transformé en un autre.

Szajbel soupçonnait ces visions d'être le fruit de son esprit malade. Un esprit auquel, à cause de la décision fatale de son médecin, un psychorégulateur faisait cruellement défaut.

Elle saisit Bartek par les jambes et le tira avec difficulté jusqu'à l'ascenseur. Elle s'arrêta au deuxième étage. Celui de la salle de sport, de la bibliothèque et des terrasses – ils en avaient une chacun, est et ouest.

Elle était du matin, aimait se lever à l'aurore, faire du sport, manger un petit déjeuner équilibré, boire un café et méditer, billet de banque à la main, sur la puissante et belle énergie de l'argent. Sa *business coach* le lui avait enseigné. « L'hologramme des billets, disait-elle, est une porte vers un monde d'accomplissements et d'abondance. Sens l'argent, goûte l'argent, lèche l'argent, roule-toi un godemiché de billets, et tu en gagneras tant que tu te baigneras dedans ! » Bartek, c'était l'inverse. Un couche-tard qui, toute sa vie, avait moisi au lit jusqu'à midi.

En le tirant toujours par les jambes, Szajbel le traîna le long du couloir. Ils dépassèrent la salle de sport et la bibliothèque. Elle s'arrêta près de sa terrasse à lui. Aménagée de façon qu'il puisse, dans son fauteuil, y boire son vin, lire les journaux et admirer les étoiles. « Et tout ça pour quoi ? »

Une pensée pleine d'une rage mêlée à l'amertume traversa l'esprit en ébullition de Szajbel. « J'aurais pu lui construire un bunker à branlettes. Il aurait été plus heureux. »

Elle était fatiguée, pourtant elle ne le sentait pas encore. Elle ne cessait de trébucher contre les jambes de Bartek, contre une marche, ou contre l'un des pots de monstera installés de part et d'autre de la terrasse. Soudain, elle remarqua que les doigts de son mari recommençaient à s'agiter et cherchaient un moyen de se libérer. Elle devait agir vite.

Elle redescendit en ascenseur chercher le fauteuil roulant dans la chambre de Bartek. De retour sur la terrasse, elle usa ses dernières forces pour hisser son mari et l'y installer. Puis elle s'assit à côté, le dos appuyé contre le mur froid de la maison.

De la poche de son pyjama, elle sortit les Salem. Aspira longtemps pour prolonger le moment où elle feignait d'inhaler le menthol des cigarettes. Des Salem de Salem. La fraîcheur du menthol soulagerait-elle son corps brûlé vif ? Entre les cuisses de Bartek, près des testicules, elle jouait à faire un petit tas d'allumettes.

Ce faisant, elle regardait le visage massacré de son mari. Monstera Monkey Mask – le nom de la plante lui vint en tête. Elle avait transformé son mari en singe monstrueux en faisant gicler son propre sang sur son visage. Son mari avec qui elle avait dîné il y a quelques heures à peine ! Avec qui elle avait ensuite regardé une série, seul moment d'intimité au cours duquel ils se tenaient la main comme dans le passé. Et elle se blottissait contre lui. Comme d'habitude, avec un sentiment de culpabilité, mais aussi avec l'envie d'obtenir plus.

Malgré sa paralysie, à laquelle elle avait cru jusque-là, toutes ces années, ce corps n'avait cessé de l'exciter. Un corps qui ne lui était pas soumis. Un corps désobéissant. Un corps sans désir ni soif. En cet instant, ce corps était en désintégration totale. Le tronc et la tête, dégoulinant de sang, avaient perdu leur maintien et pendaient, inertes, en avant. Ses mains, qui une heure auparavant étaient si vives et alertes qu'elles s'étaient montrées capables de ressusciter ce qui devait rester à jamais inanimé, de donner une verticalité à ce qui ne pouvait (selon la version de Bartek) vivre qu'à l'horizontale, pressé dans des slips de marque (payés par elle). Ces mains aux doigts courts suspicieusement lubriques et avares, ces mains qu'elle avait ligotées tel un boucher ficelant un rôti, avaient cessé de lutter avec le câble.

En tirant sur sa cigarette, elle se souvint de la fois où, juste après le mariage, dans l'appartement qu'ils louaient à l'époque, elle était rentrée fatiguée du travail pour le retrouver debout sur la table du salon, une ceinture en cuir enroulée autour du cou et les mains ligotées en arrière avec une paire de ses collants. Dans un premier temps, elle avait éclaté de rire ; la situation était tellement absurde, avec ce membre paresseux dans un abandon absolu aux lois de la gravitation, ce qui, loin d'ajouter du piquant à la scène, avait provoqué chez Szajbel une franche joie enfantine, celle que provoque un camarade de maternelle qui crache dans le jus d'un autre.

Lorsque son esprit critique avait repris le dessus, et tandis qu'elle réfléchissait à ce qui aurait pu se produire si elle était rentrée deux ou trois heures plus tard, elle s'était approchée de lui et, en guise de punition, lui avait assené une gifle, laquelle fut rapidement suivie d'une douloureuse fessée. Le membre paresseux s'était alors brusquement réveillé, avait changé de coordonnées pour du sud pointer soudain plein nord, passer de la sphère d'influence du tropique du Capricorne à celui du Cancer.

« Quelle idiote de lui avoir fait ce plaisir alors ! se dit Szajbel. J'aurais dû laisser cet imbécile comme ça ! »

Comme en Croatie, lorsque, au lieu d'aller à la plage se délecter d'une baignade dans la mer chaude, il avait préféré rester dans la chambre d'hôtel, attaché au radiateur avec le câble du fer à repasser. Ce jour-là, sur l'île de Krk, elle l'avait laissé ligoté plusieurs heures, bien qu'il lui eût demandé de le libérer immédiatement après leur rapport – amorcé par lui –, un triangle amoureux dont le meuble occupait le rôle principal : lui assis par terre contre le radiateur, et elle sur Bartek, de dos, parce que depuis le début il ne voulait aucun contact visuel avec elle pendant leurs ébats.

À ce répertoire de comportements sexuels étiquetés « étranges » s'ajoutait sa collection de brosses à cheveux en bois, de pelles à tarte et de spatules. À peine un an après leur mariage, le tiroir de la cuisine comptait déjà cent soixante ustensiles parmi lesquels Szajbel n'en utilisait que trois ou quatre. Dans celui de la table de nuit de leur chambre à coucher, alors commune, il y avait une bonne douzaine de brosses à cheveux – et avant tout des brosses en bois, en acajou et en ébène, rapportées de voyages exotiques par des amis sur demande de Bartek (« Pour quoi faire, cette putain de brosse, ça fait des années qu'il a la boule à zéro ? »), mais aussi des laquées noires et des exemplaires bon marché métalliques. L'esthétique de la confection avait bien sûr son importance, mais la texture du matériau et le poids comptaient également. Quand elle lui infligeait une de ces fessées tant désirées, la brosse devait cogner fort. Celles qui laissaient ses fesses émaillées de taches pourpres, taches qui mettaient quelques heures à se transformer en ecchymoses, étaient les plus convoitées. Elles avaient l'avantage de laisser des bleus ; les ustensiles de cuisine, qui fendaient l'air en sifflant tels des silures de quarante kilos visant la surface d'un lac, l'emportaient néanmoins du point de vue sonore.

Szajbel n'en pouvait plus. Elle n'en pouvait plus du rôle de dominatrice. De cette fiction de pouvoir dans laquelle elle était pourtant – *de facto* – otage de l'imagination de son mari. Un pouvoir apparent – au fond, c'était bien elle qui détenait les brosses, les pelles, les tapettes à mouches – mais factice : elle ne faisait que combler ses désirs tordus. Elle n'en pouvait plus de cette incapacité à coucher normalement. Elle rêvait d'un tantra. Un rapport les yeux dans les yeux. Elle voulait faire l'amour, et que compte le fait que ce soit elle et pas une autre – pas n'importe quelle machine à baiser des films pornos devant lesquels elle avait tant de fois surpris Bartek.

Au lieu de lui flanquer des coups de pelles à tarte, de le voir éjaculer entre ses cuisses pendant qu'il était fessé comme un écolier indocile, elle avait envie d'un sexe qui engage la conscience, de sexe fondé sur l'intimité. Mais ce mot seul suffisait à donner à Bartek l'impression qu'on lui dégueulait en pleine figure. À leur troisième *date*, il lui avoua que l'intimité lui répugnait plus encore que l'idée qu'on lui file des germes dans l'oreille par la salive. Elle avait été étonnée qu'il appelle ainsi ce baiser. Elle aimait tellement faire ça. Et pensait lui procurer du plaisir.

En soupesant à présent la vie de son mari entre ses mains, Szajbel eut une révélation soudaine, elle comprit qu'ils jouaient à deux jeux différents, bien qu'ils soient à la même table et sur la même planche de jeu, ce qui était parfaitement trompeur ! Pour le sexe, c'était pareil. Avant l'accident, bien entendu, vu qu'après, ils ne partageaient plus le même lit. Ils dormaient sur deux meubles distincts, dans deux pièces différentes qui n'étaient même pas voisines. Deux corps qu'aucune intimité ne liait plus.

Pour Szajbel, avant que tout cela n'arrivât, la sexualité n'était ni une boîte de Pandore tapissée de velours ni une source vaseuse de souffrance. C'était plutôt quelque chose de lumineux et d'agréable, comme un chat persan et non comme un gros ver de terre visqueux et brun. Elle comprit qu'elle avait été la victime d'une grande mystification : Bartek avait remplacé cette intimité qu'elle désirait tant par du porno projeté sur le mur grâce à l'équipement le plus cher du marché, acheté avec son argent à elle. Enflammer le tas d'allumettes aménagé entre ses cuisses, ça ne suffisait pas. Qu'il crève, le traître. Cette fois, elle ne pouvait pas foirer son coup. Finies les fausses opérations fomentées par un chirurgien complice de son mari !

Elle saisit le fauteuil roulant, l'éloigna de la barrière : elle allait avoir besoin d'élan pour pouvoir défoncer les barres de fer. Elle l'y fracassa une première fois, lui écrasant les tibias. Les barrières ne bougèrent pas. Elle s'y reprit une deuxième fois, puis une troisième, heurtant chaque fois le fer.

L'imposteur haletait encore quand elle parvint enfin à forcer la barrière et à le laisser tomber du toit.

De la scission de l'âme

Szajbel ne remarqua pas l'arrivée de la police sur les lieux du massacre. Un voisin avait donné l'alerte – un yogi qui s'adonnait à des salutations au soleil sur son toit-terrasse.

La conscience de Szajbel était ailleurs. Son esprit dérivait vers celles qui, depuis toujours, l'appelaient dans presque chacun de ses rêves, dans ses bizarreries, à la pleine lune, aux solstices. Qui languissaient après elle, assoiffées de sa présence. Qui avaient besoin de ce que Szajbel portait en elle pour former l'hologramme de la folie, le saint œil-de-chat de la providence enragée, tracé au khôl avec les cendres noires de milliers de bûchers. Les os et les cheveux des femmes calcinées.

Dès qu'elle eut tué Bartek, l'élégant grès espagnol dont était recouverte sa terrasse se transforma soudain en tout autre chose, un sous-bois humide et frais, un terrain jalonné de tentes renversées et d'arbres abattus. Elle reconnaissait ce cadre qu'elle avait vu plus tôt, dans une configuration quelque peu différente : les femmes qui faisaient l'amour à la végétation, qui collaient leur sexe à la Terre avaient disparu, ne restaient que les tentes, la vaisselle et les vêtements en train de sécher au soleil. Elle n'arrivait pas à y croire. L'instant d'avant, cet endroit débordait de vie, d'une puissante volupté, de cette extase dans laquelle ces femmes étaient plongées, en synchronie. Rien ne laissait alors présager l'imminence du malheur. Elle perçut un silence de mauvais augure, quelque chose d'indéfinissable dans l'air de la clairière. Tous les animaux, y compris les oiseaux, semblaient eux aussi avoir subitement quitté la forêt.

Dans ce silence qui enlaçait les troncs d'arbre tel le lierre, elle entendit soudain les sanglots d'un enfant. Elle partit à sa recherche, mais les restes du campement ne lui facilitaient pas la tâche. Quelque chose de terrible devait être arrivé. La voix la guida en dehors du camp, Szajbel quitta alors la clairière pour pénétrer dans une dense forêt. Une forêt pleine de branches sèches, qui lui rappelait celle qu'elle fauchait avec son cousin dans son enfance. Portée par son instinct, elle se dirigea vers une large cavité au pied d'un chêne déraciné. Elle y aperçut un trou, probablement une tanière abandonnée par un renard, d'où provenaient les sanglots. Elle se glissa dans la cavité.

L'enfant se trouvait au fond de la tanière. Elle l'en extirpa, et même s'il se débattait de toutes ses forces, elle le prit dans ses bras. C'était une frêle fillette aux jambes maigres et tordues, qui avait une petite bosse dans le dos. Ses cheveux blonds étaient tressés, un épi de blé doré. Elle était pratiquement nue, vêtue de quelques pauvres haillons, et visiblement affamée, car elle tenta de becqueter la poitrine de Szajbel. Celle-ci s'étonna de voir que la petite main cherchait son mamelon. Elle tressaillit soudain à l'idée de ce que pouvait bien lui vouloir cette créature horrible, elle finit pourtant par la laisser téter. Le lait ne venant pas, l'enfant gémit, se démenant avec la bouche et la langue, mais au moment où Szajbel voulut l'éloigner de son sein, à sa grande surprise, elle eut une montée de lait.

Comment était-ce possible ? Elle n'avait jamais été enceinte. Elle n'avait jamais accouché. Pourtant, pendant plusieurs minutes, l'enfant téta avidement tout en la regardant comme personne ne l'avait jamais regardée. À la place des pupilles, cette toute petite créature avait des aimants qui attiraient son regard avec une force qui empêchait Szajbel de rompre le contact. La communication qui s'établissait entre elles, ou plutôt entre leurs yeux, se passait de mots, de gestes. C'était la plus pure des rencontres avec un être humain que Szajbel avait pu faire, c'était de l'amour.

Quand la petite fille fut rassasiée, elle fit comprendre qu'elle ne voulait plus rester dans ses bras. Szajbel la déposa sur la mousse, et la suivit. Avec ses petites jambes tordues, la fillette avançait maladroitement, et elle se retournait souvent pour vérifier que la femme qui l'avait trouvée la suivait toujours. Elles traversèrent ainsi une épaisse forêt. Clopin-clopant, l'enfant perdit l'équilibre et tomba plusieurs fois. Puis elles arrivèrent enfin au bord d'une rivière.

Des veaux éventrés gisaient sur la berge. Instinctivement, Szajbel couvrit de ses mains les yeux de la petite pour la protéger de cette atrocité, mais celle-ci les repoussa, s'approcha de chaque corps encore fumant, s'allongea à leurs côtés et les enlaça comme s'il s'était agi de ses proches.

Étrangement, les veaux étaient dépourvus d'entrailles. Ils semblaient avoir été étripés. Quelques mètres plus loin, Szajbel aperçut un foyer sur lequel un énorme chaudron chauffait à petit feu. Elle alla voir ce qu'il contenait. Un liquide blanc venait d'y cailler. Les femmes qui vivaient ici devaient faire paître leurs vaches pour en tirer du fromage. C'était probablement ce dont elles vivaient.

Tandis que Szajbel essayait toujours de comprendre ce qui s'était passé, la fillette chétive vint lui prendre la main et la tira fortement vers la rivière, puis lui indiqua la berge du doigt. Szajbel déchiffra alors un mot qui avait été écrit avec les entrailles des veaux. Un mot dans lequel on avait fait une croix à la place du *x*. « Hexes », lut-elle en sentant la peur la saisir. Elle entra dans la rivière en plaçant prudemment un pied après l'autre sur les pierres. Le courant était puissant, les rives arrachées par endroits, l'eau avait dû récemment quitter son lit. Près des buissons de roseaux, Szajbel discerna ce qu'elle n'avait pas encore voulu reconnaître.

Le corps d'une femme, vêtue d'une robe mais sans jupons, ondulait sur l'eau, bercé par le courant. Le visage tourné vers le fond de la rivière et non vers le ciel, elle dérivait, s'éloignant d'un mètre en avant, puis revenant en arrière, les cheveux accrochés aux branches et aux tiges de joncs qui la maintenaient prisonnière.

Szajbel ignorait pourquoi elle était attirée vers ce corps qui avait depuis longtemps rendu l'âme. En marchant dans l'eau, elle sentit soudain quelque chose sous ses pieds, qui n'était certainement pas le fond vaseux de la rivière avec ses algues et ses pierres, quelque chose d'incurvé, encore chaud par endroits, sur lequel elle glissait. Elle avançait à contre-courant et tâchait de garder la tête hors de l'eau en s'agrippant à la végétation, mais elle dut se résigner, pour ne pas se noyer, à faire ce qu'elle redoutait : plonger la tête sous la surface et tâcher de comprendre ce sur quoi elle posait les pieds.

Elle vit alors les mères des veaux éventrés, des dizaines de vaches. Un troupeau. Et parmi elles, les noyées. Avec des longes autour du cou.

Quand elle émergea, des femmes avançaient vers elle. À contre-courant, elles aussi. Elles vacillaient, épuisées. Elles se lamentaient.

« Certaines ont donc survécu », se dit-elle.

À leur tête marchait celle que Szajbel connaissait depuis toujours, celle qu'elle voyait dans les vitrines des magasins, dans les miroirs, sur l'étang de Podkowa. Dès qu'elle jetait par hasard un œil sur une surface qui reflétait son image, dans la rue, sur ses photos même. Et dans ses hallucinations, ses illuminations. Dans ses rêves où des femmes brûlaient dans des fours.

Mathilde Spalt et douze autres femmes avaient réussi à survivre parce qu'elles savaient nager et ne craignaient pas de se laisser porter par le courant, de braver les tourbillons mortels de la rivière. Il était inutile de fuir par les bois, les chiens de chasse auraient pisté leur odeur. La rivière était leur seule chance.

Elles se dirigeaient vers Szajbel comme si elles la connaissaient et l'attendaient depuis toujours. Comme si, dans ce rêve récurrent qui la mettait en colère, elles l'avaient observée en train d'aspirer par le nez les cendres de leurs dépouilles.

– Mathilde Spalt, petite-fille de la fondatrice des Terreuses, Hélène Spalt, dit la femme avant de lancer : Inutile de te présenter, je sais qui tu es et pourquoi tu es là. Je t'attends depuis des années. Nous t'attendions toutes en t'invoquant.

Soudain, les branches se mirent à bruisser, et une fillette effrayée sauta d'un arbre pour atterrir sur ses pattes comme un chat. Tremblante de peur, elle raconta en sanglotant ce qui s'était passé.

Elle s'était cachée très haut sur les branches pour qu'Harold et Brema, les lévriers de l'évêché, ne sentent pas son odeur. La petite fille avait alors vu Johann Balthasar Liesch von Hornau, l'évêque, aidé de ses acolytes, encercler les Terreuses qui paissaient les vaches avant de les pousser vers la rivière. Pour contraindre à avancer celles qui leur résistaient en s'arc-boutant des pieds ou des sabots, ils avaient frappé leurs jambes et leurs ventres, peu leur importait qu'elles aient été enceintes ou pleines. Dans un même mouvement de panique, femmes et vaches étaient tombées à l'eau, se piétinant les unes les autres, et avaient péri dans la souffrance. Celles qui avaient réussi à refaire surface avaient été achevées à coups de lances.

Dissimulée dans la canopée, la petite Terreuse avait survécu, mais intérieurement, chaque fois que la respiration d'une femme ou d'une vache s'arrêtait, elle était morte avec elles, car son souffle était synchronisé avec le leur, conformément aux sermons de la Vieille Pucelle. Elle avait vu quand on leur avait mis des longes autour du cou pour les soumettre à l'ordalie – « l'épreuve de l'eau », comme disait l'évêque Johann Balthasar Liesch von Hornau –, et elle avait vu le massacre des survivantes. Ils s'en étaient ensuite pris aux veaux, les avaient abattus les uns après les autres avant de leur couper la queue et de les éventrer pour inscrire avec leurs entrailles ce mot dont ils avaient « baptisé » les femmes à la naissance de leur communauté.

Lorsque les mots de la fillette restèrent coincés dans sa gorge, Mathilde fit un geste pour lui indiquer qu'elle pouvait rester silencieuse, puis elle la serra fort contre sa poitrine. Une fois leurs souffles synchrones, Mathilde ordonna le retour à la clairière. La peur quitta Szajbel quand elle l'observa s'affairer autour d'un feu fraîchement allumé, poser un chaudron pour y émietter des brindilles et des herbes, et appeler toutes les femmes, y compris Szajbel, à prendre place autour du brasier.

Lorsque Mathilde ôta le chaudron des flammes, elle versa une partie de son contenu dans un bol en argile qu'elle fit circuler pour que chacune s'y abreuve.

Elles sentirent alors une force nouvelle les habiter. Elles ne protestèrent pas lorsque Mathilde leur demanda de retourner à la rivière pour en tirer les corps des Terreuses. Elles semblaient avoir la force des plus puissants animaux, des plus vieux chênes. Et seule une force surhumaine pouvait leur permettre d'accomplir cette tâche monstrueuse – quatre dizaines de corps gisaient dans l'eau. Lorsqu'elles eurent fini de les aligner sur la rive, le jour se levait. Mathilde alimenta alors le feu, regarda Szajbel droit dans les yeux et se mit à raconter son histoire.

Pendant qu'elle en écoutait les premières phrases, Szajbel pensait à la petite fille, celle qu'elle avait tirée de la tanière et allaitée, toujours assise à ses côtés. Mais sa voisine s'avéra soudain être une vieille édentée que Szajbel n'avait jusque-là pas remarquée, une vieille femme qui, tout aussi soudainement, prit les traits de Mathilde et se mit à raconter son étonnante histoire.

II

RÉCIT DE MATHILDE SUR LE COMMENCEMENT DU MONDE

Au commencement était la foudre. Un éclair qui créa le monde. De sa flèche, il déchira les ténèbres dont surgirent alors le Ciel et la Terre, deux mondes distincts, qui aussitôt se placèrent si étroitement l'un sur l'autre que plus un seul morceau de Terre ne dépassait sous les cieux. Aussi loin que portait la vue, le Ciel et la Terre ne faisaient qu'un. Ils demeuraient ainsi, parfois immobiles, parfois se balançant, en avant, en arrière, ou sur les côtés, et s'interpénétraient ainsi plus profondément. Mais lorsque la Terre se mit à s'agiter, lorsqu'elle ne put supporter davantage cette union, cette pression, cette pénétration, le Ciel lui infligea en guise de châtiment une pluie diluvienne, qu'elle absorba à grand-peine. De l'eau ainsi recueillie surgirent terres, mers et toutes créatures, dans la crainte et dans l'amour tant du Ciel que de la Terre, tant du Père que de la Mère.

Le Ciel, devenu capricieux, se mit à envier l'amour que toutes les créatures portaient à la Terre. De jalousie il la brûla sous un soleil tel qu'aucune nouvelle plante ne poussa. Il lâcha ensuite une pluie si torrentielle que la verdure qui restait en pourrit, entraînant calamités, famines et souffrances pour les animaux et les humains. Le grand amour entre le Ciel et la Terre se transforma en discorde, puis en aversion mutuelle. Le Ciel voulait sans cesse dominer – placé au-dessus de la Terre, il pouvait la couvrir à sa guise, même si celle-ci souffrait.

Lorsque le Ciel recouvrait la Terre de sa force, lorsqu'il essayait de l'enserrer comme au commencement, la Terre, étouffée, ripostait d'une puissante secousse qui faisait bouillir un feu liquide au sein de ses volcans, car la Terre ne pouvait contrôler sa colère.

De ce viol et de cette lutte naquit, sous un arbre de l'envergure de cent chênes, la Vieille Pucelle. Fille du Ciel et de la Terre. Vieille comme le monde, elle était en même temps un nourrisson à peine sorti du giron de sa mère.

La pauvrette à la natte menue en épi de blé rampait encore maladroitement, pourtant elle appréhendait déjà tout avec lucidité. Elle savait ce qui avait été et ce qui serait, sa connaissance recouvrait la création, s'y engouffrait aux quatre points cardinaux. À mesure que la malheureuse grandissait, sa frêle natte et la maladresse de sa démarche figuraient non pas l'imperfection, mais la mémoire des premières créatures qui étaient sorties de l'eau pour dépasser leur ancienne forme et commencer sur terre une nouvelle vie sous un aspect différent. Dans le petit corps malingre, déficient, presque transparent de la Vieille Pucelle semblaient résider tous les êtres jamais créés dans le Ciel et sur la Terre. Marcher sur ses deux pieds lui était tout aussi aisé que de ramper tel un serpent ou d'avancer à quatre pattes comme un homme-singe. Elle se réjouissait de tout, usait de capacités engrangées pendant deux cent mille ans, puisait parmi celles du présent comme dans celles du passé. Elle se courbait parfois davantage sous le poids de ce lourd fardeau, se déformait, prenait une apparence plus étrange encore. Mais elle ne se courrouçait jamais pour autant. Elle assumait ses tâches les unes après les autres, avançait, se traînait sur la route, s'aidait parfois d'un membre antérieur, parfois des deux, rampait telle une salamandre, voletait au-dessus du sol ou faisait des cabrioles.

Rien de tout cela ne plaisait au Ciel qui, pour se venger de l'insubordination de la Terre-Mère, tordit et courba davantage encore sa fille vers le sol, tandis qu'il infligeait aux humains, entre autres fléaux, la peste et l'ergot.

Mais la frêle crapoussine continuait à grandir, se métamorphosait en une magnifique jeune fille. Sa bosse se réduisit, ses pas se firent plus assurés, sa tresse, jusque-là menue, une fois défaite, fut adulée par toutes les créatures : sa chevelure recouvrait la Terre tel un manteau, et chacun de ses cheveux était uni à la vie d'un être. Quand un de ses cheveux tombait ou s'arrachait, une âme s'éteignait.

Un jour où la jeune fille aux cheveux longs s'était assise dans le sous-bois, elle vit du sang couler de sa fente sur la mousse vert foncé. Alors, elle devint femme. Une femme qui aimait s'asseoir à califourchon sur ce qui était agréable à son corps, sur les souches d'arbres, les rhizomes des plantes, sur la mousse. Elle s'installait, se trémoussait, se balançait comme dans son berceau, quand, à l'aube des temps, elle était encore une enfant. Une étincelle l'enflammait alors, à l'intérieur seulement. Son corps semblait traversé par un incendie aux flammes sans cesse attisées. Elle éclatait alors d'un rire argentin dont les roches se saisissaient pour le porter en écho loin dans le monde. Son sang pulsait si fort que chaque être féminin le ressentait dans son bas-ventre et se mettait à pulser avec elle. Le sang menstruel frémissait, bouillait alors en chacune d'elles.

Quand la Vieille Pucelle aux cheveux longs, sous sa forme mûre, était offensée par quelque chose de masculin, son corps était frappé de tonnerres. Il laissait alors échapper des éclairs qui venaient pénétrer toute forme de vie féminine, vieille ou jeune, maigre ou grasse, aux cheveux longs ou courts, des décharges aussi puissantes que des tremblements de terre, que des épidémies de rage. Dans ces décharges de colère, dans ces tonnerres et dans cette rage, leurs corps convergeaient enfin, étaient Un. Sans divisions. Sans différences. Toutes étaient reliées par l'unité de la FENTE. Une communauté de fentes éveillée par le plaisir et la colère. Chacune résonnait avec les fentes de la Terre, partageait son plaisir avec elle et contribuait à guider la foudre en son intérieur.

La jeune femme aux cheveux longs devint vieille. Elle tressa de nouveau ses cheveux ébouriffés par le vent en une fine natte, tel un épi de seigle, d'épeautre ou de farro. Elle se courba de nouveau vers sa Terre adorée. Vers sa maman. Vers les fentes-tanières dont elle était issue, d'où elle avait surgi aux côtés des serpents, des milliers d'années auparavant. Elle se pencha de plus en plus bas, vers le terrier humide où la Terre-Mère l'avait mise au monde.

Elle aimait toujours se balancer. Et elle savait comment s'installer confortablement, frotter sa fente pour ne jamais cesser de s'unir avec la Terre, comment propager une volupté constante à travers tout son corps. Comment aspirer par sa fente la vie du substrat, comment la recueillir en elle pour la faire pénétrer à son tour, via de vastes marées et canaux souterrains, dans tout ce qui allait naître de la Terre, percer la glèbe et pousser en direction du Ciel. Tout cela avec un sourire édenté qui n'était ni celui d'une vieille femme ni celui d'une enfant. Elle souriait en donnant et en reprenant la vie, en accueillant de nouveau ses fruits dans ses entrailles. Avec une gueule déformée par la vieillesse, mais des yeux étincelants comme au Commencement.

III

HÉLÈNE SPALT
ET SON ÉVANGYLE

Des débuts de la foi en la Vieille Pucelle

Elles ignoraient lequel d'entre eux l'avait fait. Qui avait éventré les veaux, les avait étripés et en avait disposé les entrailles pour former ce mot. Un mot qui apparaissait de plus en plus souvent sur les murs des maisons, sur les étals des marchés et les ateliers du duché de Neisse. Peut-être était-ce l'évêque Johann Balthasar Liesch von Hornau en personne. Il semblait peu probable que Sa Sainteté se fût souillé les mains d'un sang non ovin. Heinrich Babel ? Il était âgé désormais, mais toujours extrêmement habile dans ses viles entreprises, et il était surtout assoiffé de vengeance contre Mathilde Spalt, la petite-fille de cette Terreuse qu'il n'avait jamais réussi à attraper, qu'il avait si longtemps cherché à anéantir. La Terreuse qui lui avait volé son enfance. À cause d'elle, il avait été considéré comme du chiendent, un moins que rien, l'éternel « petit connard » rejeté par le frère Albert et par sa nourrice, Kunegunde Kreppel, qu'il aimait plus qu'une mère. Le conseiller au chapitre Petrus Gerbauer, les procureurs Franz Zacher et Martin Lorenz avaient également pris part à la chasse aux Hexes, mais aucun d'entre eux n'aurait pu arriver à une telle idée tout seul. Pour accomplir cette entreprise fomentée en secret par l'Église depuis des semaines, ils durent remplir leur panse déjà gonflée de bière et de vin de tout l'alcool fort qu'ils purent trouver à l'auberge Au Crabe d'or. L'évêque Balthasar, qui souffrait du foie depuis sa naissance, et l'inquisiteur, en raison de son grand âge, étaient restés sobres. Cette fois, la rafle devait réussir. En plus de dix ans, aucune des tentatives engagées n'avait apporté de résultats satisfaisants ! Seuls l'évêque et l'inquisiteur, ensemble ou séparément, purent avoir une idée aussi effroyable.

Babel n'aurait pas nié la chose. Avoir enfin réglé le problème de cette charogne le remplissait de fierté, bien qu'il ne fût pas parvenu à attraper celle qu'il voulait par-dessus tout. Mais peut-être avait-elle crevé dans la rivière, emportée par les tourbillons avec celles qui s'étaient laissé entraîner par le courant.

Il les avait vues se sauver. Lui seul. Mais il leur préparait quelque chose de bien plus grandiose encore, une mort dont personne n'avait encore jamais péri dans le duché. « Ce n'est qu'une question de semaines ou même de jours », se rassurait-il en se frottant les mains.

Il n'avait pas été facile de capturer les Terreuses, de leur lire leurs chefs d'accusation avant de les plonger dans la rivière pour les soumettre à l'épreuve de l'eau, respectant ainsi le protocole à la lettre – ni Gerbauer ni Zacher ne pourrait rien trouver à redire –, de détruire le campement et, enfin, de tuer celles qui, ayant survécu à l'ordalie, étaient forcément coupables. Il en avait sué comme un porc, pourtant il était habitué aux procès, aux supplices de toutes sortes. Torturer des femmes était son quotidien ; il était d'ailleurs, de toute la Silésie, le meilleur dans son domaine.

Quant aux vaches (pourvu que leurs pis démoniaques ne donnent plus une goutte de lait en ce monde !), l'idée venait sans aucun doute du chef de l'Église qui dominait tout le duché épiscopal et de l'inquisiteur – un duo dont on connaissait depuis longtemps la connivence.

Ni l'évêque Johann Balthasar Liesch von Hornau ni ses deux prédécesseurs – Balthasar von Promnitz et Johannes von Sitch qui, eux, avaient eu affaire à la fondatrice de la communauté, la grand-mère de Mathilde – n'avaient su comment s'y prendre avec les Terreuses. C'est lors d'un rassemblement du conseil canonique à Neisse, autour d'une table somptueusement dressée au palais épiscopal, qu'étaient sortis de la bouche de l'évêque ces mots qui ne purent ensuite être retirés. Des mots qui, introduits par un silence empreint de gravité et par un coup de poing sur la table, allaient mettre en branle une mécanique inexorable. Jamais les membres du chapitre n'avaient entendu l'évêque proférer des mots si rudes, des propos si grossiers.

Ce jour-là, lorsque Johann Balthasar Liesch von Hornau avait ordonné d'abandonner le gibier pour aller plutôt chasser les hexes rassemblées au bord de la rivière, à l'est de Neisse, le ciel avait grondé.

L'évêque avait balayé du regard les visages incrédules et il avait rappelé, pour soutenir sa décision, que la fondatrice des Terreuses, Hélène Spalt, « hérétique », « rebouteuse » et « carabosse » (quels surnoms ne lui donnait-on pas dans la maison canoniale !), leur avait donné du fil à retordre des années durant. Combien d'évêques avait-elle détruits avec sa fausse foi blasphématoire en – pouah ! – la « Vieille Pucelle » ? Combien de malheurs avait-elle attirés sur Neisse ? Sur cette ville qui, par ses découvertes privant les chrétiens de la procréation, s'était dépeuplée ?

Et aujourd'hui, tant d'années après la vieille, Mathilde Spalt, plus grande fornicatrice encore que sa maudite grand-mère, menait à son tour toutes ces traînées dans la forêt pour s'y livrer à ce procédé impur par lequel tant d'hommes avaient perdu leur femme, et tant d'enfants, leur mère ! Que de familles brisées ! Blessées ! Dévoyées !

L'évêque avait poursuivi son exposé en rappelant aux membres du chapitre et aux plus riches commerçants, avocats et médecins du conseil municipal, qui tous opinaient du chef comme s'ils recevaient leur pénitence à confesse, que plusieurs années auparavant Mathilde Spalt s'était mariée, qu'elle avait empoisonné son mari, un des leurs, un citoyen de la ville, et qu'elle s'en était sortie au tribunal ! Son fromage de lait de vaches fécondées par un démon pestilentiel avait coûté la vie à son époux, ce dont, selon l'évêque, plusieurs personnes présentes dans la salle pouvaient témoigner. N'ayant pas avoué les faits sous la torture, elle avait été, par l'entremise du conseiller Kunsthaller (l'évêque lui avait alors lancé un regard significatif avant de diriger vers lui l'ongle pointu qu'il limait spécialement pour jouer de la harpe), libérée sans passer par l'épreuve de l'eau. Épreuve à l'issue de laquelle la fille aurait indubitablement flotté à la surface et ne serait pas morte, ce qui aurait prouvé sa culpabilité !

– Combien d'entre vous, gronda l'évêque, maris, citadins autrefois honnêtes, ont aidé ces traînées ?! Combien d'entre vous sont allés les aider à planter leur chatte sur cette mousse qu'elles préfèrent à vos membres pour s'y frotter, pour en absorber la rosée plutôt que votre semence ? Semence dont auraient dû naître de petits chrétiens, ô combien nécessaires en ces temps difficiles pour les catholiques !

L'évêque flambait tel le buisson ardent. Ses testicules, en sueur, chauffaient – impossible de les aérer sous sa soutane.

– Cette fois, ces garces ne nous échapperont pas ! Elles sont foutues !

Il avait parlé fermement pour écarter les doutes éventuels. La culpabilité de Mathilde et des autres Terreuses était incontestable ; leur mort, arrêtée.

De la peste, de la saleté et de la merde démoniaque

Compte tenu de la cruauté avec laquelle avaient été massacrées femmes et vaches – des êtres vivants qui, par leur lait, avaient permis la survie de pauvres gens et dont la renommée avait couvert de gloire le duché –, l'événement de la rivière était sans précédent. Mais c'est soixante-dix ans plus tôt, en l'an de grâce 1569, que tout avait commencé, avec la naissance d'Hélène Spalt, future grand-mère de Mathilde, dans le duché épiscopal de Neisse.

Le calendrier de la Vieille Pucelle, utilisé par les Terreuses, indiquait une tout autre date qui n'avait rien en commun avec l'ère chrétienne. Plutôt que les années liées au Christ, on comptait en effet les hivers, à commencer par la première fois où la vie s'était figée et avait disparu sous terre pour attendre le printemps, dans sa forme immortelle bien que nécrotique. Si le nombre de cernes du plus ancien arbre au monde permettait d'établir, en années du Seigneur, quand eut lieu ce premier hiver dans l'histoire du monde, le procédé rajeunirait certainement la Terre d'un bon millier d'années. Mais que sont mille ans en regard de toutes les aubes et de tous les crépuscules qui illuminèrent et obscurcirent le firmament ? Essayons donc de situer la naissance d'Hélène Spalt sur la cartographie du temps de façon plus conventionnelle…

La venue au monde de celle qui, de toute l'histoire de ces terres, serait le plus grand ennemi de l'Église, eut lieu trois ans après le retour triomphal de l'épidémie de peste – qui, cinquante ans auparavant, avait déjà balayé de la surface de l'archiduché la moitié de ses habitants en l'espace de sept jours et sept nuits – les plus longs, jusque-là, de l'histoire de la ville.

Tel le Christ, comme aimaient à le répéter ses parents aimants, Hélène naquit dans une étable, sur la paille, où sa mère, Gertrude Spalt, aidait au vêlage d'une génisse. La mise à bas n'avait pas été facile, la fente de la génisse refusait de s'ouvrir malgré la pression de la tête et des sabots, et Gertrude était seule avec ses enfants à la ferme. Son mari, noceur, n'était pas rentré à la maison, sans que l'on sût pourquoi et alors qu'il savait sa femme et la génisse en attente de leur délivrance.

Gertrude avait avalé une cruche entière de bière pour que le houblon éclipsât la douleur et atténuât la nausée – elle n'avait cessé de parcourir la maison en vomissant sur ses enfants qui la suivaient partout, et en se dégueulant même dessus.

Lorsque, légèrement éméchée, elle entendit un meuglement déchirer le silence du soir, elle se rendit sur-le-champ dans la grange. En évaluant la situation de façon plus appliquée, elle comprit que la génisse ne se déchirerait pas toute seule, que sa fente était trop étroite pour laisser passer le veau. Elle y enfonça donc le bras jusqu'au coude et se mit à tirer le petit, mais le diablotin refusait de sortir. Elle noua alors une corde à la hâte et la plaça autour de la tête du veau. Tandis qu'elle tirait de toutes ses forces, elle sentit tout à coup ses chaussures éclaboussées d'eau. Son enfant se pressait vers ce monde, et son accouchement à elle promettait d'être rapide. Au moment où la génisse mettait bas son petit, l'enfant glissait par la fente de Gertrude, qui, après le passage de cinq bambins, n'était plus si étroite. L'enfant était maculée de fluide blanc, de sang, mais aussi de pisse de vache et de pisse humaine, de bouse également. Lorsque Gertrude la tapota sur les fesses, au lieu de pleurer, la nouvelle-née ouvrit la bouche en un grand sourire.

Deux langues se mirent alors à la nettoyer ensemble. Celle de sa mère humaine et l'autre, plus chaude et plus sonore, de sa mère à sabots. Tandis que la grande langue rose et aimante de la vache léchait le petit humain, la mère femme, la mère vache, l'enfant née de la fente et la velle étendue à côté de sa sœur humaine se blottissaient les unes contre les autres, dans la chaleur des corps maternels, des mamelles pleines de lait, dans la rugosité des langues et les souffles laiteux. La mère humaine allaitait à la fois sa petite et la velle. Et inversement.

On prénomma la fille de Gertrude « Hélène ». Elle était si radieuse, si joyeuse que le seul fait de la regarder illuminait le visage et l'âme de tout un chacun. La fillette semblait combler en l'être humain toute brèche par laquelle les ténèbres auraient pu s'infiltrer.

Mais les ténèbres trouvèrent malgré tout le moyen d'imprégner le microcosme qu'Hélène Spalt baignait de son existence radieuse. La peste noire frappa de nouveau à la porte du duché pour lui infliger de nouvelles souffrances. Si l'épidémie finit par être enrayée, ce ne fut guère sous l'action des grands médecins du monde, mais grâce à des voleurs qui, se faufilant sur les bateaux amarrés dans les ports pour y voler du vinaigre, des épices et des oranges, fabriquaient un onguent dont ils s'enduisaient le corps, des pieds à la tête, pour pouvoir rôder à loisir parmi les morts, piller leurs poches ou même fouiller leurs gueules grimaçantes de douleur à la recherche de dents en or. Ceux qui possédaient l'onguent étaient plus rarement contaminés par la peste et mouraient moins souvent. Obtenir ce remède était ardu dans le duché de Neisse, les ports étaient lointains. Ceux qui avaient des économies fourraient de force des kreuzers dans les mains des marchands en partance pour le littoral afin qu'ils leur rapportent des villes hanséatiques ce vinaigre dit « des quatre voleurs ».

La ville et sa région avaient été hantées par la peste à de nombreuses reprises, mais cette épidémie-là fit de grands ravages. En dix jours, elle envoya deux mille habitants vers saint Pierre, aux portes du royaume de Celui-là même qui, selon les croyants, leur avait envoyé le fléau pour que les gens se réveillent enfin et cessent de pécher en hérétiques. Les catholiques y voyaient l'action du doigt divin qui, tel un père sévère, menaçait d'exterminer les fidèles qui lui désobéissaient.

En une semaine, de nombreux noms disparurent à jamais, des familles entières périrent sans parvenir à arracher un seul de leurs descendants aux griffes de la peste noire. Chez les Spalt, seule Hélène, âgée d'à peine trois printemps, resta en vie. Ses proches moururent les uns après les autres sous les yeux de la petite, encore allaitée par sa mère : d'abord, ses frères et sœurs ; puis ses parents qui, de leur dernier souffle, lui commandèrent de se réfugier dans la niche du chien et d'attendre qu'on l'y trouve. Ils savaient que, chaque soir, des fonctionnaires préposés aux fléaux traversaient la ville et ses alentours pour compter les cadavres et les incinérer – limitant ainsi la propagation de l'épidémie.

Le fonctionnaire Johannes Klage ne vint que trois jours plus tard. Les cadavres avaient pris cette teinte bleuâtre que l'on ne voit nulle part ailleurs dans la nature, une teinte propre aux corps humains qui ont perdu l'étincelle divine et dont le sang s'est figé telle la cire des bougies sur un catafalque.

Dans la maison, les corps gisaient tous dans leur couche, et la maladie les avait dotés d'une laideur exceptionnelle. Il aurait été impossible de compter le nombre d'insectes qui avaient pris possession de ces cadavres pour s'y régaler à leur guise, y déposer excréments et sécrétions.

Si son épouse adorée n'avait pas mis du lard dans sa besace, Johannes Klage, une fois sa tâche finie, aurait très bien pu ne jamais trouver la petite Hélène.

Lorsque la chienne des Spalt, affamée comme jamais, trop faible pour chasser le lièvre dans les champs ou les bois, sentit l'odeur de ce lard que sa maîtresse lui faisait frire le soir tombant, elle en aboya d'émotion, réveillant ainsi Hélène, épuisée par la faim et la soif, qui, pour la première fois de sa vie, éclata en sanglots. Elle pleura tant qu'elle ne put ni s'arrêter, ni ravaler ses larmes, ni renifler les filets qui lui coulaient du nez, ni parler à l'inconnu à cheval. Elle ne savait pas encore vraiment parler et n'aurait de toute façon pas été en mesure de raconter ce qui s'était passé, ce qu'elle avait observé toute la semaine précédente. Elle garderait pour toujours en elle les images de ces sept jours du règne de la mort, il n'est aucun fait sur terre qui puisse effacer chez un enfant de telles frayeurs et souffrances.

Le fonctionnaire Johannes Klage, qui était particulièrement sensible aux peines des enfants, lui qui en avait eu à trois reprises et les avait tous perdus, sauta immédiatement de cheval. Attentif à ne rien toucher dans la ferme pestiférée, il rampa jusqu'à la petite fille qui pleurait à tue-tête, recroquevillée au fond de la niche.

Lorsque la femme de Johannes, Barbara Klage, vit Hélène endormie sur la selle de son mari, elle s'agenouilla et se signa. La petite était si menue, si frêle qu'un poulet aurait été plus lourd, et tellement sale qu'elle ressemblait à un diable malgré les boucles dorées qui lui auréolaient le front. Barbara se signa trois fois de suite, puis cracha au-dessus de son épaule gauche, au cas où, pour éloigner la peste

– elle ne pouvait croire qu'un tel fléau fût envoyé par Dieu, surtout à Neisse, que tous les voyageurs de passage, ébahis devant sa multitude d'églises et de chapelles, appelaient « la seconde Rome ».

Barbara prit l'enfant qui ressemblait au démon, car c'est ainsi qu'elle s'imaginait la vie en enfer : les damnés recouverts d'une boue pestilentielle faite de merdes de toute sorte – humaine, aviaire, bovine –, de la merde dans laquelle tous barbotaient jusqu'au cou, ne pouvant y tenir sans tomber, comme sur la glace du lac en hiver – à la différence que personne ne se réjouissait d'une patinoire de merde et de boue –, priant secrètement, accablés par la peur, pour que la banquise de merde ne s'effondrât pas sous leurs pieds et ne les attirât sous la surface, dans le donjon infernal où les diables faisaient bouillir les gens pour ensuite les servir à manger à des proches – car le démon vous servait une louchée de pitance dont la surface reflétait le visage familier de celui que vous dévoreriez.

Barbara entra dans la maison, la petite Hélène dans les bras, et alluma le feu pour faire chauffer de l'eau pour un bain. La petite pleurait, mais la femme ne la lâcha pas avant d'avoir fini de la dépouiller de toutes ses couches de saleté et enfin révélé son corps tout rose. Lorsqu'elle vit ses oreilles irisées apparaître sous la crasse, elle les pressa légèrement avec ses doigts, comme elle aimait le faire à ses vaches, à ses deux chats, à son chien et à ses porcelets, convaincue que, quand on lui pressait bien les oreilles, toute créature de Dieu revenait immédiatement à la vie. Sauf ses enfants que la peste avait emportés l'un après l'autre. Au moment où ces terribles souvenirs lui revenaient en mémoire, elle saisit de toutes ses forces la pauvrette éplorée et l'enlaça tant et si bien que la petite, exténuée par les pleurs, se tut. Barbara avait perdu son dernier enfant quatre mois auparavant, et l'étreinte fit monter le lait dans sa poitrine. Hélène, qui le sentit immédiatement, se mit à téter tel un chaton.

Barbara Klage, son mari, Johannes, fonctionnaire au service de l'évêque Kaspar von Logau, et Hélène, qui s'ouvrait un peu plus chaque jour à l'amour de sa nouvelle famille et rendait les sentiments dont elle était nourrie, auraient pu vivre encore longtemps ainsi, en ces merveilleuses années de tranquillité et de sollicitude qui avaient suivi l'épidémie. Mais c'était compter sans la soudaine maladie de Barbara, que la mort emporta.

Après le décès de sa femme, Johannes perdit la raison. Il se transforma en bête sauvage et commit un acte d'hérésie pendant l'enterrement. Il s'écria qu'il ne croyait plus en ce Dieu qui lui ôtait inexorablement tout ce qu'il aimait, qu'il préférait pourrir en enfer plutôt que d'aller au paradis et se présenter devant l'Éternel.

L'évêque Kaspar von Logau en personne lui arracha des bras sa fille adoptive, qu'il envoya chez les franciscains en les priant de bien vouloir recueillir la petite, de prendre soin d'elle et, si la fillette s'avérait intelligente, de l'éduquer, à l'appréciation du père supérieur. Il précisa que, dans ce cas, pour éviter de choquer les habitants de Neisse, elle devrait rester à vie au couvent : personne ne destinait alors les jeunes filles au savoir, mais seulement à une vie honnête et agréable à Dieu.

De Kunegunde Kreppel et des premières années de vie sous son aile

Chez les franciscains, la vie d'Hélène, alors âgée de sept ans, n'était pas moins bonne. La fillette fut accueillie par la cuisinière du monastère – « l'intendante », comme aimait à l'appeler le père supérieur, Bernard von Hinterling, pour élever son rang. Au début, Kunegunde Kreppel n'en était pas ravie. Déjà bien occupée avec la cuisine et la lessive, elle devait en plus materner l'insupportable petit Heinrich Babel. Le père d'Heinrich, bourgmestre d'Edelstadt, s'était débarrassé de son fils après que sa femme fut morte en couches. Mais, très vite, à l'instar de tous les habitants du couvent, la cuisinière avait été conquise par la fillette.

Kunegunde Kreppel n'avait que peu de temps à consacrer à sa protégée. Outre sa passion pour la broderie, elle était absorbée par la cuisson de l'avoine et de l'épeautre – dans l'esprit du proverbe qu'elle avait elle-même inventé : « Au-dessus de l'épeautre et de l'avoine, il n'y a rien que les cieux ! » –, mais aussi par l'allaitement du garçon, qui ne voulait y renoncer bien qu'il eût passé l'âge de prendre le sein – le garnement comptait déjà sept printemps.

Le nom de Kreppel, « beignet » en allemand, lui allait comme un gant – sa carrure pycnique n'avait rien à envier à la Vénus de Willendorf. Kunegunde considérait son épeautre et son avoine comme de parfaits antidotes à la chaleur moite qui envahissait les roustons des moines, refroidissant ainsi l'appétit sexuel qui tourmentait les frères sans discontinuer. Et qu'elle-même éveillait sans le savoir.

Malgré ce remède, qui consistait à faire avaler quotidiennement aux franciscains les litres d'eau de cuisson des merveilleuses céréales, leurs roustons continuaient à bouillonner devant la dodue Kunegunde – mais juste un peu moins, peut-être. Il n'y avait rien d'étonnant à cela. Quand elle sortait de son chemisier ses nibards gros comme deux têtes pour allaiter le petit Heini – elle appelait alors ainsi le petit Heinrich Babel, qu'elle rebaptiserait plus tard « le petit connard » –, les moines voyaient se dresser leur hallebarde.

Qu'elle pétrît de la pâte à gâteau pour le goûter, des nouilles au pavot pour le dîner, elle était pour eux la plus belle femme au monde, plus belle même à leurs yeux – et ils en éprouvaient de la honte – que la Vierge Marie, mère de Dieu, cette haridelle asséchée à l'aspect enfantin vers qui nul n'aurait tourné le regard dans la vie normale.

La vue de Kunegunde, elle, faisait renaître chez les religieux une gourmandise profondément enfouie entre les murs du couvent, un appétit qui dépassait de loin le désir de nourriture, un appétit démesuré pour la vie, qui enflammait depuis l'intérieur des désirs que la cuisinière ne pouvait combler.

Ses bras imposants auraient pu embrasser une demi-douzaine de moines, et ses petites jambes, aussi potelées que les jambons et échines du marché, une autre demi-douzaine, qu'elle aurait même pu étouffer au moment d'atteindre la jouissance. À l'idée des jambonneaux de Kunegunde Kreppel, que plus d'un moine admirait en cachette dans le bosquet où elle aimait s'accroupir pour lancer un jet d'urine qui retombait en pluie un mètre plus loin en formant un filet doré sur le sol avant d'imprégner la terre, à l'idée, donc, de ses genoux ronds et de ses cuisses qui l'étaient encore davantage, plus d'un pénis durcissait ; c'était un vrai problème, mais aussi un plaisir qui justifiait la peine d'épier la cuisinière en train de pisser dru.

Se vider dans la nature, sous un framboisier, sous un arbre fruitier, sur un carré du potager même, était pour elle un tel délice que, quand le père supérieur la menaça du poing, elle fut incapable de jurer sur la croix qu'elle ne le referait pas. Elle savait qu'elle céderait forcément à la tentation. Pisser dans un seau dans sa chambre, dans les latrines fétides des moines, tout cela était dénué de la poésie qui imprégnait le fait de lâcher son jet puissant sur une terre qu'elle adorait et cultivait. De l'humidifier d'elle-même, de l'abreuver. Un contact direct établi l'espace d'un instant.

La brise qui soufflait alors sur sa vulve était tout aussi plaisante que les caresses qu'elle avait découvertes à l'époque où elle travaillait pour une certaine dame de Ferrara. Celle-ci s'était installée à Neisse pour y tenir la maison de son frère architecte. C'est alors, et alors seulement, lors des préliminaires auxquels elle n'avait jamais eu droit avec feu son mari – il s'était enivré à mort après qu'elle eut accouché d'un enfant mort-né –, quand la dame de Ferrara lui avait pressé un endroit précis – Kunegunde, ne l'ayant jamais atteint, en ignorait jusque-là l'existence – qu'avait jailli une cascade qu'aucun jet de pisse, même celui que l'on retient pendant des heures, n'était en mesure d'égaler. La cascade s'était accompagnée d'un plaisir si intense que Kunegunde – comme si toute cette humidité ne suffisait pas – avait aussi quelque peu uriné et éprouvé un soulagement d'une puissance que le monde n'avait jamais connue avant la découverte de l'orgasme féminin.

Mis à part la libération de ces vigoureux jets d'urine, que la dame de Ferrara appelait « pluie dorée », et d'autres liquides encore – dont les moines ignoraient l'existence –, Kunegunde se livrait à toutes sortes d'activités, parmi lesquelles la plumaison du gibier – perdrix, cailles et pigeons –, la traite des vaches dont elle buvait le lait et avec lequel elle se lavait, protégeant ainsi sa vulve de toute ulcération ou prurit (ce qu'elle répéterait souvent à Hélène, car à qui d'autre aurait-elle bien pu l'apprendre au monastère ?), ainsi que la broderie des vêtements sacerdotaux et des nappes des autels.

Si Hélène ne raffolait pas de la plumaison – l'odeur des viscères la rendait malade au point qu'il lui arrivait d'en tomber dans les pommes –, traire les vaches et passer du temps en leur compagnie faisait partie de ses occupations favorites.

Kunegunde aimait les traire avec Hélène, et il lui semblait qu'en présence de la petite, les vaches produisaient mieux, parfois même deux fois plus ; elle insistait donc pour que la fillette fût là lors de la traite quotidienne. Le fromage aussi était meilleur en sa présence. Il suffisait qu'elle fût dans les parages pour que le lait caille plus vite et prenne une forme compacte. Kunegunde pouvait ainsi fournir les moines en quark et en vendre un peu tous les jeudis au marché de Neisse pour son propre compte. Elle partageait cet argent de façon équitable, mettait de côté la moitié pour la fillette, qui le savait et lui en était reconnaissante, même si elle n'y comprenait pas encore grand-chose. Kunegunde lui avait expliqué qu'il était important que les femmes amassent leur propre pécule, fût-il très modeste, qui, gagné à la sueur de leur front, ne pourrait leur être enlevé par personne, pas même par leur mari.

Lorsque la petite fille eut huit printemps, Kunegunde Kreppel commença à l'emmener en forêt pour lui enseigner à survivre en cas de guerre, de fléau ou de famine, en n'ayant sous la main que ce qui a été créé par Dieu. Elle lui avait montré comment inciser les arbres au printemps pour en récolter le plus de sève. Elle lui avait appris à reconnaître les champignons comestibles, révélé les endroits où proliféraient les myrtilles, les mûres et les airelles, et montré comment les préparer pour les manger l'hiver venu. Elle lui avait expliqué comment pêcher le poisson, le vider et le préparer. Comment laver le linge dans la rivière et le détacher à l'aide de sable et de pierres, puis comment le rincer de façon que l'eau défroisse ce que, durant la lessive, les mains avaient chiffonné.

On pouvait dire qu'Hélène Spalt, à huit ans révolus, en savait plus que certaines filles lorsqu'elles se mariaient, et des choses que d'autres ne sauraient même jamais.

Petit à petit, Hélène prenait dans la vie de Kunegunde la place occupée jusqu'alors par Heini, qui n'était pas beaucoup plus âgé qu'elle. Kunegunde ouvrait toujours plus son cœur à la fillette et le fermait hélas à ce garçon insatiable qui ne l'aidait en rien, se contentait d'exiger de l'attention et de l'amour, comme s'il était sorti de son giron et n'était pas – comme la petite Hélène – un enfant trouvé.

Mais le père de Heini, taraudé de remords, envoyait tous les mois des sommes non négligeables depuis Ołomuniec. Le père supérieur avait donc demandé à Kunegunde de garder sa langue dans sa bouche et de continuer à materner le garçon – même si tous les moines trouvaient ça inconvenant étant donné son âge, même s'ils rêvaient tous de se coller aux énormes seins de la cuisinière et de ne pas les lâcher de la nuit à la place de ce « petit connard », ce « morveux abandonné », comme ils l'appelaient, et Kunegunde aussi, mais seulement derrière son dos.

De Heinrich Babel, vil petit connard

L'enfant agréable, sage et bienveillante qu'était Hélène gagnait la sympathie du monastère à mesure que Heinrich Babel, de presque trois ans son aîné, leur donnait du fil à retordre. Celui-ci devenait jaloux, sombre et, hélas, vindicatif.

Envieux de l'attention de sa nourrice pour Hélène, mais aussi de celle des moines qui, les années précédant l'arrivée de la fillette au couvent, avaient essayé tant bien que mal de nouer une relation avec lui, Heinrich ne trouvait de plaisir qu'à cultiver son sentiment de défaite. Une noirceur de plus en plus grande envahissait son cœur. Quand il se blessait au genou, par exemple, il arrachait la croûte avec délectation pour empêcher la plaie de se cicatriser. Il en puisait un plaisir charnel. Le sang ruisselait quand il le décidait, il s'habituait à sa vue, à son goût métallique. Il en était peu à peu arrivé à se blesser lui-même, surtout la nuit, quand sa nourrice, dont il partageait le lit, plongeait dans un profond sommeil. Il demeurait alors immobile à ses côtés et tétait son lait avec délice. Mais il ressentait aussitôt après un besoin irrépressible de se punir – le jour, sa nourrice lui refusait le sein et le chassait avec un torchon humide. Il s'entaillait alors la peau avec un petit couteau qu'il avait volé à la cuisine.

Quand les moines, qui avaient décelé dans son tempérament une singularité qu'il leur était difficile de définir et même de nommer, en avaient assez, ils partaient s'occuper de leurs propres affaires, soudain capitales et urgentes. Toutefois, ils craignaient que, offensé par ce prétendu manque de temps – dont chacun disposait pourtant en quantité dans le couvent –, le jeune Babel en conçoive une irrésistible envie de vengeance.

Or, ni le rejet de sa nourrice ni l'aversion à demi dissimulée des moines ne le faisaient autant souffrir que le rejet du frère Albert. Avant l'arrivée d'Hélène, celui-ci représentait bien plus qu'un père aux yeux du garçon.

À présent, c'était avec Hélène que le frère Albert vadrouillait de l'aube au crépuscule, ne s'interrompant que pour les repas et les prières, écoutait le chant des oiseaux, nourrissait les biches, mais aussi, avouons-le, épiait la nature lascive. Ils s'enfermaient parfois dans la bibliothèque du couvent pour regarder de vieux ouvrages, étudier la structure des plantes et leurs propriétés médicinales. C'est justement là, dans la tour sud-est du monastère, qu'étaient conservés les livres (offerts à l'ordre par un riche marchand de Neisse depuis que ses prières à saint François d'Assise avaient sauvé sa femme d'une maladie mortelle) grâce auxquels Heini avait vécu les seuls instants de bonheur de sa vie, quand le frère Albert, voyant la pieuse concentration avec laquelle le garçonnet étudiait les gravures, lui tapotait la tête, d'un geste qui semblait exprimer à Heini la fierté que son propre père ne lui avait jamais témoignée.

Dès son apparition au couvent, Hélène avait volé le cœur des moines et de Kunegunde Kreppel. Plus rien n'avait alors été comme avant. Tous les regards s'étaient tournés vers la jolie, la charmante petite fille, plus débrouillarde pour son âge que ne l'était aucun adulte du couvent – à l'exception de Kunegunde Kreppel, évidemment.

Tous en avaient été surpris. Des deux enfants frappés par un sort malheureux, un seul en était sorti brisé, et son âme blessée répandait sa noirceur sur son entourage. Une noirceur d'une profondeur insondable.

L'âme humaine est assoiffée de lumière, et non de ténèbres. Tous avaient ainsi dirigé leur amour et leur tendresse vers Hélène, pour en priver soudainement Heini, qui n'avait connu que cela depuis sa naissance. Un jour, un incident qu'il serait difficile d'oublier ou de passer sous silence survint dans la bibliothèque. Heini avait profité de l'inattention d'Albert pour saisir la petite Hélène et tenter de la jeter par une fenêtre. Il avait été sévèrement réprimandé et enfermé au pain et à l'eau dans une sombre cellule, avec des rats affamés pour seule compagnie. Il y avait passé vingt-quatre heures. Lorsqu'il en était sorti couvert de larmes et de ses propres excréments, il s'était tourné plus violemment encore vers le mal.

Après cet événement disparurent les sentiments que, au fil des années, frère Albert et Kunegunde

Kreppel en étaient venus à nourrir pour lui. Tous deux se mirent à fuir comme la peste ce garçon chez qui ils décelaient une propension à faire le mal. Un mal dont ils n'avaient jamais vu l'équivalent chez personne. Le frère Albert comprit tout à coup que le piétinement du petit oiseau tombé du nid n'avait pas été un accident, malgré ce que lui avait assuré le petit Babel en jurant sur la vie de son vrai père. Les chatons du monastère ne s'étaient pas noyés tous seuls dans la rivière, ils y avaient sûrement été jetés par le garçon. Les ruches, quant à elles, n'avaient peut-être pas pris feu à cause de la foudre, mais en raison des jeux dangereux de cet ingrat qui faisait tout pour attirer l'attention des autres. L'accès à la bibliothèque était formellement interdit à tous, à l'exception du père supérieur et des frères Albert et Hubert. Heini, qui le savait, décida de révéler au prieur qu'Albert y emmenait Hélène. Mais, plutôt que de nuire au moine fautif, cela se retourna contre Heini. En effet, le père supérieur aurait pu pardonner la prostitution, mais pas la délation dont il avait lui-même été victime dans sa jeunesse.

À compter de ce jour, Babel devint le salaud du couvent, celui à qui l'on ne pouvait plus se fier et qu'il fallait désormais tenir à distance. Une fois le cafardage de Babel révélé, la petite Hélène, qui ne comprenait pas grand-chose à ce qui se passait, se mit néanmoins elle aussi à l'éviter, par instinct.

Kunegunde Kreppel, pour qui il avait jusque-là été *Kleine Heini*, se mit à l'appeler « le petit connard » ou « le raté ». Elle avait compris pourquoi le bourgmestre d'Edelstadt, Franz Gustav Babel, avait rejeté sa progéniture après l'accouchement qui avait emporté sa femme bien-aimée. Sa naissance était pour lui une malédiction qu'il tâchait d'oublier. Il avait également maudit la grossesse de Hanna : il avait fallu faire venir sept fois le pasteur de Jesenik, expert en exorcismes – et risquer de faire jaser pour avoir sollicité l'aide des protestants. Hanna s'était démenée pendant qu'on chassait le diable de son âme et de son ventre. Elle sentait – elle le répétait tous les jours à son mari – qu'elle attendait un événement maudit ; l'enfant en son sein était doté d'une force extraordinaire, ses coups de pied étaient si puissants qu'ils ne pouvaient provenir d'un être humain. Lorsque son mari emmena pour la dernière fois l'exorciste, Hanna s'était débattue sur le sol, cognant sa tête contre les murs jusqu'au sang avant de perdre connaissance. La délivrance était survenue peu après le septième exorcisme, et Hanna était morte dès qu'on avait accroché Heinrich à son sein – dont l'enfant ne reçut rien, car sa mère avait expiré avant même la montée de lait.

Dès le début, Kunegunde avait détesté le petit connard ; elle avait cependant tout fait pour combattre ce sentiment. Pour que l'enfant, que la vie n'avait pas épargné, ne quitte pas le monde avec de mauvais souvenirs. Cette volonté de dépasser son aversion, partagée et dissimulée par tous les habitants du couvent, expliquait probablement pourquoi elle l'avait allaité si longtemps. Par peur ou par correction, elle avait tenté de compenser l'existence maudite de l'enfant et le vil caractère qu'il se forgeait malgré la vie, bénie par le Christ et saint François, qu'il menait au sein du monastère.

Quant au frère Albert, on le priva de son accès privilégié à la bibliothèque pour un temps indéterminé et on lui interdit de soigner les malades par les plantes. On désigna à sa place le frère Hubert, qui passait pour le moine le plus savant en raison des études théologiques qu'il avait suivies à Bologne et à Padoue.

Lorsque son géniteur vint enfin chercher Babel à la demande du père supérieur, tous ressentirent un grand soulagement – ils récitèrent des actions de grâces pour avoir enfin été débarrassés du morveux.

Tous, excepté Babel lui-même qui, en perdant de vue Kunegunde, perdait tout ce qui le liait de façon positive à ce monde. Le seul être humain qu'il avait vraiment aimé, bien qu'il fût incapable de le montrer.

De l'amour ardent de toute chose terrestre

La passation de la bibliothèque au frère Hubert avait coïncidé avec l'exacerbation du désir des autres petits pères, qui ne pouvaient plus résister aux charmes de Kunegunde Kreppel.

Ils erraient dans les jardins du cloître, la hallebarde dressée sous leur habit, leur cœur craintif rempli d'angoisse à l'idée d'une redoutable punition divine. Mais l'apparition, dans des circonstances mystérieuses, d'une œuvre manuscrite d'à peine quatre pages intitulée *De l'amour ardent de toute chose terrestre*, allait s'avérer salvatrice. La pratique qui y était détaillée allait leur apporter un grand soulagement – pratique que, par mesure de précaution, ils choisirent de dissimuler au père supérieur.

Le manuscrit passait de main en main principalement pendant la nuit, tant et si bien qu'après quelques jours il fut difficile de trouver un bout de page qui ne fût maculé de sécrétions poisseuses ou de bave.

Sur ces quelques pages étaient décrites diverses façons de faire l'amour avec ce qui, depuis la création du monde, était sorti de terre. L'auteur, un anonyme, avait accompagné ses suggestions d'illustrations maladroites mais convaincantes pour indiquer au lecteur les moyens efficaces de venir à bout d'un appétit sexuel ardent et inassouvi, en reportant son désir sur les espèces végétales nées de la Terre-Mère. Certains de ces moyens étaient, à première vue, loin d'éveiller le moindre enthousiasme érotique. C'est ainsi que, passé minuit, quand le père supérieur, étourdi par la bière, ronflait si fort que personne ne pouvait fermer l'œil, sous les peaux et chabraques dont se couvraient les moines émanaient d'intrigants gémissements et bruissements, frottements, froissements, piaulements et clappements.

À force d'illustrations détaillant la copulation avec des courgettes, des citrouilles, des patates, des pommes et des prunes trouées, toute création divine fut bientôt, pour les moines, empreinte d'une volupté hors du commun. Un coup d'œil sur les pétales d'une pensée suffisait pour que, sous leur habit, leur binette se mette au garde-à-vous. Grâce à cet ouvrage, toute la Mère Nature les excitait, révélait des millions d'êtres qui les appâtaient de leur beauté. Si même une chenille et ses segments réguliers leur révélaient la trace d'une harmonie divine et cosmique, que dire de la copulation des papillons ! Les chats en chaleur et les chiens qui s'accouplaient attisaient en eux une flamme telle qu'ils fourraient leur tringle, comme les illustrations du livre le leur avaient appris, dans tout ce qu'offrait la nature : des courgettes légèrement gâtées que Kunegunde Kreppel avait jetées au compost ; des abricots qui, percés d'un trou, permettaient de délicieusement tremper le haut de la verge avant de faire tourner le fruit sur son axe ; la cavité d'un arbre tombé au fond du jardin ; une queue de renard détachée d'une carcasse, trouvée dans les bois, dont le moelleux augurait des frissons de plaisir ; des feuilles de chou fraîches, veinées ; les aigrettes pelucheuses des pissenlits sur lesquelles il suffisait de souffler en direction du membre enflammé pour que leur duvet vienne chatouiller délicatement cette peau dont la douceur n'avait d'égale que la soie de Chine.

Toutefois, après plusieurs semaines d'abandon à l'amour charnel avec la flore locale (nettement moins avec la faune, même si cela arrivait de temps en temps, surtout avec des rongeurs duveteux, comme les belettes, les écureuils ou les renards), l'affaire se compliqua. L'été indien était passé, tout comme l'automne. Un rude hiver se profilait à l'horizon, et avec lui, l'absence de fruits, de légumes et de fleurs.

Les frères déterraient donc en cachette, pour ne pas attirer l'attention de Kunegunde qui contrôlait les réserves, des kilogrammes de patates, de poires et de pommes conservées dans la cave du couvent, en rêvant aux amants bien plus exotiques qu'ils avaient pu admirer dans les herbiers confectionnés par le frère Hubert à Padoue. Nombreux furent ceux qui, découragés, retournèrent à leurs anciennes pratiques et reportèrent leurs désirs sur la cuisinière.

Pour les soulager, le frère Hubert, en concertation avec le frère Albert mais toujours sans en parler au père supérieur, fit venir au couvent des graines de la république de Venise. Des noyaux de pêches, des pépins de mandarines et d'oranges de Sicile, de raisin, ainsi que diverses espèces de plantes : des géraniums, des lychnis, des pivoines de Chine, que les Vénitiens appréciaient outre mesure, pour ne pas dire de façon malsaine. Ils avaient également fait venir des semences de légumes – des tomates, des salsifis noirs, des choux de Milan aux feuilles délicates et ridées, des aubergines admirablement lisses, comme polies – pour leur permettre de faire l'amour avec ardeur à toute la variété de ce qui s'épanouissait sur terre, plutôt que de fourrer froidement leur pénis dans une patate.

Du monde qui s'écoule et de la grande amitié avec le frère Albert

Si Hélène appréciait tous les frères du couvent, elle aimait particulièrement Albert, que le crâne chauve, bordé d'un pelage plutôt que de cheveux, apparentait à saint François d'Assise. Frère Albert portait une tonsure involontaire ; la nature lui avait tout simplement joué un tour. Ses sentiments dépassaient la simple sympathie : l'élan de tendresse qu'éprouvait la fillette à son égard était de l'ordre de l'amour.

Hélène était estimée, les moines tâchaient tous sincèrement de lui faire plaisir parce qu'elle incarnait à leurs yeux une innocence et une pureté héritées droit de la Vierge Marie, et constituait dès lors un bouclier efficace contre le désir et les pensées impures que faisaient naître en eux Kunegunde Kreppel et – depuis que circulait la fameuse œuvre anonyme – la nature. Dès que leurs pensées commençaient à dériver vers Kunegunde, ils s'évertuaient à les réorienter vers la petite. Le prénom d'Hélène, prononcé avec dévotion telle une prière, sifflait au-dessus de leur tête à la manière d'un fouet expiatoire chaque fois que leur venaient à l'esprit les cuisses entrebâillées de la cuisinière qui, accroupie, la jupe relevée, lançait son ruisseau doré.

Avec Albert, Hélène s'adonnait à l'observation de « l'écoulement du monde », comme le frère appelait cette activité oisive consistant à contempler l'univers qui les entourait sans le commenter. Ils regardaient des flaques d'eau, des trous d'arbre, des feuilles en décomposition, les brins d'herbe qui jaillissaient de terre pour se hisser maladroitement vers le haut, les pédicelles des fleurs, les papillons jaune pâle attirés par les buddleias et les échinacées – dont, selon de vieilles recettes, on tirait un élixir améliorant l'immunité. De leurs bouches béantes s'échappait alors un souffle empli d'émerveillement qui venait briser le vœu de silence fait pour éviter de bavasser inutilement sur cette exceptionnelle beauté. Ils laissaient même parfois échapper des « Oh ! mon Dieu ! » admiratifs, bien que blasphématoires.

Et si Hélène savait qu'aucun mot ne pouvait dire les merveilles qui abondaient dans la nature, grâce aux efforts d'Albert elle avait appris à lire et à écrire. Ayant décelé en elle une affinité exceptionnelle avec le végétal, Albert avait jugé nécessaire de lui transmettre le plus précisément possible ses connaissances des herbes et de la thérapie par les plantes, en cachette du père supérieur qui répétait toujours que, pour la gloire de Dieu, aucune femme ne devait souiller de sa main les manuscrits du monastère.

Chaque fois que le taraudait un sentiment de culpabilité, le remords d'avoir menti à son supérieur, frère Albert se répétait que Mère Nature était du genre féminin et que, en créant le monde, le bon Dieu avait placé aux côtés des individus masculins des êtres féminins pour en assurer l'harmonie : la Terre ne survivrait pas sans ces femelles à pieds ou à sabots, ces êtres qui rampaient, nageaient ou volaient. Non seulement les femelles portaient la vie en elles, mais en plus elles complémentaient la nature avec leur beauté.

Frère Albert enseignait donc secrètement tout ce qu'il savait à Hélène, et surtout son amour des livres, grâce auxquels, comme il le lui disait, le monde, alors exprimé en lettres de l'alphabet, plutôt que de s'écouler, durait, frôlait l'éternité.

« La lecture ouvre l'être humain, éphémère et imparfait, à l'immortalité. Tu ne mourras point dans les lettres créées par Dieu, à commencer par l'alpha. Jésus est la lettre qui te rapproche de l'éternité », expliquait-il à Hélène en tâchant de l'éveiller à l'amour des livres.

Il voulait en faire une personne éclairée, ne lui enseignait pas seulement l'allemand, leur langue maternelle, mais aussi le latin et le grec – et le cachait à tout le monde. Il savait que faire entrer une femme dans la bibliothèque pouvait lui coûter sa place au couvent et tout moyen de subsistance. Mais la ferveur d'Hélène et sa soif de lire les traités de botanique l'empêchaient d'abandonner sa mission. Il avait tenté, des années durant, de transmettre son amour du savoir à ses camarades, mais, à l'exception du frère Hubert, qui avait été formé dans les universités les plus renommées du monde, il n'avait suscité, et c'est le moins qu'on puisse dire, que de tièdes réactions.

Fort heureusement, le frère Hubert, qui possédait une belle collection de livres dans sa cellule, fréquentait rarement la bibliothèque. Albert était néanmoins prêt à toute éventualité : il fermait la porte du temple du savoir à clef de l'intérieur, pour s'accorder le laps de temps suffisant pour cacher la fillette, si quelqu'un voulait entrer.

Hélène grandissait ainsi, entre Kunegunde Kreppel, qui la maternait plus encore depuis le départ du petit connard Babel, et le frère Albert qui faisait office de père. Elle puisait toutes les forces possibles de cette configuration, et son esprit des plus réceptifs absorbait tout ce qu'il rencontrait.

Médecin du couvent, Albert soignait les frères à l'aide de ce qui sortait de terre. Hélène apprenait ainsi à connaître les plantes et la fabrication de diverses mixtures garantissant la santé. Elle savait comment soigner l'insomnie à l'aide de la jusquiame, comment faire macérer la stramoine pour calmer les hallucinations qui venaient au frère Marcus quand il buvait trop de vin de messe dans la cave, comment l'herbe de la Saint-Jean chassait l'excès de tristesse qui frappait les frères au début du printemps, comment, avec de l'épeautre, éteindre le brasier qui enflammait les reins à la vue de Kunegunde Kreppel, ou comment tremper les queues dans l'avoine pour rafraîchir tous les sens.

Du défonçage de bois mort

Bien que le départ de Babel semblât arranger tout le couvent, après un mois, Kunegunde Kreppel se rendit compte, même si elle avait du mal à l'admettre, qu'elle se languissait quand même un peu du petit connard. Certes, elle ne pouvait le supporter, son caractère et son tempérament l'irritaient, mais le garçon n'en était pas moins l'objet sur lequel elle pouvait, en l'absence de témoin, décharger son aversion contre la gent masculine. Cette aversion n'était pas née d'expériences désagréables ni de déceptions : Kunegunde l'avait tout simplement sucée avec le lait de sa mère, qui l'avait elle-même sucée du lait de sa mère, et ainsi de suite, comme si, avec l'hormone de l'amour dont l'afflux de lait inondait l'enfant, était sécrétée une hormone de haine dirigée contre tout ce qui était masculin. Kunegunde n'avait plus personne à opprimer de ses mots, personne sur qui faire claquer son torchon mouillé. Hélène, dont elle avait fait son bras droit, ne s'y prêtait absolument pas. Loin d'être une peste, c'était une enfant agréable, serviable, un vrai bonheur ! C'est simple, elle était dénuée de mauvais traits de caractère.

Puisqu'elle n'avait personne sur qui décharger ses émotions négatives – elle ne l'aurait fait ni sur les frères bienveillants ni sur l'enfant prodige (elle appelait Hélène ainsi) –, elle devint irascible, et c'est avant tout sur elle-même que cela entraîna des conséquences. Ne pouvant évacuer cette ardeur, Kunegunde la laissait l'ébouillanter de l'intérieur. Seule la soulageait l'application de sangsues sur les parties les plus sensibles de son corps : la poitrine, les aines et ses cuisses opulentes. Évacuer sa fureur avec son sang était le seul moyen d'atteindre l'apaisement.

Lorsque cette méthode ne fit plus effet, Kunegunde se mit en quête de nouvelles façons de se libérer de cette colère rampante qui l'envahissait. Elle découvrit alors le défonçage de bois mort.

Ce fut un pur hasard, pourtant les conséquences non négligeables qu'aura le défonçage de bois mort pour la suite de cette histoire lui confèrent un caractère prédestiné. Par une matinée du mois de mai où Kunegunde et Hélène traînaient vers la rivière un panier rempli des habits d'hiver des frères – qui ne soignaient pas outre mesure leur hygiène –, elles s'assirent pour reprendre leur souffle sous un chêne que la foudre avait jadis coupé en deux.

Kunegunde Kreppel vit du coin de l'œil un buisson de belladone, aussi appelée morelle furieuse ou tue-chiens, car le fruit est toxique pour ces animaux. Elle se remémora alors un échange qu'elle avait surpris entre frère Albert et frère Hubert. Elle en avait retenu que ces morelles provoquaient des hallucinations chez les chiens, qui éprouvaient alors un grand bonheur – avant d'être terrassés par de douloureuses convulsions. Mais aussi – avait péroré frère Hubert – que certaines femmes de Franconie, pour leur plus grand plaisir, en fabriquaient un onguent dont elles s'enduisaient la fente. Kunegunde décida donc de saisir l'occasion, d'en prendre une petite poignée pour vérifier s'il s'agissait d'une fable.

Elle cueillit dix baies, assez pour elle et Hélène, mais pas assez pour en crever – elle ne voulait pas que l'enfant se retrouve une nouvelle fois orpheline de mère en ce monde, même si c'était de mère adoptive.

Elles avaient peur, pourtant leur curiosité l'emporta. Les frères disaient que de dix à douze baies ôtaient la vie aux adultes, et cinq, aux enfants ; elle compta donc soigneusement les petites boules et les partagea – sept pour elle, trois pour la fillette –, faisant jurer à Hélène de ne jamais révéler à personne ce qu'elles allaient faire – si elles en sortaient vivantes, naturellement.

Puis elles avalèrent les baies avec l'eau de l'outre que Kunegunde portait à la ceinture. Elles n'eurent pas à attendre longtemps les effets de la plante vénéneuse. Une forêt surgit bientôt de terre et s'éleva jusqu'au ciel, si dense qu'en un instant les troncs et les branches ne laissèrent plus filtrer aucune trouée de lumière. L'obscurité était telle que Kunegunde Kreppel ne pouvait faire un pas en avant, la substance noire et visqueuse dont étaient faites la nuit et l'obscurité entravait tout mouvement. Les racines des arbres prenaient vie et, tels des nœuds de vipères, enlaçaient ses jambes pour l'empêcher de bouger. Kunegunde ne criait pas, cette immobilisation avait quelque chose de puissant et d'envoûtant. Comme les plantes, elle se mit alors à grandir dans la terre, à s'enraciner ; elle formait à présent un tout avec l'arbre sous lequel elle se tenait, et leurs racines, entrelacées, la tiraient vers le bas, vers ce qui se trouvait sous terre. Soudain, elle vit devant elle son petit garçon, le petit connard ébouriffé, Heini Babel. Il était étendu sur un tronc couché au sol et semblait dormir. Il était nu. Son petit corps d'un blanc cadavérique brillait sur le fond du fourré, sur l'écorce où luisait çà et là de la mousse vert céladon.

De l'obscurité des fourrés surgit un étrange personnage, une vieille femme. Son bas-ventre était celui d'une jeune fille, Kunegunde Kreppel le discerna clairement lorsque la vieille retroussa sa robe en lin grossier pour s'asseoir à califourchon sur le garçon endormi. Lorsque celui-ci se réveilla, il se débattit sous elle et frétilla telle une anguille. Un rire si effroyable s'échappa de la gueule édentée que le garçon se pétrifia et laissa la vieille le chevaucher et lui couvrir les yeux d'une touffe d'herbes avant d'y déposer des pierres du bord du chemin – elle savait que, sous ces poids, les paupières s'ouvriraient moins facilement. Il ne verrait pas ce qu'elle s'apprêtait à faire, mais sentirait tout. Elle ne fit plus aucun mouvement et resta assise ainsi, jusqu'à ce que le garçon se mette de nouveau à se tortiller sous elle, tendu telle la queue d'un matou qui aperçoit une souris. Laissant échapper un cri de coq que l'on égorge, il se dégagea de sous la robe de la petite vieille en rampant. Et tandis qu'il s'éloignait à travers le bois, Kunegunde Kreppel remarqua qu'il en sortait transformé, non tant dans son apparence – qui n'avait nullement changé – que dans sa démarche.

Après la grande couvaison de Heini Babel, la vieille regarda Kunegunde et lui fit signe de la suivre. Celle-ci ne pouvait s'exécuter, car ses jambes étaient attachées aux racines. D'être humain, elle était devenue arbre. Elle parvint à se saisir d'une branche basse, puis à l'arracher ; ce ne fut pas chose facile, la branche refusait de se casser. Elle la nettoya de ses rameaux, puis, de ce bâton puissant, elle se mit à frapper les racines de l'arbre vorace pour s'en libérer.

Lorsqu'elle fut délivrée et eut repris le contrôle de ses jambes, elle vit que la vieille, qui l'attendait toujours, était fort changée, comme si accueillir en elle Heini Babel l'avait rajeunie de moitié. Elle semblait de l'âge de Kunegunde, et sa vitalité était celle d'une jeune fille comme Hélène. Aussi filait-elle lestement à travers bois tel un chat. Kunegunde eut plus de difficultés. Autour d'elle, les arbres étaient à moitié morts. Elle s'enfonçait dans ce fourré desséché en frappant de son bâton les branches éteintes, tentant de les séparer de la partie vivante pour qu'elles la laissent passer. Bam, crac, les branches cassaient et tombaient. Les bouleaux et les aulnes, qu'elle adorait, étaient les plus nombreux. Dès que les branches touchaient le sol, elles étaient aussitôt englouties par la terre, qui semblait s'en nourrir. Se nourrir de ce qui, dans le vivant, était mort. Des dizaines d'arbres se donnaient à Kunegunde, la priaient de les défoncer. Ils ne luttaient pas. Ils exposaient leurs verges à la mort. La trique qu'elle tenait à la main était infaillible, et elle ne ménageait pas ses forces. Après le vingtième ou peut-être le trentième arbre, aveuglée par la sueur qui inondait ses yeux, elle sentit ses forces faiblir.

En écalant le mort-vivant, elle sentit qu'elle avait également coupé en elle les branches sèches qui lui suçaient la vie, comme cet insupportable Heini Babel, qui lui avait manqué malgré tout – mais elle ne l'avait jamais avoué aux frères ni à Hélène. Une fois terminée cette lutte contre les branches sèches pour frayer son chemin, elle sentit tout à coup une envie irrésistible de fourrer dans sa vulve la trique avec laquelle elle venait de défoncer les arbres. Cette danse avec la mort devait se terminer au plus vivifiant et humide des endroits.

Elle le fit sans aucune délicatesse, mais sous l'influence de la belladone, elle ne nota pas le sang qui coulait entre ses cuisses on ne peut moins vierges. Et quand elle sentit la trique en elle, ce fut comme si elle s'envolait de terre… Soudain, elle planait au-dessus de la cime des arbres, au-dessus de la rivière étincelante et argentée, elle flottait dans le ciel, côtoyant les nuages, en direction de la ville. Elle regardait par les fenêtres des bâtiments, voyait des couples s'aimer sous les toits, des marchands mesurer leur grain dans leurs greniers, elle filait au-dessus des églises de Neisse : l'église Sainte-Barbe, la basilique Saint-Jacques-et-Sainte-Agnès, peu s'en fallut qu'elle ne touchât du pied le carillon au coq doré et la tour dont l'horloge invitait les habitants à prier. Lorsqu'elle survola le croissant de la lune, elle descendit se ficher sur son bout pointu pour qu'il l'envoyât, avec sa serpe courbe, là où elle ne pouvait aller seule. Pour qu'il touchât l'endroit, à l'intérieur de sa fente, d'où jaillissait parfois une cascade, pour qu'il lui fît un mal profondément ancré dans le plaisir, qu'il prît tant de place en elle qu'elle ne manquerait plus jamais de rien – la remplît de tout et la dépouillât de ses désirs. Pour qu'il l'encornât et lui défonçât l'intérieur, pour que tout ce qui était enfiévré et éternellement affamé en elle se rassasiât jusqu'à ras bord et se répandît telle une rivière emportant toutes ses digues.

Dans son vol belladoné, Kunegunde Kreppel remarqua tout à coup que la lune, qui avait retiré sa corne de sa fente, n'était plus en croissant, mais pleine. Les étoiles alentour étaient enfilées sur des fils colorés, tel un collier de perles brillantes.

Lorsqu'elle atterrit, après avoir repris conscience, elle posa son regard sur Hélène Spalt, sa protégée, dont le visage lui parut un instant identique à celui qu'elle avait vu penché au-dessus du dénudé Babel en une étreinte amoureuse, un visage qui n'avait ni les traits d'une enfant, ni ceux d'une femme, ni ceux d'une vieillarde, mais ceux des trois à la fois. Hélène était étendue, inconsciente, dans le sous-bois. Elle était pâle, la mort semblait l'avoir emportée. Sa peau était cireuse et froide, son sang, glacé, son souffle, éteint à jamais.

Terrifiée, Kunegunde se mit à la secouer de toutes ses forces, à frotter sa cage thoracique pour faire repartir les battements de son cœur. Il fallut un certain temps avant qu'Hélène n'inspirât une bouffée d'air et n'ouvrît les yeux. De sa vie, Kunegunde n'en oublierait jamais la vue : ils brillaient comme des étoiles. La lumière de la lune s'y reflétait, ils étaient deux fois plus grands qu'à l'ordinaire, et humides.

À peine Hélène fut-elle revenue à la vie que son souffle s'accéléra. Son cœur se mit à battre très fort, comme pour sortir de sa poitrine. Kunegunde tapota le visage de la jeune fille, y fit couler l'eau de son outre et la secoua tant qu'elle faillit lui faire rendre l'âme pour de bon, mais Hélène reprit finalement connaissance. Elle ne réussit toutefois pas à lui faire dire un seul mot : la petite Spalt, d'ordinaire volubile, avait perdu sa langue.

Kunegunde la souleva et la porta dans ses bras. Ce ne fut pas chose facile, elle marchait les jambes écartées à cause du défonçage avec la trique et des flots de sang qui s'écoulaient entre ses cuisses.

Kunegunde ne tenta pas de comprendre ce qui s'était passé dans la forêt, elle était à tel point terrifiée qu'elle décida de ne pas chercher la clef de ce mystère. Elle avait bien assez à faire avec sa fente déchirée. Elle la soigna en la rinçant avec une décoction d'écorce de chêne et en y appliquant un liniment de consoude pour tenter de reconstruire ce que la trique avait détruit.

Elle ne se souvenait d'ailleurs pas de grand-chose et évitait l'endroit où tout s'était passé. Elle espérait qu'Hélène n'en avait pas plus de souvenir et tâchait de ne pas mentionner la chose, escomptant que cela deviendrait un secret qu'elles emporteraient chacune dans leur tombe.

Hélène ne parlait toujours pas, et personne ne savait si son silence était dû à un événement particulier ou à un vœu qu'elle aurait fait – mais avec qui donc ? se demandaient les frères qui tentaient de comprendre les circonstances du mutisme en assaillant de questions Kunegunde, qui ne répondait rien, bien entendu.

Elle ignorait toutefois que, d'un fil coloré, la fillette avait commencé à broder, sur un tissu que Kunegunde avait un jour entrepris d'orner mais vite abandonné faute d'idées de motifs, tout ce qu'elle avait vu ce jour-là dans les bois, tout ce que Kunegunde ne voulait révéler. Hélène en broda la nappe entière, puis la disposa sur l'autel.

Lorsque le regard du père supérieur tomba sur l'étoffe tandis qu'il priait, il fit comme si de rien n'était, mais une fois la messe terminée, il convoqua Kunegunde et l'interrogea sur ces représentations qui ne louaient pas Dieu.

Hélène avait brodé un chêne aux branches sèches et cassées sur lequel poussaient de rares feuilles. L'arbre était affreusement laid, ses tiges étaient asséchées, mortes. Mais ce qui avait glacé le sang du père supérieur pendant qu'il disait la messe en latin était la vue du signe gravé sur l'écorce. Un signe qu'il était interdit d'utiliser depuis des siècles, un signe avec lequel la religion chrétienne en avait fini une bonne fois pour toutes. « Le symbole de la déesse païenne de la fertilité et de sa chatte toute-puissante, et qui pourtant ne peut pas grand-chose par comparaison avec la queue de Dieu le Père ! » Les mots du père supérieur s'étaient faits plus acérés qu'une lance. Effrayée, Kunegunde se recroquevillait pour ne pas écoper d'un coup de pointe.

– Tu devais broder des agneaux, des grappes de raisin, la vie de Jésus, une croix, symbole de la mort du Christ en martyr, et pas, bordel de merde – fulminait-il sur Kunegunde –, un indécent chêne païen au pied duquel ont été commises des infamies durant des siècles.

Kunegunde ne savait que dire. Elle était censée être la seule à savoir broder au couvent. Elle ignorait que la petite Hélène l'avait observée avec enthousiasme s'adonner à cet art des soirées entières, quand, dans la cuisine, elle récitait ses prières et apprenait à repriser.

Kunegunde avait elle-même été initiée à la broderie par sa précédente employeuse, cette riche dame de Ferrara qui s'était installée à Neisse pour son fils, bâtisseur de cathédrales invité par le chapitre pour planifier la construction de l'église Saint-Roch, que l'on édifiait à présent par étapes sur la grand-place.

Avec Francesca di Ferrara, Kunegunde n'avait pas seulement appris la broderie dans toute sa splendeur, mais aussi l'amour oral, que la dame pratiquait chaque fois qu'elle en avait l'occasion : elle retroussait ses dizaines de jupons et sa robe devant les cuisinières, laveuses, couturières – toutes les femmes d'un état inférieur qu'elle rétribuait grassement pour leurs petits tours et qu'elle avait à cœur de former à cette pratique qui demeurait rare au sein du duché. Kunegunde, qui excellait en la matière, pouvait choisir la nature de sa rémunération et, à l'argent, elle préférait des fils de soie colorés, un tambour, un métier à tisser ou encore des aiguilles. Des aiguilles que, à la demande de Francesca, elle piquait délicatement sur les fesses de son employeuse tout en lui prodiguant des caresses qui auguraient les plus grands plaisirs.

Après s'être fait réprimander pour son œuvre païenne et menacer d'expulsion si la chose venait à se reproduire, Kunegunde se rendit dans la cellule d'Hélène, l'étoffe à la main.

Au contact de la jeune fille, elle fut alors pour la première fois témoin d'un miracle. Lorsque Kunegunde leva la main pour la corriger, elle sentit cette main se rigidifier et s'immobiliser en l'air telle une branche. Une branche d'arbre sèche, à l'image de celles qu'elle avait fracassées de son lourd bâton. Quant à ses jambes, elle ne pouvait plus les bouger, ses pieds semblaient s'être enracinés dans la pierre.

Soudain, elle se trouva face à la vieille femme ridée dont la natte lui tombait aux genoux, mais peut-être s'agissait-il d'une hallucination car, l'instant d'après, Hélène reparut telle qu'elle était d'ordinaire.

Kunegunde ne dit rien. Elle sentit à nouveau ses bras et put enfin bouger les pieds. La parole ne revint en revanche pas à la jeune fille. Son silence, visiblement, lui était encore nécessaire.

Quelque chose avait changé. Kunegunde ne brodait plus seule. À présent, elles s'installaient ensemble aux métiers à tisser. Elles filaient des fils tantôt argentés, tantôt dorés, parfois des fils chenille. Elles brodaient uniquement les motifs autorisés : des fleurs, des oiseaux, des coccinelles, des papillons. Les créatures divines présentes dans la nature et agréables à l'œil. Sur les étoffes liturgiques, elles tissaient des calices, des grappes de raisin, des épis de blé, des agneaux – tous les symboles chrétiens, sans exception.

Quand Kunegunde Kreppel voyait l'aiguille d'Hélène s'éloigner du motif prévu, elle lui arrachait immédiatement des mains le tambour ou le métier à tisser – suivant ce qu'elles utilisaient ce jour-là – pour l'enfermer à clef dans la crédence. Et Hélène apprit à tempérer sa soif d'exprimer par la broderie ce qu'elle ne pouvait plus faire par les mots.

Les petits pères s'inquiétaient des longues heures que Kunegunde et Hélène consacraient chaque jour à la broderie. Cette nouvelle obsession les absorbait, leur faisait oublier le temps. Elles se débarrassaient au plus vite de leurs tâches : elles trayaient les vaches, cuisinaient les repas de la journée, désherbaient le jardin, faisaient la lessive et ne reportaient aucune corvée à plus tard, pour que rien ne vînt ensuite déranger le silence de l'après-midi consacrée à cet art.

Depuis le départ de Babel, elles avaient brodé assez de vêtements liturgiques et de parements, d'antependiums et de nappes pour en recouvrir l'église et une partie du jardin. Leur dextérité allait bientôt s'avérer utile.

De la belladone et de l'épiphanie

Les deux années suivantes semblèrent ne durer qu'un ou deux mois. Les seules excentricités d'Hélène étaient son silence et son penchant maladif pour la broderie – sur tambour, sur métier à tisser, à la main même, quand elle n'avait aucun autre équipement.

Au couvent, sa vie était agréable. Tout le monde, Kunegunde Kreppel en tête, prenait soin de son bien-être. Elle vivait telle une sainte parmi les moines, dans une abondance à laquelle aucun frère ne pouvait prétendre : elle dormait dans un lit et non sur des planches, mangeait les gâteaux dès leur sortie du four – ce que Kunegunde interdisait formellement aux autres –, buvait du lait fraîchement trait. Elle vivait comme un coq en pâte. « *Eine kleine Kreppel* », l'appelait tendrement Kunegunde qui aimait la fillette comme son propre enfant depuis que toutes deux passaient du temps à broder ensemble. N'eût été la mort prématurée de ses parents, on aurait pu dire qu'elle était née coiffée. Même le père supérieur, quand il buvait trop de vin, reconnaissait que la fillette était une véritable joie. Le seul fait de la regarder faisait irradier l'âme.

Et il en fut ainsi jusqu'aux douze printemps d'Hélène, jusqu'à l'arrivée de ses premières règles.

Ce jour-là, elle semblait habitée par le diable – voilà en tout cas comment les frères décriraient par la suite cet événement auquel ils n'avaient pas été préparés. À la table de la cuisine, elle avait jeté à terre l'assiette de gruau chaud qu'on venait de lui servir, puis elle avait dit ses premiers mots depuis plus de deux ans. Il ne s'agissait pas de « Bénie sois-tu » ni de « Que Dieu te bénisse », mais d'un « Au Diable » bien moche. Kunegunde et les quatre frères présents dans la cuisine furent alors pris de peur, même s'ils se réjouissaient en leur for intérieur qu'elle reparle enfin. Plus tard, vers midi, alors qu'Hélène cueillait des framboises, elle se remit à jurer comme si la digue qui empêchait jusque-là les mots de sortir de sa bouche avait lâché soudainement pour ouvrir la voie aux pires jurons. Il y en avait certains qu'elle ne pouvait avoir entendus au couvent, et tous se demandaient où donc elle les avait appris.

Le pire arriva cependant en début d'après-midi, après l'angélus et le déjeuner qui s'était déroulé dans le silence, car Kunegunde Kreppel, bouleversée par le comportement matinal de la fillette, était fort fâchée et évitait à tout prix de croiser son regard. Hélène emprunta alors le chemin de la rivière dans l'idée d'y pêcher des truites pour le dîner.

Pour la première fois de sa vie, elle ne prit pas un seul poisson. Son adresse, que tous lui enviaient, semblait s'être évanouie. Hélène vérifia qu'aucun moine ne se trouvait dans les parages, puis lâcha un flot d'infamies dignes du plus grand fauteur de troubles de l'auberge Au Crabe d'or.

Chaque mot la soulageait, tout en attisant en elle une flamme qui lui faisait proférer d'autres jurons encore. Elle retroussa son tablier et sa robe, puis entra dans la rivière, mais au lieu de s'y étendre sur le dos comme à son habitude et se laisser porter par le courant, elle se mit à frapper de toutes ses forces ses bras sur la surface de l'eau, tel un moulin, perturbant ainsi les animaux et les végétaux. Elle était brouillée avec la nature, oui ; aujourd'hui, celle-ci lui était vraiment insupportable, il lui fallait trouver un moyen d'évacuer sa colère. Une colère qui provenait de l'intérieur. De son intérieur douloureux, qui perdait pour la première fois de sa courte vie des gouttes de sang.

Lorsque le moulinet de ses bras ne soulagea plus le feu qui flambait en elle telle une torche, elle sortit de la rivière et se mit à marcher. Elle avançait guidée, ou poussée, plutôt que de sa propre volonté. Mue dans l'espace par quelque chose d'invisible, de plus grand qu'elle, dans une direction qui lui était inconnue. La forêt se faisait de plus en plus dense et sombre autour d'elle, le soleil ne parvenait plus à se frayer un chemin à travers l'épaisseur du feuillage. Elle avançait vite, avec imprudence, si bien qu'elle trébucha sur une grande racine et s'étendit de tout son long. En relevant la tête, elle le reconnut. Le chêne sous lequel, deux ans auparavant, elle avait mangé des fruits noirs à l'allure de myrtilles avec Kunegunde, mais elle ne pouvait se souvenir de ce qui s'était ensuivi. Elle le voyait. Il se dressait, ni vivant ni mort. Après avoir été frappé par la foudre, il s'était déchiré et asséché en de nombreux endroits, de rares feuilles poussaient çà et là. Le chêne le plus solide qu'elle avait vu de sa vie. Elle l'examina.

C'était le même bosquet d'arbres secs. De bois mort.

Elle saisit un bâton, prit de l'élan et frappa de toutes ses forces une branche morte, qui tomba comme une croûte du genou de Heini Babel. Tandis que les croûtes de bois tombaient les unes après les autres sous la force des coups qu'elle assénait sans réfléchir, Hélène avait la sensation d'arracher des couches mortes en elle-même, d'enfin mettre au jour ce qui était vivant, essentiel, en son centre.

Elle continua jusqu'à en perdre le souffle. Jusqu'à friser la folie. Une entité étrangère semblait être entrée en elle. Une autre vie, une autre âme.

On ignore combien de temps cela dura. Impatiente des truites qu'Hélène n'en finissait pas de pêcher, Kunegunde Kreppel décida de se rendre elle aussi à la rivière pour en ramener la jeune fille et les poissons. Ne l'y trouvant pas, elle se dirigea vers les bois le cœur serré, car un accord tacite les liait, celui de rester à l'écart de cet endroit où elles avaient failli mourir de la belladone, où Hélène avait perdu la parole.

Un mauvais pressentiment la saisit lorsque la forêt se fit plus dense, comme le brouillard qui se posait lentement sur la cime des arbres ce jour-là, dont la pointe perçait la brume comme l'aiguille une pelote. La peur de Kunegunde s'intensifiait lentement à mesure qu'elle approchait du bosquet.

Hélène était étendue sous le chêne. Comme la fois précédente, elle était prise de convulsions. Projetée d'un côté à l'autre par des forces qui s'étaient emparées d'elle et la traversaient de bout en bout. Quelques baies de belladone gisaient à côté d'elle. Kunegunde lui souleva la tête et lui fourra les doigts dans la gorge pour la faire vomir.

Elle tenta ensuite de lui faire reprendre connaissance de diverses façons. Elle la gifla, lui pinça les joues, lui gratta le dos, lui mordilla les doigts pour l'arracher du gouffre où, par sa bêtise et son imprudence, Hélène avait déjà sombré deux ans auparavant.

Impuissante, Kunegunde était mortifiée. Elle savait l'âme d'Hélène en train d'errer dans un autre monde, et elle savait que, séduite par l'intensité de ces nouvelles sensations, celle-ci ne saurait pas en revenir d'elle-même. Ne pouvant la laisser ainsi, elle tenta de la porter, mais les spasmes et les convulsions l'empêchèrent d'aller bien loin. Elle la déposa donc sur la mousse, la tête en hauteur, et courut au plus vite vers le couvent pour revenir avec de l'aide.

Lorsque les moines arrivèrent, ils se frottèrent les yeux, refusèrent de croire ce qu'ils voyaient. Hélène, parfaitement immobile à présent, flottait en l'air, légère comme une feuille d'aulne ou de bouleau. Elle semblait dormir, en suspension, comme si la Terre tentait de la garder, tandis que les Cieux l'appelaient.

Ils se mirent à prier Dieu avec tant d'ardeur qu'ils sentirent la fièvre s'emparer d'eux. Ils étaient entrés dans un feu qui les consumait. Leurs efforts furent vains. Hélène se trouvait ailleurs désormais. Elle vivait simultanément le début et la fin du monde, devenus une seule et même chose. Son âme s'était scindée en autant d'éclats qu'il était nécessaire pour pénétrer en chaque être, humain, végétal et animal, du présent, du passé et du futur, et tout ce que la Terre avait produit depuis l'aube du monde était alors entré en communion.

Tandis que son corps inerte lévitait dans la forêt, son âme assistait à la naissance du monde, qui, en cet instant précis, se formait à nouveau, comme chaque fois qu'une existence humaine incinérée se disperse en poussière et redevient ce qu'elle a été. De même que le lait qui, à l'aide du feu, se coagule et abandonne complètement son état liquide pour se transformer en quark, de même Hélène, toujours elle-même, devenait, sous les yeux de Kunegunde et des frères terrifiés, quelqu'un d'autre ou quelqu'un de plus. Elle conservait ses sensations matérielles tout en puisant déjà dans d'autres vies. Hélène voyait la vérité sur tout. La façon dont le monde se modelait, la façon dont Dieu était né. Dieu qui n'était autre que la Mère et la Fille compatissantes, et non le Père et le Fils omniscients. Hélène voyait se créer les eaux et les terres, elle voyait les premières pousses surgir, les roches donner naissance aux pierres remplies de lumière, les animaux mettre leurs petits au monde. Les allaiter. Les lécher entre les yeux. Puis elle vit naître les hommes, les vit se regrouper autour du feu, parler entre eux et, avant cela, entonner ensemble un chant puissant, que tous connaissaient. Le chant de la création, le chant de la vie qui contient la mort. Une mort calme. Silencieuse. Feutrée. Placide. Différente de la naissance. Tout en étant très similaire, aussi édentée et puissante dans son impuissance.

À la vue de tout cela, Hélène se réveilla d'un rêve qui n'en était pas un, qui était la réalité, et tomba avec fracas sur le sol. Les oraisons des frères lui étaient parvenues, à présent elle les entendait. La voix d'Albert, d'ordinaire douce et joyeuse comme les gazouillements d'une mésange ou d'un chardonneret, transperçait les cieux de sa force singulière et tonitruante qui avait donné le tournis à Kunegunde.

Au moment où tous craignaient que l'âme d'Hélène ne regagnât jamais son corps, la jeune fille ouvrit les yeux. Elle les posa sur Albert sans le voir, comme s'ils avaient perdu la vue, et elle se mit à parler une langue que le frère ne connaissait pas, de façon si suggestive qu'elle semblait la parler depuis toujours. Sa voix était plus forte que celle du moine. Claire au début, elle se fit opaque, rauque, désagréable, s'entremêlant par moments avec des piaillements étranges et de mauvais augure, avec des grincements insupportables, pour, l'instant d'après, rappeler le gémissement d'un nouveau-né, se transformer en rire cristallin, en un râle et un borborygme, tout cela en même temps ou alternativement, comme si ce n'était pas sa voix mais une polyphonie de personnages qui fusionnaient en elle et s'entrelaçaient.

Le frère Albert, saisi d'effroi, tenta d'extirper ce qui entravait son âme, mais il n'avait aucun pouvoir sur celle-ci. Ce qui s'était emparé d'Hélène avec ses griffes n'avait peur ni de la croix qui trônait sur sa poitrine ni des patenôtres qu'il répétait, encore et encore.

Après cinq prières, quand elle reprit connaissance et que les pupilles de ses yeux retrouvèrent leur place, Hélène aperçut le frère Albert, pâle comme le brouillard couleur de lait qui à l'aurore se posait sur le verger du couvent. Il la supplia de dire quelque chose. De parler de sa voix de rossignol. Mais de sa bouche ne s'échappèrent que des sons incompréhensibles, comme si tous les mots qu'elle avait jamais prononcés avaient volé en éclats, et il fut pris d'une telle épouvante qu'il se signa, puis il fit venir Kunegunde Kreppel en renfort.

Tandis qu'il attendait, il tenait Hélène dans ses bras tel un mannequin de paille sans souffle et sans vie. Il la regardait sans la voir. À la place d'Hélène – belle jeune fille pleine de charme en compagnie de laquelle il avait passé autant de temps qu'il avait pu –, il voyait le démon dont parlait l'Église, mais qu'il avait toujours pris pour des sornettes. À présent, il le voyait de ses propres yeux : la jeune fille était transformée. Étrangère. Sinistrement silencieuse. Elle était encore elle-même la veille, après dîner ; depuis son premier saignement menstruel, ce matin-là, elle inspirait la terreur.

Elle n'avait pas la force de rentrer sur ses jambes au couvent. Lorsque les frères la soulevèrent et l'installèrent sur le dos d'Albert, celui-ci dut maintenir son corps qui, inerte, avait perdu sa forme compacte et retombait maladroitement telles les poupées de paille que l'on formait encore dans les villages à la fin de l'hiver, malgré l'interdiction de l'Église.

En sortant de la forêt, ils remarquèrent, gravés dans l'écorce des arbres, des signes qui n'y étaient pas auparavant. Des signes qu'aucun être humain n'aurait été en mesure de réaliser en un si court laps de temps… Des signes considérés comme maudits dans toutes les religions du monde, car c'était la Mère, et non le Père, qu'ils mettaient sur un piédestal.

Du crâne utéro-vaginal et de l'Évangyle brodé

H*istero-kolpo-cranios* ! s'écria le vénérable frère Hubert, qui avait étudié la théologie à Padoue, en voyant les mystérieuses gravures sur les arbres.

– Diable ! laissa échapper frère Albert, qui se signa trois fois et cracha au-dessus de son épaule gauche.

– Le crâne utéro-vaginal, reprit Hubert, le symbole de la Vieille Pucelle. Le plus ancien culte au monde, celui de la déesse de la fertilité : Sémélé, Matushka Zemlya, Magna Mater, Terre-Mère ou tout simplement la bonne vieille Déméter. Mère de tous les dieux que l'on a remplacée par Dieu le Père, reniant par là ce qui était vivant, ce qui était féminin. À notre plus grand préjudice.

Kunegunde pensa alors au défonçage du bois mort. Elle s'y adonnait depuis l'enfance et l'avait pourtant oublié pendant de longues années. D'aussi loin qu'elle s'en souvienne à présent, elle s'était promenée dans les bois avec un bâton pour abattre les branches sèches. Ce faisant, elle sentait qu'elle ravivait les arbres qui étaient en passe de mourir, qu'elle les aidait à survivre. Lorsqu'elle s'y était adonnée de nouveau, deux ans plus tôt, n'avait-elle pas eu l'impression que, pour raviver la religion mourante et asséchée, elle devait lui ôter ce qui était mort et sec ? Ce personnage qui la guidait à travers la forêt – cette enfant-vieillarde qui empruntait le visage d'Hélène –, n'était-ce pas la Vieille Pucelle ? Qui était donc Hélène ? Une épiphanie divine, incarnation de la langueur de la Terre-Mère ? Une déesse qui manquait cruellement aux franciscains, eux qui aimaient tout le vivant sur terre et se trouvaient pourtant contraints de réciter des formules en latin lors d'interminables liturgies dont l'ennui mortel les avait conduits au péché ?

– Le crâne utéro-vaginal, répétèrent tout bas le frère Albert et Kunegunde Kreppel, qui ne s'entendaient l'un l'autre tant ils étaient bouleversés.

Albert regarda frère Hubert. Troublé par ses propres paroles, ébranlé par sa propre découverte, il semblait transformé. Déchiffrer les symboles qu'Hélène avait gravés sur les arbres avait libéré en lui quelque chose dont sa propre religion l'avait coupé et qui lui manquait.

Lorsque les regards des deux frères se croisèrent, Hubert posa une main sur l'épaule d'Albert sans dire un mot, l'interrogea d'un simple haussement de sourcils. Albert ne lui livra pas de réponse, pas plus qu'il ne repoussa sa main. Ils se regardèrent encore, puis se frayèrent un chemin à travers le bosquet et les buissons. Lorsque chacun trouva un endroit qui lui convenait – ils s'étaient séparés pour préserver leur intimité –, ils se mirent à creuser un trou avec des bâtons pour y fourrer leur manche enflammé d'un désir soudain. Ils se débarrassèrent de leur habit, s'étendirent sur le ventre dans le sous-bois (le frère Albert, en raison de la dimension de sa bedaine, s'allongea sur une petite élévation recouverte de mousse) et ressentirent une envie irrésistible d'entrer dans la structure de la Terre, de l'humecter de leurs sucs, de mouiller leur membre de son humidité souterraine, de culbuter le monde entier. Ils étaient simultanément eux-mêmes culbutés par le monde à travers ces fentes dans la Terre, car le tringlage allait de pair avec une succion, et il était donc difficile de dire qui tringlait qui.

Le monde se recréait. De leur semence allaient surgir les myrtilliers, les saules, les massettes. Une passion mutuelle pour soi-même et pour toute créature dont l'Ancien Testament et les Évangiles ne parlaient que trop peu.

– Pourquoi donc, demanda Hubert à Albert une heure plus tard, lorsque tous deux furent à nouveau revêtus de leur habit, l'homme doit-il aimer son prochain et non tout être, quel qu'il soit, ne serait-ce que l'arbre qui a joué un rôle si fondamental au paradis et dans la Genèse ?

Ils avaient passé une heure dans la forêt à chercher un indice qui pourrait les éclairer sur ces événements. Comment Hélène avait-elle pu connaître la plus ancienne religion du monde, interdite par l'Église ? Où en avait-elle entendu parler ? Le frère Hubert craignait qu'avec l'aphasie de la jeune fille ils n'obtiennent jamais de réponse. Ils ne trouvèrent que des tas de branches cassées qui semblaient avoir été amputées à des arbres mourants. Elles étaient amassées autour de troncs rongés par des castors, dépouillés de leur peau dont ils voulaient de toute façon se débarrasser. La seule chose qui surprit les frères et qu'ils préférèrent dissimuler au père supérieur comme aux autres moines pour préserver Hélène d'éventuels soupçons de connivence avec le démon Raróg, furent les gouttes de sang qui s'écoulaient des endroits où avaient été gravés ces signes mystérieux. Des gouttes de sang, et non de sève.

– On dirait que les arbres marqués du symbole du crâne utéro-vaginal ont leurs règles en même temps qu'Hélène, résuma Kunegunde Kreppel, qui avait accompagné les deux frères dans l'une de leurs expéditions secrètes. Comme si les arbres et Hélène ne faisaient qu'un.

Kunegunde leur cacha, par égard pour la jeune fille, qu'elle avait aussi vu du sang sur le bâton avec lequel Hélène avait frappé de toutes ses forces les branches mortes. Comme Kunegunde deux ans plus tôt, Hélène saignait plus que lors de simples règles. Si elle ne le dit pas à haute voix, Kunegunde était presque sûre que le bout du bâton avait été fermement enfoncé, plongé plusieurs fois en cet endroit qu'Hélène, sous son étroite surveillance, n'avait pourtant pas le droit d'approcher d'un doigt.

Une semaine après l'événement initial où Hélène avait perdu la parole, Kunegunde l'avait examinée, lui écartant les jambes pendant son sommeil. À la lueur de la bougie, ses craintes s'étaient trouvées confirmées : la fente d'Hélène avait été déchirée, et Kunegunde avait deviné son hymen disparu sans laisser de trace. De même que sa voix.

Kunegunde n'avait plus quitté Hélène des yeux. En plus du temps qu'elles passaient ensemble à broder, Kunegunde avait senti dans son cœur qu'elle devrait suivre la jeune fille partout, non pour lui éviter des ennuis, mais pour son propre bien-être, car elle ne se sentait vivante qu'en sa compagnie.

Kunegunde Kreppel ne pouvait plus assister aux messes, elle cherchait le moindre prétexte pour ne pas avoir à prier, elle n'arrivait plus à se souvenir des prières qu'elle aurait autrefois récitées par cœur même si on l'avait réveillée en pleine nuit. À présent, pour dire le patenôtre, elle avait besoin d'un missel, les mots permutaient dans sa bouche, se mélangeaient dans sa mémoire, formaient un charabia sans queue ni tête.

Il en était de même pour Hélène : elle ne priait que pour sauver les apparences. En réalité, elle se prosternait devant les quatre directions du monde et ce qui était sous terre – et non sous les Cieux. Devant les mousses, lichens, champignons, fougères, devant la matière du monde qui se décomposait et se transformait sans cesse. Devant la mort dans sa forme la plus vivifiante, qui nourrissait tout le vivant. Devant l'humanité compostée. Les animaux morts. Le royaume pourrissant et putréfié des plantes. Elle barbotait dans cette mort qui était aussi commencement, car une nouvelle vie en surgissait au printemps et transperçait de ses brins la carapace gelée de la terre. Transportée sur le corps des vers de terre, des taupes et des campagnols, la décomposition émergeait de la terre pour intégrer de nouveau ce qui existait à sa surface. Le tout se mêlait pour former un lien indissoluble entre le mort et le vivant, dans lequel rien de vivant ni de mort ne l'était indéfiniment.

Quand Kunegunde et Hélène – cette dernière s'était remise à parler, mais le faisait rarement – brodaient, celle-là laissait de plus en plus souvent celle-ci représenter sur les étoffes ce qui lui venait du fond du cœur, ou plutôt du fond de l'âme – ses épiphanies. À la place des hirondelles, des tourterelles, des agneaux, des feuilles d'olivier et de vigne, apparaissaient de plus en plus fréquemment les motifs des visions qui l'avaient assaillie tandis qu'elle flottait au-dessus de la Terre : de la mousse, des racines, des rhizomes et des mycéliums, des produits de la décomposition, des fruits pourris, les corps de cailles et de perdrix abattues, des feuilles putréfiées et la Vieille Pucelle elle-même, sous trois formes – fille, femme et vieillarde au sourire enfantin.

Hélène brodait ces signes qui lui venaient tout seuls, qui la remplissaient – comme autrefois la sainte hostie pendant la messe – de significations qu'elle ne connaissait pas, des significations plus puissantes qu'elle, si bien qu'à ses yeux ses broderies étaient plus expressives et personnelles que ce qu'elle aurait pu énoncer de ses mots. Elle ne s'adressait qu'à Kunegunde, quand celle-ci l'interrogeait. Elle lui montrait son récit. Sa religion. Et sa Vérité.

Pour éviter d'éveiller les soupçons du père supérieur ou des frères, qui avaient reçu pour mission de surveiller la cuisinière, celle-ci récitait des litanies et des chapelets, tantôt à voix haute, tantôt en chuchotant, mais au même moment, sous la main de la jeune fille, c'était tout autre chose qui apparaissait. Quand Kunegunde disait « Dieu le Père », Hélène brodait l'effigie de la Déesse Mère Trinitaire, dans ses trois phases de la lune ou dans les trois étapes du développement de la femme. Plutôt que des feuilles d'olivier se dessinaient des baies de belladone et des feuilles de chêne. Au lieu des colombes, des feuilles de pavot qui induisent le sommeil, temporaire ou éternel, et au-dessus de tout cela, le crâne utéro-vaginal en place et lieu de l'œil omniscient.

Hélène trouvait, pour broder, des chasubles et des nappes éclaboussées de cire de bougie, tachées du vin incarnant le sang du Christ ou souillées de la graisse d'oie de mains mal essuyées, dans la laverie du couvent où le linge trempait dans des cuves spéciales, percées pour que l'on pût les vider de leur eau. Entachées de sécrétions humaines, de restes de repas et de boissons, ces vêtements étaient saupoudrés de cendre de tremble ou de hêtre, puis recouverts d'eau jusqu'à obtenir de la soude qu'il était absolument interdit de toucher, car elle brûlait et rongeait les mains – la douleur était alors si atroce que plus d'un frère n'avait pu la supporter dignement et en avait fait dans son froc.

Hélène destina aussi à la broderie deux vieux jupons que les moines lui avaient rapportés avec des robes en gros drap de la foire d'Edelstadt. Comme le temps lui manquait, elle fabriqua une poupée de paille dont elle recouvrit la tête de cheveux coupés, qu'elle habilla d'une chemise de nuit et disposa sur sa paillasse, sous la couette. Si l'un des frères en ronde de nuit regardait par l'œilleton pour vérifier qu'elle dormait bien, il voyait un corps allongé sur le ventre, tandis que, dans un coin de sa cellule invisible depuis la porte, elle pouvait broder jusqu'au petit matin ce qui occupait ses pensées, transperçait son âme de part en part et brillait en son intérieur comme la lueur du soleil l'éclairait, pénétrait ses os et la chair autour.

Hélène racontait sur le tissu ce qui lui avait été révélé, dans l'expectative, toujours, de la prochaine révélation – également attendue par les frères, notamment Albert et Hubert, mais non par le père supérieur, bien entendu, cet espion de l'évêque.

Entre-temps, parmi les autres moines, la pratique qu'Albert et Hubert avaient lancée dans les bois gagnait en popularité, ce qu'ils cachaient, naturellement, eux aussi à leur prieur. Véritable malédiction, cet « attendrissement de la Terre » enseigné par la Vieille Pucelle allait bientôt mener le couvent à sa perte.

De l'attendrissement de la Terre et du prurit des testicules

Quelques mois après la révélation d'Hélène, et sûrement en conséquence de cet événement, le deuxième tome de l'ouvrage anonyme apparut au couvent. Intitulé *De l'attendrissement de la Terre*, il allait influencer de façon significative la vie des frères, en particulier la nuit.

Juste après les prières de l'après-midi, avant le souper, ceux-ci se rendaient dans le coin le plus reculé du jardin encore gelé, invisible depuis la fenêtre du père supérieur. Ils y ameublissaient la terre à l'aide d'un bâton, de pommes de pin congelées, parfois d'un burin qu'ils avaient réussi à voler dans la boîte à outils du réfectoire – en travaux de réfection depuis des années. Ils essayaient à tout prix de s'introduire dans la dure carapace de la terre pour atteindre ses couches les plus profondes. Quelques heures plus tard, après la prière et la méditation, un autre groupe se relayait pour continuer à creuser le sol, s'enfonçant plus profondément encore dans ce terrain préparé par leurs prédécesseurs.

En quatorze jour, dans la terre gelée ameublie par leurs soins étaient apparues de petites cavités assez profondes pour qu'enfin, la nuit de l'équinoxe du printemps, survienne ce qu'ils avaient patiemment préparé.

Ils s'allongèrent l'un après l'autre sur la Terre en visant les trous avec leur membre, dans un silence complet et une dévotion qui semblait honorer Dieu en personne. Ils copulaient en alternance : quand un frère éjaculait, le suivant se préparait à remplir ces fentes, ces trous qu'ils avaient creusés eux-mêmes, de son suc vivifiant. Ils en éprouvaient le plus grand plaisir, et la Terre accueillait la chaleur de leur corps avec gratitude, assoiffée de cette énergie masculine, de cette ardeur que le Soleil lui prodiguait. L'accouplement avec ces hommes et l'imprégnation de leur semence étaient pour la Terre un choc qui la réveillait de sa léthargie hivernale, une invitation au printemps, un gant jeté à la face du Soleil pour le défier en duel. Lorsqu'ils jouaient des hanches pour emmancher les fentes de la Terre, les frères se sentaient enfin comblés, bien qu'ils aient la sensation de suspendre en cette nuit si particulière le vœu de chasteté que symbolisait, et venait le leur rappeler, l'un des trois nœuds de la corde qui leur servait de ceinture. Ils jouissaient tour à tour, revenaient aux fentes réchauffées par eux-mêmes ou par les autres. Ils étaient avides de contact avec cette matière sombre, froide et humide. Avec ce péché terrestre qui n'avait rien de dissolu, alimenté par l'amour pour le vivant, pour tout ce qui était né de cette terre, à la fois siège du péché mais aussi de l'amour, car siège de toutes créatures. En pénétrant avec leur semence dans les profondeurs de la terre, ils sentaient qu'ils la fertilisaient, qu'ils la fécondaient, car tout ce que l'auteur de l'opuscule chérissait, tous les êtres dans le ciel et sur terre s'en portaient d'autant mieux. Comme le sureau, nu à présent, dont le feuillage pourrissait au sol, qui le mois suivant se couvrirait de fleurs et déploierait un baldaquin de feuilles vert clair au-dessus de la parcelle qu'ils avaient fertilisée, comme les abeilles qui se nourriraient du nectar de ses fleurs et produiraient du miel en septembre, comme les oiseaux qui se régaleraient avidement durant l'hiver des fruits de ses branches. La semence des frères se répandrait dans les profondeurs de la terre et s'unirait à son humidité, s'écoulerait le long des canaux creusés par les racines des arbres et nourrirait de l'élément masculin le monde souterrain qui, au printemps, perce la surface de la terre pour y puiser de l'air et du soleil, et qui, sous forme d'arbres, d'arbustes, d'herbes en tout genre et de fleurs, mais aussi de mousses, de lichens et de champignons, alimente et soigne les humains du monde – et peut aussi en raccourcir brusquement la vie.

Malheureusement, cette mystérieuse pratique, révélée dans l'œuvre anonyme (un anonyme qui, le couvent le présumait, devait être aussi l'auteur du premier tome grâce auquel ils avaient appris à décharger leur désir), allait leur attirer des ennuis qu'aucun monastère franciscain, et peut-être même aucun monastère tout court, n'avait jamais connus.

C'est que, en farfouillant avec leur membre dans la terre humide et froide, les frères avaient contracté un prurit des testicules particulièrement vilain, combiné à une gale répugnante. Outre les taches rose ardent qui pelaient, une alopécie apparut, non pas sur leurs crânes, mais sur leurs bourses, aux endroits recouverts de gale. C'était si dégoûtant que, en urinant, les moines détournaient la tête pour ne pas regarder leurs propres organes dont la vue leur brisait le cœur à en pleurer. De surcroît, leurs bourses étaient sérieusement enflées.

Préoccupé par l'état de ses protégés, cherchant à comprendre la raison de leur comportement étrange – ils se grattaient les parties génitales pendant la messe et marchaient les jambes arquées –, le père supérieur leur ordonna d'ôter leur habit et de se présenter en tenue d'Adam. Il découvrit alors la boursouflure des testicules, la gale et le prurit.

Décidé à en connaître la cause à tout prix, le prieur se mit à suivre les frères jour et nuit. Il les pistait, se cachait et bondissait à l'improviste dès qu'il observait un comportement suspect, mais toutes ses tentatives de les attraper en flagrant délit étaient vouées à l'échec, car le prurit empêchait les moines de se livrer à la pratique de l'attendrissement de la Terre.

Un jour, toutefois, il surprit, derrière un rayon de la bibliothèque garni de livres du sol au plafond, le frère Hubert en train d'écrire un autre de ces ouvrages dont personne n'avait jamais pu deviner l'auteur.

Totalement absorbé par l'étude du culte de la Vieille Pucelle, Hubert était occupé à rédiger un appendice à l'opuscule *De l'attendrissement de la Terre*, appendice intitulé *Le traitement du prurit testiculaire par les plantes.* Il l'avait élaboré avec le frère Albert et Kunegunde Kreppel qui s'y connaissait en herbes. Pour aider les moines, la cuisinière faisait cuire un chaudron entier d'épluchures de pommes de terre à appliquer la nuit sur les couilles préalablement enduites d'une pommade de graisse de blaireau agrémentée d'ail, de fleurs de souci, de camomille et de lavande officinale.

Le père supérieur s'approcha d'Hubert par-derrière et souleva le gringalet de terre en l'attrapant par son habit.

Il rassembla les frères dans l'aile ouest du bâtiment, dans la salle où ils se réunissaient pour les grands événements, et leur ordonna à tous de se dénuder devant lui. Il souhaitait vérifier combien avaient conservé leur *terrae virginitas,* s'étaient retenus de souiller la création divine de leur terrestre faiblesse. Lorsqu'il vit que même les testicules de ses protégés, le frère Albert et le frère Hubert, étaient recouverts de gale et muaient comme les vieux chats perdent leurs dents et leur fourrure, il décida d'infliger à toute la confrérie un châtiment approprié.

Il ordonna aux moines de sortir nus dans le jardin et de tringler la terre avec leurs organes génitaux ulcérés de façon à les enflammer et à les malmener tant qu'ils se souviendraient leur vie entière que le couvent était un endroit où l'on gardait son manche et ses roustons dans son froc !

Les frères pleuraient, tringlaient à la va-vite de petits trous grattés avec leurs doigts, mais en place du plaisir et du soulagement, ils ne ressentaient qu'une insupportable souffrance. La gale s'étendait plus encore, et le feu du prurit s'attisait. Les moines ne rêvaient que d'une chose : que leur queue et leurs testicules se détachent et tombent, les délivrant une fois pour toutes du sentiment de culpabilité et des ennuis.

Comme cet acte de vengeance promettait d'être accompagné d'une fouille exhaustive du couvent pour en confisquer l'intégralité des opuscules impurs, cette nuit-là, par crainte de ce qu'il pourrait advenir des étoffes de la Vieille Pucelle, Kunegunde Kreppel et Hélène Spalt, avec leurs dizaines de vieilles nappes et de vêtements liturgiques ornés des Évangyles, décidèrent de décamper.

Elles furent aidées dans leur fuite par le frère Albert et le frère Hubert, que le père supérieur avait décidé d'expulser hors des frontières du duché, le plus loin possible de Neisse.

Des noces avec un forgeron et du fameux anti-gaule

Quand Kunegunde Kreppel maria Hélène Spalt, qui était sa fille sans l'être vraiment, elle avait conscience de le faire en dépit de la destinée qui lui était promise. Elle savait qu'en donnant sa main elle la détournait de l'œuvre de ramification de la foi en la Vieille Pucelle qui, bien qu'elle semblât nouvelle, était en réalité la plus ancienne des croyances.

Le terme « ramification » correspondait bien à la vocation de la fille Spalt, il contenait l'essence même de la transmission du credo : du tronc débarrassé de son bois mort croissaient de nouvelles branches saines et frémissantes, et à partir de celles-ci, d'autres, et d'autres encore, jaillissaient vers le ciel en un vigoureux baldaquin vert. Pour préserver la vie du tronc, il fallait nourrir la Terre, la Première Mère, de ce qui était vivant en soi-même. D'après les Évangyles brodés de la Vieille Pucelle, la seule façon de le faire était de frotter sa fente, seule ou en compagnie d'autres femmes. Pour nourrir la Terre du frictionnement tout en aspirant les flux souterrains dissimulés sous la couche d'humus. Frotter, aspirer, rendre ses sucs vitaux à la Terre et accueillir en soi ses sucs à elle. Cette circulation humide des substances les plus vivifiantes ne garantissait pas tant de durer que d'exister vraiment. Non pas en étant soi-même – quelqu'un à qui était d'emblée attribué un statut, un nom de famille, un sac de peau dans lequel se dissimulaient les muscles, les organes et les os –, mais en étant tout ce qui vivait, tout ce qui était sorti du giron de la Terre.

Kunegunde Kreppel maria Hélène pour avoir où loger et de quoi manger. Hélène, elle, souhaitait vivre dans la forêt. C'était le seul endroit où elle se sentait chez elle.

Par amour et attachement envers Kunegunde, elle accepta néanmoins les épousailles. Malgré ce que lui soufflait son intuition.

Depuis leur fuite du couvent, elles n'avaient ni logement ni pitance, hormis ce qu'elles dénichaient dans les détritus des auberges et des tavernes. Elles se faisaient embaucher comme servantes, mais étant deux bouches à nourrir au lieu d'une, elles perdaient rapidement leur emploi et représentaient un fardeau d'autant plus lourd qu'Hélène ne savait pas faire grand-chose d'autre que traire les vaches et broder. Et comme elle ne parlait pas, elle ne gagnait pas la sympathie des femmes qui l'employaient. Quant aux hommes, c'est à la pensée de Kunegunde que leur queue se dressait – et pour rester en poste plus longtemps, celle-ci devait souvent s'abandonner aux « bedaineux » et aux « gros groins », comme elle les appelait.

Aussi, lorsque l'occasion se présenta, Kunegunde décida-t-elle, avec l'accord d'Hélène, de la marier aussitôt et d'en tirer profit pour elles deux. Elle conclut un marché avec Karl Schmied, un forgeron de la ville couvert d'écailles de poisson, dont, malgré sa gentillesse et sa fortune, aucune jeune femme de Neisse ne voulait, par crainte de transmettre la maudite maladie à sa progéniture. Avant de lui faire passer la bague au doigt, Kunegunde se prépara, réfléchit à la meilleure façon d'empêcher la consommation de ce mariage.

Elle se souvint que, pour tiédir les élans des moines, bien avant la circulation de l'ouvrage anonyme qui traitait de l'amour ardent de toute chose terrestre, le frère Albert avait fait bouillir un grand chaudron de graines de lin et de menthe frisée qu'il avait passé au tamis et mélangé à la bière dont chacun des frères buvait un pichet au dîner. Grâce à cette ruse, aucun des moines ne bronchait, ni le soir même ni la nuit suivante, et pas même le matin d'après. Il suffisait de leur servir quotidiennement cette mixture pour garder les frères dans un état d'anti-gaule. Précisons néanmoins que cette dernière n'avait qu'une action anti-femmes, elle n'aurait par la suite qu'une faible – pour ne pas dire inexistante – influence sur le désir suscité par les descriptions et gravures des mystérieux opuscules.

Kunegunde fit ainsi bouillir tant de plantes qu'elle garantit l'impotence du mari pour les siècles des siècles, amen. Une fois rassurée quant à la fente de sa protégée, elle décida de s'établir dans la maison du forgeron au magnifique verger. Avec Hélène, elles repoussèrent à plus tard ce qu'elles avaient l'intention d'accomplir – rendre hommage à la Vieille

Pucelle, enseigner aux femmes comment obtenir ce plaisir que leurs époux ou amants, totalement indifférents à leurs besoins, ne leur procuraient pas, mais aussi la régulation des naissances ; tout cela à l'aide de ce que la Terre-Mère leur procurait, de ce qu'elle avait fait naître à l'aube de l'histoire.

La maison du forgeron Karl Schmied, dont Hélène n'avait pris le nom que formellement, continuant à se présenter comme Spalt, était nichée sur une colline, hors de l'enceinte de la ville, et elle offrait une vue imprenable sur la forêt, dans le val de la rivière. La forêt l'appelait jour et nuit, envoyait ses émissaires devant la maison de son mari : des biches, des sangliers et des castors qui se présentaient sous ses fenêtres et qu'Hélène nourrissait de ce qu'elle pouvait.

Ils auraient pu vivre heureux ainsi, sans la tristesse qui commença à travailler Karl peu de temps après leurs noces, lorsqu'il s'avéra qu'il ne pouvait posséder sa belle et jeune épouse à cause de la défaillance de sa queue – dont il avait jusque-là été si fier.

Le forgeron Karl Schmied, qui ignorait que cette impuissance durerait aussi longtemps que son mariage, pleurait parfois dans un coin de sa forge, assailli par la culpabilité d'avoir entraîné la jeune fille dans ce bourbier. Hélène venait d'avoir seize printemps quand lui en comptait à peine vingt-quatre, ils étaient donc condamnés – selon lui – à une longue vie dénuée d'amour charnel – à moins que quelqu'un ne réussisse à le guérir de cette atrophie.

Le pauvre ne se doutait pas qu'en étant quotidiennement abreuvé de cette bière à laquelle il ne pouvait renoncer – pas plus qu'à Dieu –, il ingurgitait une décoction si puissante que, sous son influence, un chien ne se dresserait même pas à la vue d'une chienne. Il ne mangeait presque plus rien, buvait très peu, maigrissait, se tourmentait, ne dormait plus. Hélène eut de la peine pour lui, c'était un bon mari, consciencieux au travail, tendre au quotidien, qui se souciait de son bien-être et de celui de Kunegunde, et elle commença donc à lui permettre quelques rapprochements. Hélène pétrissait alors son membre assoupi comme pour travailler de la pâte à pain, le flanquait dans un bol de lait chaud, l'agitait de droite à gauche, le traitant comme une mignonne petite bête plutôt que comme un fragment d'être humain qu'il lui fallait craindre.

À côté de cela, la demande en plantes préparées par Kunegunde ne faisait que croître. En plus de faire fortune, les deux femmes firent bientôt l'objet d'une adoration sincère des épouses de Neisse et de ses environs, qu'elles débarrassaient de l'oppression de l'alcôve.

C'est au marché du jeudi, où Hélène et elle vendaient les mottes de leur délicieux quark, que Kunegunde Kreppel avait répandu la nouvelle d'un remède qui contrecarrait l'érection et l'usage des membres virils. Quand elle surprenait des conversations féminines d'un genre particulier, elle ne manquait jamais de signaler à ces femmes que, outre leur succulent fromage, elles vendaient en secret divers remèdes qui pourraient les intéresser : liniments de beauté, contre la tachycardie, pour contrecarrer l'effet des nerfs continuellement à vif que les hommes appelaient communément « rage », pour les affaires qu'on dit honteuses – pertes vaginales, retards de règles, grossesses non désirées –, et surtout contre l'omnipotence de ces maris qui n'attendaient que la tombée de la nuit pour pouvoir pilonner leur pauvrette au lieu de la laisser un peu tranquille.

Comme presque tous les jeudis, c'était ce dernier problème qui semblait s'imposer dans les conversations, Kunegunde osa peu à peu recommander plus ouvertement son produit phare, l'anti-gaule, pour délivrer les femmes de leur détresse, et de leur souffrance quand le mari, ne trouvant pas son bonheur, ou du moins pas en assez grande quantité dans le cadre domestique, dirigeait son attention vers d'autres fentes. Combien de larmes y avait-il eu ! Combien de rage ! Un sentiment de haine était né parmi les femmes, et de jalousie. Kunegunde savait que, de tous ses produits, le fromage et le lait mis à part, l'anti-gaule méritait les plus grands égards. C'est ainsi que les femmes de Neisse en vinrent à verser, plutôt que des remèdes pour accroître le désir, quelques gouttes d'anti-gaule dans les boissons de leurs actuels ou futurs maris. Du côté des époux, la frustration grandissait. En journée, leur andouille dégonflée, privée de volonté et de toute vigueur, de toute vie, se balançait entre leurs jambes telle une queue d'écureuil cassée ou démise. La nuit, elle gisait, inerte, sur son propriétaire, attendant des jours meilleurs. Ces flageolets tout chauds qui se laissaient malaxer comme des couleuvres, ou des chenilles, permettaient enfin aux femmes de se reposer tant des naissances que de l'insistance masculine, et de porter leur attention sur les objets sexuels non humains qu'elles avaient pu expérimenter.

Quand elle les considérait comme prêtes, Hélène préparait les femmes à ses pratiques mystérieuses – et tâchait de les dissimuler à celles qui n'avaient pas été élues. Elle invitait le vendredi les épouses de confiance à se rendre avec Kunegunde et elle, dès le soleil couché, sous le grand chêne d'une clairière située en contrebas de la rivière. Là, elles se livraient ensemble à des prières gorgées de plaisir, couronnées par une puissante extase collective et par un frisson corporel qui transperçait l'âme et le cœur.

Mais dans l'un des plus grands bordels de Neisse allait au même moment éclater une affaire qui révélerait à l'ensemble du duché et de ses environs cette politique féminine déloyale. Un client – le médecin officiel de l'évêque Johannes von Sitch – avait déboursé pour la neuvième fois dans le mois une somme rondelette pour un service dont il n'avait, une fois de plus, pu profiter à cause de la défaillance de son manche. Il décida alors de se glisser hors de la chambrette destinée aux ébats pour vérifier ce qui se passait en cuisine. Lorsqu'il aperçut la cuisinière ajouter dans un pichet de bière une louche d'une décoction tirée d'un énorme chaudron, soudain il comprit, claqua la porte et se rendit droit à l'hôtel de ville pour signaler au tribunal municipal une affaire d'empoisonnement par les plantes.

Lorsqu'on apprit qu'Hélène Spalt – épouse du forgeron Karl Schmied, qui se présentait toujours, malgré son acte de mariage, sous son nom de jeune fille – et que Kunegunde Kreppel – qui habitait sous leur toit sans que l'on sache bien à quel titre – fournissaient secrètement aux femmes le remède en question, on décida de les interroger.

On accusait ces deux femmes d'avoir empoisonné des mois durant les hommes de la ville et de ses environs, entraînant dès lors une chute dramatique du nombre de grossesses dans tout le duché, chute que l'Église estimait être un péché – et une attaque dirigée contre elle. On condamna Hélène et Kunegunde à une amende considérable – douze ducats chacune, ce qui représentait tout le profit qu'elles avaient amassé, et savamment dissimulé à Karl Schmied, en vendant, en plus du lait et du quark, les remèdes féminins à base de plantes, qu'elles élaboraient selon leurs propres formules.

Mais cette affaire allait avoir, pour elles, bien d'autres conséquences. Elles étaient devenues célèbres. Elles n'étaient plus Hélène Spalt la muette et Kunegunde Kreppel l'ancienne catin. Aux yeux du prince évêque Johannes von Sitch et de tous les chanoines qui faisaient trembler le duché en s'efforçant de propager des valeurs vertueuses et bourgeoises, d'inculquer aux femmes le devoir de porter des enfants et de les éduquer en bons catholiques, elles étaient à présent l'ivraie perfide et satanique du duché.

En apprenant cela, Karl, pour la première fois depuis son mariage, rejoignit la compagnie de ces hommes qui parlaient de tout et n'importe quoi à l'auberge, et il se mit à jurer en agitant les bras, à crier comme un perdu et à maudire son union. Puis, s'étant soûlé de bière encore plus qu'à son habitude, il rentra chez lui et traîna sans dire un mot sa femme jusqu'au lit conjugal. Lorsqu'elle s'y étendit à ses ordres, elle sentit cette fois, à la place du mignon petit animal recroquevillé, un gourdin aussi dur que les triques du défonçage de bois mort.

Elle essaya de se dérober, en vain. Il la prit de toutes les façons dont il avait rêvé au cours des douze mois précédents, et ce, jusqu'à l'aube. Sans se reposer, sans reprendre son souffle, la repénétrant sans cesse, retombant seulement le temps que ses forces, alimentées par la colère, ne lui reviennent.

Hélène, les yeux fermés, tâchait de ne surtout pas émettre le moindre son. Elle sentait qu'en freinant le cri animal qui naissait en elle, qui se pressait contre ses lèvres, en le refoulant vers la gorge, elle transformerait l'impuissance en puissance, et la noirceur la plus sombre en clarté aveuglante. Elle réussirait peut-être même à invoquer celle qui illuminait les ténèbres et servait de guide à travers les pires épreuves. En limitant son souffle au minimum nécessaire pour survivre en état de léthargie et pour figer son corps, elle parvint à faire ce que lui avait enseigné la Vieille Pucelle – elle se trouvait ailleurs.

Jusqu'alors, elle n'y était parvenue qu'à l'issue de la transe du bois mort, quand elle lévitait au-dessus de la Terre ou lorsqu'elle était étendue presque sans vie sur le sol – elle avait établi un contact, fusionné avec Elle, abandonné son enveloppe terrestre putrescible.

Les arbres l'appelaient avec tendresse, dans leur bruissement elle entendait presque son prénom. Elle vit la clairière au bois mort. Baignée de soleil et de pluie. Simultanément. Des femmes étendues en cercle autour du grand chêne qui servait de repère pour trouver la belladone. Une d'elles ressemblait étrangement à Hélène. Leurs pieds se touchaient. Leurs genoux étaient pliés, leurs cuisses, grandes ouvertes. Comme si elles nourrissaient leur fente de pluie. Comme si elles abreuvaient leur vulve. Trempées jusqu'à l'os, les hanches soulevées pour que les gouttes d'eau, telle la semence masculine qui provoque la grossesse de la femme, puissent entrer plus loin et descendre jusqu'au fond. Là où commence la vie. Tendues comme des arcs, elles ressentaient du plaisir à accueillir la pluie en elles. L'écorce du chêne était percée de tiges d'où gouttait un jus doré dans des pichets. Il y en avait un pour chacune. Douze femmes. Douze pichets. Douze folesprits. Soudain, la femme qui ressemblait à Hélène se métamorphosa en une vieillarde souriante, puis en une enfant édentée tout aussi effrayante.

Sous l'emprise de la vision de la Vieille Pucelle, Hélène se mit à recevoir Karl en elle autrement. Comme la pluie.

Au lever du soleil, ayant, en cette véritable nuit de noces, utilisé toute son énergie vitale, Karl Schmied était mort. Il avait rendu l'âme au moment précis où, en sa toute jeune femme Hélène Spalt, commençait une nouvelle vie. Une vie que pénétraient depuis les airs les particules de tous les êtres nés depuis le commencement des temps, dans l'eau, sur terre et dans le ciel.

De l'enfant docile, du sanguilong salvateur et de l'emménagement dans la forêt

Comment se faisait-il qu'une femme si jeune et vigoureuse qu'Hélène Spalt ait donné naissance à une enfant qui, de toute sa pauvre vie, ne saurait jamais apprécier ce qui animait sa mère ? Certains enfants semblent être le contraire absolu de leurs parents. S'agissait-il d'un concours de circonstances, d'un esprit de contradiction plus ou moins conscient chez la petite ? Nul ne le savait. Il arrive que les chats fassent des chiens, et ce fut précisément le cas ici.

Dès son plus jeune âge, Ursula avait manifesté des traits de caractère étrangers à sa mère. De la docilité et de l'amabilité. Du détachement à l'égard de ce qui lui appartenait et une délicatesse extraordinaire qui entraînait bien évidemment une certaine vulnérabilité à toute blessure du corps comme de l'esprit. La petite âme craintive qui l'habitait était si sensible qu'on pouvait la blesser d'un regard torve. Hélène, qui n'était pas habituée à une telle délicatesse, devait marcher sur la pointe des pieds en présence de sa fille, et faire de grands efforts pour ne pas être trop forte, trop bruyante ou trop rapide pour elle. Or, c'était précisément ce qu'était Hélène. Depuis l'enfance. Le couvent l'avait aimée pour cela. Elle avait gagné le cœur de tous les frères par sa forte présence. Par son visage rayonnant dès le matin. Par sa façon si enthousiaste de saluer chaque nouvelle journée.

Tout ce qu'aimait Hélène dérangeait Ursula et provoquait de surcroît en elle de fortes réactions de défense. Le soleil lui causait constamment des problèmes. Les yeux de la fillette suppuraient comme ceux des chats dévorés de l'intérieur par des bestioles. Dès qu'un rayon de soleil brillait plus fort que d'ordinaire, elle était prise de terribles éternuements. Des fluides pestilentiels suintaient souvent de ses oreilles et de son nombril, et les selles de l'enfant étaient d'une odeur si âcre, d'un vert si infect qu'il était impossible de ravoir les langes, même en les lavant à la soude. Toute particule issue des pollens des plantes lui créait des éruptions cutanées, des abcès que même les bains d'épluchures de pommes de terre ne savaient soulager. Au contact des noix dont Hélène avait l'habitude de se nourrir, en alternance avec les fruits des bois, la petite s'étouffait, et sa tête gonflait jusqu'à doubler de volume. Le pire de tout était sa réaction au lait de vache et au quark qui constituaient leur condition *sine qua non* de survie, leur principal moyen de subsistance, et d'autant plus depuis le scandale de l'anti-gaule. Personne ne put, fort heureusement, prouver qu'elles le produisaient. Si l'Église avait considéré l'affaire comme un empoisonnement, elles auraient fini pendues, avec les malfaiteurs et les hors-la-loi, à l'un des arbres près de la porte de Wrocław.

Les deux femmes ne se tournaient pas les pouces. Elles avaient concocté, sitôt Karl décédé, un nouveau produit qui réjouissait grandement les épouses du duché : le célèbre sanguilong – qu'elles distribuaient de façon beaucoup plus ingénieuse et plus sûre. Élaboré à partir d'achillées, de racines de boucage et de roses trémières noires, le sanguilong était un liniment sacrément puissant. Elles l'enveloppaient dans du plantain lancéolé, en protégeaient les extrémités de feuilles supplémentaires, l'embobinaient avec de la ficelle et le fourraient dans le fromage. Ainsi dissimulé, le remède n'éveillait pas les soupçons des prêtres – qui cherchaient le flagrant délit.

Les femmes pouvaient alors tranquillement consacrer leurs soirées et leurs nuits à d'autres occupations, comme la lecture, qui était progressivement devenue à la mode après l'ouverture de la première imprimerie à Neisse.

Hormis la lecture de la vie des saints, ennuyeuse à en mourir, elles s'adonnaient à la broderie, une activité qui, grâce à la dame de Ferrara connue pour son faible pour les femmes, se faisait de plus en plus populaire et qui permettait même de gagner décemment sa vie en ornant des nappes pour les auberges et les gargotes ou même des robes pour les ateliers de couture. D'autres femmes apprenaient aussi, toujours selon l'exemple de la Ferrara, à préparer des pâtisseries italiennes qui, faites de farine blanche et de sucre, différaient considérablement des pâtisseries locales à base de miel et de racines. Elles avaient la légèreté des nuages et pouvaient se manger en quantité, mais elles coûtaient tant que seuls les plus riches pouvaient les goûter.

« Tout ça finit de toute façon dans le cul », avait l'habitude de dire Kunegunde, qui préférait s'abstenir des nouveautés et cuire les lourds pains d'épices qu'elle adorait et qui vous provoquaient des vents tels qu'ils pouvaient bien vous emmener jusqu'à Ferrara.

L'effet du sanguilong était salvateur pour les femmes de Neisse. La part masculine des habitants de la ville écoutait attentivement les homélies que l'évêque Andreas Jerin prononçait à la basilique Saint-Jacques-et-Sainte-Agnès, et tremblait à l'idée d'accomplir le devoir conjugal lors de ces « jours ensanglantés » que le prélat disait maudits. Les hommes les craignaient davantage que la peste, la famine ou la guerre. Les femmes pouvaient donc profiter de nouveau d'une certaine liberté, espérée depuis que les réserves de leur révérée anti-gaule avaient été confisquées par l'Église et stockées dans les catacombes de la basilique. Les habitantes saignaient à présent plusieurs fois par mois : leurs règles à peine finies, les suivantes commençaient, et l'abstinence suscitait chez les maris tracas et frustration. Comme les filles qui exerçaient le plus vieux métier du monde, au grand dam des mères maquerelles, saignaient aussi, le duché de Neisse se retrouva bientôt face à une nouvelle catastrophe, tant démographique qu'émancipatrice, qui donnait de plus un fatal exemple aux autres villes d'Europe.

Le cas des « femmes sanglantes de Neisse » fut largement commenté dans les cours du continent et même dans les colonies. On se demandait pourquoi ces habitantes s'étaient mises à menstruer différemment de ce qu'ordonnait la nature – non pas une fois par mois, à la nouvelle lune, mais à chaque quart de lune, contre l'ordre divin, dans un chaos qui offensait Dieu.

Le pape Grégoire XIII s'intéressa aussi à l'affaire et envoya ses médecins examiner les femmes sanglantes. L'enquête n'apporta aucune conclusion concrète, seulement des tracas supplémentaires et des doléances chez les plus lourdes têtes catholiques jusqu'aux pieux maris les plus ordinaires.

Mais à l'époque déjà, grâce aux sermons d'Hélène Spalt qui, après sa délivrance, avait vu sa langue se délier elle aussi – du moins dans ce domaine, car, pour les choses du quotidien, elle restait muette –, les femmes de Neisse découvraient la pratique du frottement vaginal, le grand plaisir qui en découlait, et la nécessité d'éveiller en elles l'amour pour les êtres végétaux. Un amour rendant hommage à la Vieille Pucelle, l'enfant divin, fille du Ciel et de la Terre qui avec cette dernière ne faisait qu'un. C'est ainsi que le présentait Hélène, soulignant sans cesse que le dieu des femmes n'est pas Dieu le Père, mais la Terre-Mère, et elle les persuadait que le rôle des femmes sur Terre était de faire renaître sa religion. Une religion dont les avait privées l'Église. Hélène avait reçu cette tâche de la Vieille Pucelle en personne, qui lui était apparue et était entrée en elle dans la forêt de bois mort.

Les sermons avaient lieu en secret, sous le chêne où Hélène avait jadis mangé de la belladone, d'abord en compagnie de Kunegunde Kreppel, puis seule, à l'endroit même qui lui était apparu en vision lorsque, au cours de sa nuit de noces, elle avait détaché son âme de son corps.

Quand elle avait fini d'enseigner la religion de la Vieille Pucelle, elle redevenait muette, incapable de faire sortir de sa bouche le moindre son. Son langage semblait ne servir qu'un seul but : la ramification de la nouvelle religion – qui était aussi la plus ancienne sur terre – et de ses sermons.

Grâce à la vente du sanguilong, Hélène et Kunegunde n'avaient pas tardé à couvrir les pertes causées par leur récente affaire judiciaire. Elles se permettaient à présent d'acheter des étoffes, notamment des draps de meilleure qualité, et même de la soie plutôt que du lin non blanchi. Ces tissus servaient à raconter, sans l'usage des mots qui demeuraient trop imparfaits, les révélations de la Vieille Pucelle. À célébrer sa puissance. À éveiller l'amour, y compris physique, pour tous les êtres végétaux que la Terre-Mère avait engendrés : des tubercules des renoncules jaune soleil aux rhizomes de roseau, en passant par les feuilles fort nervées et pelucheuses des arbres ou par les chatons qui chatouillent les fentes.

Au début, seule une poignée de femmes, qui connaissaient Hélène et Kunegunde pour leurs produits secrets, assistaient à ces discours du vendredi après-midi, mais elles furent bientôt plus nombreuses. Une centaine tout d'abord, et elles seraient jusqu'à trois cents par la suite. Cela éveilla les soupçons des représentants de l'Église, et même des évêques de Wrocław, qui avaient eu vent des rumeurs qui circulaient sur Hélène et Kunegunde.

Tous les vendredis, avant le rassemblement dans la forêt où elle prêchait la Parole de la Vieille Pucelle, Hélène allait défoncer du bois mort pour s'unir avec la Terre-Mère. Elle ne comptait pas tant parler d'Elle que parler à travers Elle, se laisser habiter par la Vieille Pucelle en devenant Elle. Sinon, elle n'aurait pas été capable de parler.

Cette union n'advenait pas chaque vendredi. Même après la belladone, seules certaines séances de défonçage de bois mort se révélaient fructueuses, quand la Vieille Pucelle transmettait à Hélène une image à broder ou à communiquer aux femmes par la parole. Les contacts avec la Vieille Pucelle étaient éreintants, et bien qu'Hélène en voulût toujours plus, chacun de ces rapprochements lui coûtait.

Sous l'influence des baies hallucinogènes, elle perdait ses forces vitales pendant plusieurs nuits et plusieurs jours, elle chancelait de fatigue, s'allongeait sur la Terre. Comme pour l'écouter avec attention. Elle sombrait en elle-même, et, sous l'effet de la fatigue, son lait se tarissait progressivement dans sa poitrine. Mais aussi sa tendresse envers son enfant.

Pendant ce temps, Kunegunde s'occupait d'Ursula comme de sa propre fille. Elle la choyait et la dorlotait, à l'encontre des consignes d'Hélène, qui se faisait de plus en plus exigeante. Au lieu de limiter les désagréments en éliminant ce qui provoquait malaises et problèmes de santé chez la petite, Hélène avait décidé, contre toute logique, d'y surexposer Ursula. Kunegunde craignait qu'en suivant à la lettre les recommandations d'Hélène, en soumettant Ursula au contact répété du soleil, la fillette de dix-huit mois n'en vînt à perdre la vue. Hélène, elle, plongeait sa fille dans le pollen des arbres. Elle lui faisait boire des macérats de noix et d'orties pour renforcer sa santé et éliminer les vers que l'enfant ne cessait, encore et encore, d'attraper. Quant au lait de vache qu'elle aimait à l'époque autant que les arbres, elle en avait fait le repas de base d'Ursula. Il s'avéra par la suite qu'elle n'avait pas commis d'erreur. À cinq ans, Ursula aurait vaincu toutes ses faiblesses et contraintes, même si elle demeurerait une enfant craintive, frêle, vivant selon les règles des autres, selon ce qu'on lui demandait de faire.

Hélène s'en inquiétait. Elle souhaitait lui apprendre à se forger sa propre opinion. En faire une personne relativement indépendante. Même dans un monde aussi oppressant et vertical que l'était le duché épiscopal, les femmes pouvaient, avec une bonne dose de persévérance, rejoindre une guilde, se former à l'artisanat et recevoir un salaire. Elle aurait voulu une enfant rebelle, insubordonnée, curieuse du monde, qui ne pouvait tenir en place. Mais Ursula, conçue d'un père qui sombrait dans la mort, portait en elle la tristesse, la peur et la retenue qui sont d'ordinaire inconnues aux enfants. La petite était d'accord en tout avec sa mère et ne causait jamais de grandes difficultés.

C'est pourquoi, lorsque la foudre frappa leur maison et qu'elles s'en tirèrent par miracle, Hélène déclara que ce n'était pas un hasard. Elle décréta qu'elles déménageraient dans la forêt, et Ursula, alors âgée de trois ans, accueillit la nouvelle sans se plaindre. Avec gratitude.

De l'achat d'une forêt de bois mort et des hallucinations belladonées

En aval de la rivière, la forêt de bois mort, lieu où tout avait commencé, n'appartenait pas à l'évêché, comme c'était le cas pour les autres bois du duché, mais à l'ordre des Franciscains, chez qui Hélène avait passé les heureuses années de son enfance, sous l'œil bienveillant de Kunegunde et du frère Albert. Kunegunde avait entendu plus d'une fois les frères maugréer contre les tailles des baillis de l'évêque qui s'étaient introduits sur leur territoire.

Aux yeux des autorités, les deux femmes étaient décédées dans l'incendie de leur maison. Elles décidèrent d'en profiter pour enfin changer de vie. Kunegunde mit du temps à convaincre Hélène de se rendre, grimée de farine et de suie, chez les moines avec une offre d'achat pour le bois – offre tout à fait convenable. Pour qu'aucun des frères ne reconnaisse en elle la pécheresse, la prostituée sylvestre, comme on l'appelait, elle devrait employer son nom de veuve.

– N'oublie pas de signer le contrat en tant que Schmied et non Spalt, lui rappela Kunegunde.

Pour Hélène, employer le nom de son défunt mari revenait à vendre son âme au diable. Mais Kunegunde, qui perdait patience devant son entêtement, lui cria :

– Essaye au moins une fois dans ta vie de penser avec ta tête et non avec ta vulve !

C'est donc en tant que Madame Schmied qu'Hélène prit, les dents serrées, la direction du couvent, consciente qu'un refus des frères pourrait réduire leur plan à néant.

Le père supérieur, qui avait près de quatre-vingt-dix ans, examina attentivement Hélène du regard pour tenter de comprendre comment une femme avait pu amasser un si joli magot, mais, appâté par la somme rondelette de ducats d'or qu'elle déposa sur la table, il se contenta de lui demander d'où provenait cette fortune. Hélène mentit en disant que son mari avait péri dans la célèbre catastrophe de Rechstein, en extrayant de l'or, et que son corps, tout comme celui des cinquante autres mineurs, n'avait pas été retrouvé à ce jour. À ce moment du récit inventé de toutes pièces, Hélène réussit même à faire couler quelques larmes sur ses joues.

À la question de savoir ce qu'elle ferait de cette forêt pleine d'arbres morts, que l'évêque Johannes von Sitch considérait comme maudite, elle répondit :

– La nettoyer, offrir le bois qui s'y prête à l'évêché pour construire de nouveaux sanctuaires. Et, une fois les souches arrachées, transformer le terrain en terre agricole, avec des vaches en pâturage. Je fabrique un quark de premier choix.

Rassuré sans pourtant l'être à cent pour cent, le père supérieur demanda au scribe du couvent de préparer l'acte de vente, qu'ils signèrent tous deux en double exemplaire, un pour chacune des parties.

Le reste se déroula sans encombre. L'empaquetage de leurs biens ne prit pas aux deux femmes plus d'une après-midi. Mis à part le bétail – un cheval, six vaches, quatre poules et un coq –, il n'était pas resté grand-chose après l'incendie.

Elles attelèrent le cheval à la charrette, Kunegunde s'y installa, la petite Ursula sur les genoux, et elles se mirent en route vers cet endroit qui les attirait depuis longtemps – l'endroit où tout avait commencé. L'endroit où la Vieille Pucelle était apparue à Hélène.

Le terrain que celle-ci avait acheté comprenait, outre la partie morte, la clairière au vieux chêne située en aval de la rivière, loin des terrains destinés à la sylviculture et par conséquent des yeux des baillis qui abattaient intensivement les arbres.

De temps en temps, certains d'entre eux s'approchaient et les observaient pendant qu'elles cueillaient des plantes, trayaient leurs vaches ou se réchauffaient près du feu en tenue d'Ève, car elles ne pouvaient sentir autrement qu'avec leur corps la diversité de la Nature. Ni découvrir son toucher.

La sensation du soleil sur la peau était plus agréable que celle de la pluie, du gel ou du vent, mais Hélène vivait nue en automne également, elle ne se couvrait de vêtements qu'à l'approche de l'hiver, tout en demeurant pieds nus pour ne pas perdre le contact avec la Terre-Mère.

Un jour, lors d'une chasse à la biche, les évêques tombèrent sur les deux femmes en aval de la rivière où elles trayaient les vaches dans le plus simple appareil, ce qui les sidéra et sema la confusion dans leur esprit. Lorsqu'ils les interrogèrent, Kunegunde leur répéta en son nom et en celui d'Hélène, qui demeurait muette, qu'elles étaient venues de loin, de la ville de Reichstein, célèbre pour sa mine d'or, qu'Hélène avait perdu son mari, et qu'elles n'avaient pas besoin de maison, que la terre chaude et le ciel étoilé leur suffisaient amplement, et qu'elles s'en inquiéteraient lorsque l'automne approcherait. Mais Kunegunde se mentait à elle-même, car, à son âge, elle aurait préféré, ce qu'elle ne manquait d'ailleurs pas de répéter à Hélène au moins une fois par mois, vivre dans une maison normale entourée de murs, sous un toit et non sous le ciel. Même étoilé.

Elles vécurent ainsi, seules dans la forêt pendant plus d'un an. Elles dormirent à la belle étoile du printemps jusqu'au début de l'hiver, bien que le froid fût parfois si intense qu'elles durent montrer à Ursula comment respirer superficiellement, en inspirant très peu par les narines pour empêcher le nez de geler. La nuit, après avoir habillé l'enfant de tous les vêtements qu'elle avait pu sauver de la maison brûlée, Kunegunde l'enveloppait dans deux peaux d'ours. Et quand la petite avait froid, elle lui frictionnait les pieds et le dos de graisse de blaireau agrémentée de diverses résines et de macérats de feuilles d'arbres et d'arbustes. Elle pressait aussi des boules d'aubépine dont le jus, tombant directement dans sa bouche, réchauffait si bien son corps de l'intérieur que l'enfant ne sentait plus le gel.

Hélène paraissait ne pas souffrir du froid, un sang différent semblait couler dans ses veines. Comme si un mécanisme interne lui permettait de survivre en toutes circonstances. Elle ne portait pas de chaussures, même en hiver, et ne réchauffait pas ses pieds. Kunegunde se mit à la regarder avec suspicion. Elle lui en voulait de n'avoir cure du bien-être de l'enfant, qui était trop petite pour ce genre d'expérimentations. La mise au monde d'Ursula semblait avoir été pour elle une tâche éreintante qui n'impliquait pas qu'elle dût élever la petite. Hélène en avait délégué la responsabilité à Kunegunde. Sans lui demander si elle avait envie de s'en charger.

En réalité, dans tout ce qu'elle faisait, Hélène était intransigeante, ce dont Kunegunde ne se rendit compte qu'une fois qu'elles furent installées dans le bois. Hélène ne semblait jamais là en pensée. Son âme dérivait constamment au-delà de la clairière, et seul son corps, ou seuls ses pieds nus la rattachaient malgré elle à leur quotidien.

L'usage sélectif qu'elle faisait de la parole n'aidait en rien, elle ne parlait que quand elle en avait envie ou que cela en valait la peine, comme pour l'achat de la terre au couvent.

Quand arrivèrent les premières nuits de grand froid, elles montèrent une tente de toile cirée avec des bâtons qu'elles avaient trouvés empilés à l'endroit où les baillis avaient fait la dernière coupe d'arbres. Chaque nuit, elles allumaient un feu devant la tente et y cuisaient des *dinkelfladenbroten*, de petites galettes d'épeautre qu'elles trempaient dans du malt et du miel ou dans la confiture de coing qu'elles avaient préparée pendant l'été. Elles faisaient cuire de la soupe d'ortie, des sirops de fleurs de tilleul et des champignons dans de l'avoine, la céréale que Kunegunde considérait comme la plus bénéfique. Sur ce feu, elles faisaient surtout chauffer, dans une gigantesque cuve achetée au marché, du lait qui, sous ses formes liquide ou solide, agrémenté de miel, d'ail ou d'herbes, ou encore en tant que fromage, constituait de nouveau le principal ingrédient de leur alimentation et garantissait leur survie.

Un jour, par espièglerie, Ursula jeta dans la cuve des feuilles d'ail des ours. Hélène et Kunegunde la réprimandèrent, mais, lorsque le lait cailla, il avait un goût délicieux, un arôme exquis. Elles se mirent alors à faire des expériences, ajoutant au fromage tantôt des fruits des bois, tantôt du miellat, des airelles ou des champignons revenus dans des oignons. Quand elles arrivaient sur le marché du jeudi, ces produits se vendaient comme des petits pains, et deux fois plus cher.

Les expériences avec le fromage et ses additifs devinrent l'activité principale de Kunegunde. Au cours de leur première année dans la clairière, avant que d'autres femmes ne les rejoignent, elles avaient déjà créé plusieurs dizaines de types de quark, notamment à l'ail des ours, à la menthe aquatique, à l'écorce d'arbre brunie au feu, à la cendre et au charbon de bois.

Leur quark, dans ses nouvelles variétés, n'avait pas son pareil, au grand dam des évêques qui, s'ils le dévoraient en secret, ne pouvaient en supporter le succès. Compact, moelleux, mais d'une fermeté idéale, il fondait en bouche en révélant sa forme liquide initiale. Il devint du jour au lendemain le produit le plus convoité à la table des habitants de la ville, et une rareté sur le marché. L'arrivée des deux femmes et de leur charrette chargée de produits parfaitement alignés était attendue par le peuple comme par la bourgeoisie la plus aisée. On leur achetait par ailleurs des miels aux herbes dotés de propriétés concrètes, de la sève de bouleau en petits pichets d'argile fermés d'un bouchon de liège, de l'hydromel que Kunegunde préparait en hiver, dans des chaudrons dont elle ôtait avant le printemps la couche de glace pour en transvaser le contenu dans des tonnelets achetés chez Joachim Kolberg. Les produits qu'elles préparaient commencèrent à s'exporter, devenant plus célèbres que toute autre marchandise du duché épiscopal. Une dizaine de fromages conservés dans du sel se retrouvèrent même sur la table du pape au Vatican, et celui-ci, après en avoir mangé, s'enferma dans sa chambre pour s'infliger des coups de cravache sur le dos afin de se punir de sa trop grande gourmandise. Il avait dévoré en secret les réserves prévues pour plusieurs semaines.

Dès lors, la demande de fromage fut telle que, pour pouvoir honorer les commandes, les femmes durent acheter des vaches supplémentaires.

Quant aux fromages qui dissimulaient du sanguilong, elles en distribuaient parfois gratuitement aux femmes dans le besoin qui venaient les trouver sur recommandation. Elles se mirent également, malgré le risque que cela représentait, à les expédier à l'étranger, de sorte que l'Europe entière entra en une soudaine menstruation perpétuelle, entraînant une baisse considérable du taux de natalité, mais favorisant en conséquence le développement intellectuel des femmes. Et le développement de leurs passions. On remarqua alors chez les femmes une volonté manifeste de travailler dans des guildes artisanales, le plus souvent dans la guilde picturale à laquelle appartenait à l'époque la broderie. Elles cherchaient parfois du travail dans d'autres guildes, celle des cordonniers, par exemple. Habituées à porter des cothurnes plus hauts, elles savaient comment former au mieux les chaussures.

Il faut reconnaître le mérite de ces deux femmes, en réalité trois, même si la plus jeune n'avait pas encore quatre printemps, qui, en vivant dans les bois d'un duché éloigné du centre de l'Europe, c'est-à-dire Paris ou Londres, eurent une profonde influence sur l'émancipation féminine. Tout cela, c'était grâce au sanguilong. Et Hélène, jalouse des idées de Kunegunde, s'en agaçait, nourrissait d'autres ambitions que la simple résolution pratique des problèmes féminins. Elle désirait leur transmettre une nouvelle foi qui, à la différence de celle proposée par l'Église, serait spécialement taillée pour les femmes et leurs besoins.

Hélène et Kunegunde souhaitaient voir les femmes abandonner leur Dieu masculin pour la Vieille Pucelle. Une divinité pour laquelle, à l'opposé de ce qu'enseignait l'Église, la joie de vivre comptait davantage que la mort. À la mortification on préférait l'extase orgasmique, cette transe effrénée dont on faisait l'expérience avec d'autres. On aimait le plaisir né au moment d'accueillir Dieu en soi, et non l'ascèse, le jeûne et l'autoflagellation dans sa cellule. En rupture avec les injonctions, on vénérait une divinité dans le mouvement, en courant nue dans les bois, et non pas agenouillée ni étendue en croix dans une église.

Hélène savait que l'anti-gaule et le sanguilong pouvaient attirer de nouvelles fidèles, mais ces remèdes ne devaient pas constituer une fin en soi. L'amour pratiqué avec des êtres végétaux, sans lien supérieur avec Dieu, n'aurait fait que rassasier les femmes et leur gâter l'âme ; tôt ou tard, elles se seraient de toute façon languies d'une bite bien dure. Hélène devait leur offrir quelque chose de plus.

Ce « quelque chose de plus » l'absorba complètement, l'empêcha de passer du temps avec Ursula, de traire les vaches, de préparer le lait à cuire et même d'échanger deux mots avec Kunegunde, cette bavarde.

Cette intense réflexion entre pratique et théorie fut, entre les deux femmes, à l'origine des premiers vrais désaccords – des désaccords qui ne seraient pas anodins dans la suite de l'histoire de la Vieille

Pucelle ni sans conséquence sur Ursula, laquelle considérait alors Kunegunde comme sa mère.

En effet, si la petite Ursula se collait au début à Hélène, elle préférait, à l'âge de quatre ans, se réfugier dans les jupes de Kunegunde. Elle n'avait de toute façon nulle part où se réfugier chez sa vraie mère, qui se promenait toute nue du matin au soir.

Hélène, qui se creusait la tête pour trouver comment diffuser l'Évangyle de la Vieille Pucelle à un plus grand nombre qu'à cette poignée d'âmes perdues qui venaient pour le sanguilong ou pour voir comment elles vivaient, loin de tout confort, trouva un moyen de propager ses sermons à une plus grande échelle – grâce au sanguilong, justement.

Elle convainquit Kunegunde de vendre dans les bois le fromage qui contenait le remède, loin du marché où les prêtres passaient leur temps à flairer ces produits, et avec plus d'acharnement vicieux que des chiens.

Elles décidèrent donc de continuer à vendre le fromage ordinaire sur le marché de Neisse, mais de distribuer celui au sanguilong sur inscription uniquement, inscription qui devait mentionner qui avait recommandé ce produit à qui, et en prenait ainsi la responsabilité. La vente n'avait lieu que les vendredis après-midi, au moment de leurs prières terreuses. Elles comptaient sur le fait que de plus en plus de femmes se joindraient à leur cérémonie de la Vieille Pucelle, qu'elles commençaient toujours ou bien en ingérant ces baies de belladone qui les faisaient puissamment planer, ou bien en les frottant contre leur vulve assoiffée de sensations extatiques. Elles s'adonnaient ensuite au défonçage de bois mort pendant lequel les femmes se perdaient elles-mêmes, se vidaient, coupaient ce qui était mort pour que reprennent le vivant et le neuf. Enfin, le frottement collectif des fentes se terminait par un gémissement commun de plaisir – un orgasme vécu toutes ensemble.

Hélène était presque sûre que la pratique attirerait des citadines lasses de leur vie pieuse, mais aussi les femmes des hameaux environnants. C'est d'ailleurs sur ces dernières qu'elle fondait le plus d'espoir, car leur façon débridée de vivre le plaisir serait à son tour le meilleur libérateur de plaisir chez les plus réservées, toutes celles qui crevaient de honte même sous le duvet conjugal.

À ces petites engourdies qui négligeaient leur propre plaisir, Hélène donnait des bâtons badigeonnés d'un onguent de jusquiame et de belladone, pour les faire planer plus intensivement.

Elles employaient souvent le mot « planer ». L'application de ces deux plantes dans la fente avant ou arrière provoquait des visions terriblement exquises qui donnaient l'impression de voler. Une fois inséré entre les cuisses et saisi à deux mains, le bâton semblait être, aux yeux de certaines, un véhicule les soulevant de terre, tandis que, pour d'autres, il était le pénis du diable. Mais elles savaient toutes que ce vol était temporaire. Et qu'il provenait des herbes et non de Satan – que personne n'avait jamais vu dans le bois.

La Vieille Pucelle, elle, apparaissait souvent aux femmes après la prise de belladone ou de jusquiame, sous l'une de ses trois formes – parfois en tant qu'enfant, d'autres fois en tant que femme dans la force de l'âge, d'autres fois encore en tant que vieillarde –, et l'on ne savait pas vraiment pourquoi, dans ces visions, son visage pouvait sembler parfaitement étranger, inconnu, quand d'autres fois il prenait l'apparence d'Ursula, d'Hélène ou de Kunegunde. Cette question n'était pas approfondie, elle demeurait un mystère pour Hélène, bien qu'elle enseignât que chaque femme était autant la Vieille Pucelle qu'elle l'était elle-même. Qu'elles étaient toutes la Vieille Pucelle, car elles en étaient la descendance, issue du giron de la Terre-Mère auquel elles retourneraient au moment de leur mort.

Hélène avait vu juste : pour diffuser leur nouvelle religion, il fallait faire venir les femmes dans la forêt. Il était impossible de le faire au marché où, depuis l'affaire de l'anti-gaule, chacun de leurs mouvements était épié par les chanoines et leurs gardes.

Planer après l'ingestion de belladone ou de jusquiame, ou des deux en même temps, puis frotter collectivement sa fente se révéla un hameçon particulièrement efficace. Hélène et Kunegunde n'avaient cependant pas prévu que ces pratiques mystérieuses et interdites par l'Église plairaient tant aux femmes qu'elles en voudraient plus, ne s'arrêteraient pas là, et se mettraient à abandonner leur maison, leur famille et toute leur vie citadine, sûre et ennuyeuse.

Une vie qui depuis des siècles, interrompue seulement par les épidémies ou les guerres, garantissait aux habitants du duché et des environs le salut éternel et l'immortalité de l'âme.

Cette promesse de salut éternel et d'immortalité de l'âme était-elle intéressante, attirante pour les femmes de la ville, pour celles qui vivaient hors de ses murs et dans les nombreux autres coins perdus du duché ? Pas vraiment, il faut croire, puisqu'elles ne tardèrent pas à venir s'installer dans la forêt par dizaines, puis par centaines.

Des débuts de la communauté

Au départ, Hélène n'enseignait pas tant qu'elle causait simplement avec les femmes, dès que l'une d'elles commençait à se plaindre de sa vie difficile, du fait que sa fente était sursollicitée par un mari qui ne lui montrait aucun respect, ou au contraire complètement délaissée par celui-ci, devenant aussi sèche que la cendre et fréquemment atteinte d'oligurie, mourante, coupée des sources de joie et de vie. Comme le disait Hélène, une vulve sèche incarne la mort dans la vie d'une femme, un lent dépérissement, une dégénérescence. Pour appuyer ses propos, elle touchait son pubis à travers sa robe de façon à maintenir sa vulve constamment humide, désireuse. Non pas dans le dessein d'accueillir en elle des hommes, mais pour discuter charnellement avec les plantes, pour échanger avec elles des forces vitales. Tout en parlant, elle appliquait un instant sa main sur sa vulve et, en la sentant vibrer, palpiter, elle savait qu'elle venait de dire une chose importante qui émanait non pas de son esprit, mais de son corps.

Hélène avait enseigné cette méthode aux habitantes de Neisse qui venaient se rassembler autour d'elle, le plus souvent en cachette de leur mari. Très vite, la plupart avaient elles aussi pris l'habitude de poser une main sur leur vulve pour s'assurer que leur pensée ou que leurs mots s'inscrivaient bien dans leur corps et qu'ils étaient en accord avec lui. Elles tâchaient de ne pas poursuivre les idées qui allaient en sens contraire. Leur vulve était devenue leur centre et le plus excellent des guides. Ce n'était pas chose facile : jusqu'à peu, par politesse et par éducation, elles tombaient d'accord avec tout ce que proféraient les hommes. Or, les vulves ne réagissaient pas aux vérités assénées par ceux-ci. Elles n'en palpitaient presque jamais. Et encore moins à l'église, lors de la messe. Pendant les homélies, les vulves sombraient dans la torpeur ou le sommeil. Mais, parfois, à l'écoute du Cantique des cantiques, il arrivait qu'elles se fissent humides et qu'un frisson parcourût le corps en entier, comme si le psaume touchait et la vulve et l'âme. Les femmes sentaient alors de nouveau en elles l'amour pour Dieu et pour toute la Création. Y compris pour leur mari. Cela se produisait toutefois rarement, les vulves avaient plutôt tendance à sombrer dans une sorte de deuil. L'un des chanoines remarqua bien vite les mains qui se posaient sur les vulves, les touchaient à travers les robes, et la nouvelle parvint aux oreilles de l'évêque Johannes von Sitch, qui, indigné, en eut de la fièvre pendant trois jours. Et une abominable éruption cutanée. La chaleur furieuse qui s'était emparée de l'esprit et du corps de Sa Sainteté semblait s'échapper par sa peau à travers des inflammations rougeâtres.

Après cet incident, l'évêque von Sitch nomma l'un de ses chanoines « gardien de la morale divine ».

Son rôle était de dépister et de dénoncer tout comportement des femmes qui, dans la ville et en dehors, venait à s'écarter des normes. Il était aussi chargé d'épier les rituels de vie des habitants à travers les fenêtres au crépuscule. On lui attribua une douzaine de prêtres pour l'aider dans sa tâche. À la tombée de la nuit, ceux-ci se faufilaient, tout de noir vêtus et affublés de masques spéciaux, pour ne pas être reconnus en train d'épier des scènes conjugales. Car plus aucune femme ne serait venue confier ses péchés au confessionnal si elle avait reconnu l'un d'eux.

L'évêque von Sitch aimait interroger longuement ses chanoines sur les aveux de ses fidèles, malgré le secret de la confession. Il y puisait des connaissances sur les habitants de Neisse, et en particulier sur ceux du beau sexe.

Plus d'une fois, une femme qui avait posé sa main sur son giron fut dénoncée à l'évêque et convoquée devant Sa Majesté. Celui-ci lui faisait d'abord la leçon avant de la condamner au pilori pour une séance de flagellation publique, puis de lui infliger une grosse amende de deux ducats. Ces femmes se retrouvaient alors sur la liste noire épiscopale, aux côtés, outre des autres « gratte-vulves », comme il les appelait, des voleuses et des prostituées – liste qui était lue en public tous les jeudis sur la place du marché par l'assistant de l'évêque, Thomas Grunewald.

En attirant à elle les habitantes de Neisse et leur vulve, en retissant le fil de la proximité et de l'entente qui avait été coupé depuis des siècles, Hélène créait le terreau idéal pour la pratique séparant l'âme du corps, que l'on pouvait acquérir en se faisant l'amour à soi-même et en animant correctement sa vulve.

Comme cette pratique avait été brodée depuis longtemps, Hélène décida de la transmettre aux clientes qui, venues acheter du fromage un jour de marché, se plaignaient de leurs maris, puis aux amies de celles-ci, pour enfin répandre sa connaissance dans le corps et l'âme de la plupart des habitantes qui venaient ensuite chercher dans la forêt et la théorie et la pratique. Sous le soleil comme sous la pluie, et même quand un orage approchait, même quand les éclairs coupaient le ciel en deux d'un coup de sabre, elles étaient toujours au moins six à venir écouter Hélène parler d'amour pour la Terre et leur apprendre à frotter leur vulve. En outre, elles l'interrogeaient sur des sujets qu'elles n'avaient encore jamais osé aborder avec personne.

La communauté, qui par la suite serait dite « des Terreuses », avait réellement commencé avec Sara, la fille de l'orfèvre Joachim Goldberg, laquelle, contre la volonté de ses parents, emménagea dans la forêt dès qu'elle eut atteint ses seize printemps. Hélène, Ursula et Kunegunde habitaient la clairière depuis tout juste un an.

Sara avait surpris des bribes d'une conversation au cours de laquelle ses parents planifiaient de la marier au fils d'un célèbre médecin d'Olomouc, Karl Gropius. Elle avait rencontré ce dernier à l'occasion de la foire Saint-Jean de Wrocław et n'avait jamais pu oublier la vue des boutons qui lui recouvraient le visage. Karl lui semblait la créature la plus répugnante au monde. Pendant la nuit, elle avait emballé ses affaires les plus indispensables dans un coffret appartenant à sa mère et s'était enfuie par la fenêtre, hors de l'enceinte de la ville, sa destination clairement établie : elle partait rejoindre Spalt et Kreppel, qui étaient certes originales, mais heureuses, car libérées de toute contrainte.

Les tentatives de la faire revenir sur son choix ne menèrent à rien. Pour pouvoir vivre dans la clairière, Sara renonça à tout ce qu'elle avait et accepta sans ciller d'être rayée du testament de ses parents. Les nouvelles – surtout les plus insolites – se répandent plus vite que les pollens des graminées portés par le vent, et, une semaine plus tard, tout le duché pérorait sur l'événement. Joachim Goldberg n'était pas épargné. Comment avait-il éduqué sa fille unique ? Il avait dû consacrer moins de temps à elle qu'à son maudit métal, trop occupé qu'il était à ériger un veau d'or ! On l'injuriait en pensée au lieu de le plaindre pour sa perte.

C'était la peur, humaine, qui abreuvait ces médisances. La peur de voir sa propre progéniture s'échapper en secret pour aller rejoindre la communauté de la Spalt où, plutôt que d'élever ses prières vers les cieux, elle s'inclinerait vers la terre et ferait Dieu sait quoi encore, car les rumeurs allaient déjà bon train sur la débauche sylvestre. On s'était mis à chuchoter qu'il s'agissait d'une nouvelle religion. Des chasseurs de loutres et de castors avaient aperçu Hélène, Kunegunde et Sara le ventre à terre, les cheveux étalés autour d'elles, réaliser d'étranges mouvements avec leurs hanches et émettre des sons monotones mais grinçants. Lorsqu'on rapporta les faits à l'évêque, la position à plat ventre, bras écartés, lui fit immédiatement penser aux prostrations de l'Église et éveilla ses soupçons.

Moins d'un mois plus tard, la femme et la fille de l'apothicaire Ludwig Zweig vinrent les rejoindre, immédiatement suivies de la fiancée du meunier, Irma Grimm, qui ne pouvait plus supporter l'odeur qui émanait de la bouche de son promis, toujours imbibé d'alcool. Puis, après la mort des parents d'Irma, ses trois sœurs, Marie, Hannah et Dorothée accoururent, ainsi que, peu de temps après, la veuve de maître Hubertus Weisse, Wilhelmina, qui préférait la compagnie à la solitude pour terminer son existence.

Quelques mois plus tard arrivèrent d'autres femmes qui avaient abandonné leur maison et portaient tous leurs biens dans un baluchon. Elles quittaient leur mari, emmenaient parfois leurs enfants avec elles, pour enfin vivre près de la Nature – la version officielle, servie aux autorités de la ville et de l'Église, était qu'elles voulaient vivre plus près de Dieu, dans une pauvreté dépourvue de tout luxe, radicalement franciscaine. Au bout d'un an, elles étaient vingt-deux, et chaque nouvelle femme en attirait d'autres. Ainsi, en trois ans, elles atteignirent les deux cents. La clairière fut recouverte de tentes, plantées si proches les unes des autres qu'on ne pouvait plus poser le pied par terre sans piétiner quelque chose.

Les Terreuses fournissaient la ville en sève de bouleau permettant aux habitants de régénérer leur organisme après les rhumes et les autres maladies de l'hiver, et de réveiller les membres virils au printemps. Elles leur vendaient du lait et du fromage, mais également des mixtures, des macérats de scabieuses et de substances mystérieuses grâce auxquels les paupières des habitants assoiffés de sommeil pouvaient enfin se fermer, les douleurs dentaires étaient soulagées, tandis que se cicatrisaient les blessures fétides et ulcéreuses.

Figurant en tant que « Communauté des Terreuses » dans les registres de l'hôtel de ville de Neisse, leur activité était officielle, et la communauté payait régulièrement des impôts. Mais, en parallèle, « les Fentes », comme on les appelait avec malice, menaient une activité clandestine connue de certaines seulement. Elles faisaient avorter, provoquaient des saignements pour entraver les rapports conjugaux à la demande des femmes insatisfaites, soignaient l'oligurie, les pertes vaginales, le surplus d'humidité dans les fentes comme une indésirable sécheresse.

Elles montraient comment faire l'amour conformément à la pratique de la Vieille Pucelle, avec ce qui est moelleux, délicat, agréable et mou –, et, progressivement, ce qui était dur passa de mode. Outre la technique de frottement, Kunegunde leur enseignait la broderie et, aux côtés d'Hélène, la macération des plantes qui devait les préparer à une embauche en tant qu'apothicaires, ainsi que le tressage de branches et de paille pour fabriquer des toits. Elles développaient des compétences en menuiserie, mais elles ne coupaient aucun arbre vivant, se contentaient de travailler ceux que la Terre-Mère avait abattus par une tempête, ou le bois malade – mais elles tentaient d'abord de le soigner. Elles connaissaient des moyens de favoriser la cicatrisation des endroits en décomposition ou attaqués par des insectes, faisaient cuire de la consoude avec de la sève et scellaient les plaies de ce mélange, couvraient les parties atteintes de décoctions de plantes, mais aussi, parfois, de leur propre humidité, de leur mucus, de leur sang ou de leur salive. Et, avant tout, elles défonçaient les branches mortes. Bientôt, la forêt se rétablit, et sur les arbres émondés sortirent des pousses annonçant la naissance des nouvelles branches.

Hormis le travail accompli au campement pour le bien de leur vie collective et pour l'entretien de l'environnement qu'elles avaient choisi d'habiter, elles s'adonnaient avec ardeur à ce qui constituait la souche de l'enseignement de la Terre : deux fois par jour, à l'aube et au crépuscule, quand leur journée commençait et se terminait, elles daguaient leur fente de rhizomes de roseau odorants, s'y enfonçaient de temps en temps des fleurs à bulbe, similaires à de petites pommes de pin vert clair dont l'aspérité était extrêmement agréable. Elles ouvraient leurs fentes pour recevoir en elles la lumière de l'aurore et, à la tombée de la nuit, pour y faire entrer le bleu livide qui annonçait l'obscurité tachetée d'étoiles. Pour que le crépuscule vienne engourdir les os et les recouvrir de sa pénombre. C'étaient des gestes d'hygiène, à l'instar de la toilette des endroits dissimulés au regard, ou du brossage des cheveux. Pour elles, cela n'avait rien à voir avec la débauche.

Pour obtenir le titre de Terreuse, une nouvelle venue devait restituer à Hélène la théorie que celle-ci lui avait demandé d'apprendre, mais également démontrer ses connaissances pratiques. Elle recevait donc un rhizome de roseau récolté à la pleine lune de mai, et on lui faisait une place dans le cercle, autour du chêne où poussait la belladone – sur lequel Hélène avait gravé, lors de la première visitation de la Vieille Pucelle, le jour de ses premières règles, le symbole du crâne utéro-vaginal. Il lui fallait frotter sa fente de façon à séparer son âme de son corps et s'unir, par l'intermédiaire d'un fil de lumière, avec l'intérieur de la Terre, lui donner autant qu'elle recevait d'elle.

Et quand elle réussissait à atteindre la volupté en synchronie avec les autres Terreuses, quand ses pulsations et sa respiration s'étaient accordées à celles des autres êtres vivants, on la considérait comme initiée. Elle méritait alors le titre de Terreuse et faisait le serment solennel de ne jamais révéler à un homme les sermons de la Vieille Pucelle – à moins qu'Hélène ne lui demandât expressément de le faire –, pour ne pas mettre en danger ses comparses.

Hélène leur rappelait sans cesse que le frottement de la vulve était la chose la plus importante, l'unique moyen de filer un lien avec le monde qui commence à l'intérieur de la Terre, passe par la fente des femmes pour rejoindre l'intérieur même du Ciel – la plus grande lumière, qui dure éternellement. Qu'elles devaient, en pensée, conduire la clarté qui rayonne entre leurs cuisses jusqu'aux endroits qui en sont dépourvus, ces endroits où dominent la tristesse du monde et l'obscurité. Et, à l'inverse, conscientes du revers de la médaille, porter la noirceur là où règnent une trop grande clarté et un surplus de joie, de façon à garantir l'harmonie et l'ordre dans le monde entier.

Des singuliers sermons d'Hélène Spalt

Les sermons d'Hélène Spalt restaient gravés dans la mémoire des Terreuses. Certaines en avaient retranscrit puis assemblé des fragments qu'elles s'échangeaient et ne cessaient de relire en secret. Pour ne pas éveiller les soupçons de leurs maris ou de leurs pères, ni ceux de leurs mères fort pieuses, les femmes qui assistaient aux sermons sans faire partie de la communauté (elles étaient encore nombreuses), qui ne vivaient donc pas au sein de la forêt, en dissimulaient les copies dans la couverture de leur missel.

Chaque rencontre dans les bois débutait de la même façon. Au printemps, en été et au début de l'automne, les femmes s'allongeaient par terre en veillant, à la demande d'Hélène, à ce que leur ventre chaud et leur pubis épousent le plus étroitement possible la surface ferme du sol. Les femmes se collaient à leurs deux guides – la Terre et Hélène. Étendues ainsi, pressant les os du bassin contre le substrat, elles sentaient qu'elles n'appartenaient plus seulement au monde des vivants, car toutes les substances qui se trouvaient sous terre les pénétraient par la peau : cette matière traversée d'un souffle divin, celle qui bourgeonne et celle qui se décompose, les racines, la vermine et le mycélium. Dans les veines de ces femmes, le sang se mêlait aux jus de la Terre. Une fois accordées, au signal d'Hélène, elles s'asseyaient en cercle et se mettaient à bavarder, posaient maintes questions sur les sujets les plus intimes et demandaient conseil. Elles évoquaient parfois l'avortement, ces fœtus qu'elles enterraient profondément dans une même clairière avant de pleurer toutes ensemble. Ces petits cadavres de la taille d'un noyau de prune, d'une pomme entière ou parfois même de deux pommes, il y en avait déjà une trentaine. Elles avaient choisi un endroit dédié à cette sépulture collective, un lieu spécial où inhumer les fœtus avortés ou perdus. Les digitales y étaient d'un pourpre qui se rapprochait des lysimaques. Les Terreuses y passaient fréquemment un moment, racontaient les nouvelles à leurs petits cadavres chéris, et ces enfants non nés ou mort-nés sentaient ainsi qu'ils appartenaient pour toujours à leur mère, que l'amour qu'on leur portait provenait du monde des vivants.

Les rencontres des bois n'avaient pas toujours trait à la vulve – bien que, aux yeux d'Hélène, tout y fût toujours lié, car une vulve animée, étincelante et en mouvement garantissait la qualité du lien que sa possesseuse entretenait avec le monde, comme les cornes par lesquelles l'escargot perçoit tout ce qui l'entoure. Sans ce lien, la femme se tarit et s'encroûte, perd toute intensité des sensations et des émotions.

Pour connaître les herbes, il fallait d'abord se connaître soi-même. Regarder en soi et voir comment sa propre vie, celle des êtres végétaux et celle des êtres animaux ne font qu'un ! Que vivre signifie ne pas mourir, et que, s'il faut mourir, c'est simplement pour vivre. De même que dans les prés de fleurs colorées le givre s'étend sur l'hiver naissant pour tout figer d'un blanc scintillant comme le lait que l'on fait cailler, de même ce qui est passé est remplacé par le nouveau qui porte en lui les marques de ce qui a été.

Certaines habitantes lisaient les extraits des sermons les joues brûlantes, elles sentaient pour la première fois que l'on s'adressait à elles, à elles seules, et c'était là un don si exceptionnel qu'un frisson parcourait leur corps – et parfois elles s'évanouissaient sous le coup de l'émotion.

Que celle que l'envie prendrait, avant notre rencontre, de se signer et de tourner son regard vers Dieu, le fasse. Rappelez-vous toutefois que c'est notre Père dans les Cieux qui de glaise et de fiente forma l'homme de sorte que celui-ci veuille sans cesse accéder à nos fentes, dans le dessein de les exploiter aussi médiocrement qu'il exploite cette forêt et toutes celles du duché. Rappelez-vous que seule la Terre-Mère protégera les fentes, mais qu'elle ne le fera que lorsque nous la protégerons, nous aussi, dans le respect de tout ce qui naît puis lui revient après la mort, en fertilisant ce qui doit sortir de terre. Et que c'est la Terre-Mère et non Dieu le Père qui nous a donné les êtres végétaux qui, tels des chiens de garde, nous défendent, et nous donnent un plus grand plaisir que le membre viril sitôt que nous avons appris à accueillir en nous le plaisir qu'ils confèrent.

Aux femmes qui entendaient pour la première fois, la bouche béante d'étonnement, une chose aussi étrange, Hélène montrait des plantes aux acabits irréguliers, aux diverses formes et couleurs, qui semblaient sorties tout droit de l'imagination, et dont il émanait une telle volupté qu'elles en frémissaient – plus d'une Terreuse se retrouva en nage ou en eut la chair de poule, sans mentionner les rougeurs et les étincelles dans les yeux.

En toi n'insère que ce qui provient de la Terre-Mère. Frotte ta fente d'un rhizome de roseau, et au-dessus de toi le ciel étoilé en deux tu fendras, la Terre tu ébranleras tant que, au rythme de cette pulsation, elle tremblera avec toi. Darde délicatement l'entrée de ta fente de branches de peuplier, leurs nœuds te feront du bien sans jamais la blesser. Prends les racines de scorsonère pour amant favori. Procède pareillement avec la consoude séchée, assure-toi néanmoins avant qu'elle soit bien rigide car, à défaut, elle pourrait se briser en toi si tu es jeunette ou pas encore mère. Ou que, comme moi, jamais aucun enfant tu ne donneras à personne. Ne pas être mère ne m'empêchera point de materner. Je pourrai choyer la vie de toutes souris, taupes, campagnols, brins d'herbe, truites, épis de blé, feuilles d'aulne, fleurs de merisier au parfum enivrant, ou les nuages parcourant le ciel, comme une mère.

Certains extraits, plus théologiques, offraient aux femmes une perspective étendue :

Engendre amour pour le monde et grande clarté, plutôt que de mettre au monde une portée d'humains. Laisse la Terre, fatiguée et ensanglantée, reposer à tout le moins quelques printemps. Fertilise-la en lui offrant ta lumière intérieure. Frotter ta fente de rhizomes et la darder de racines n'engendrera point de jouvenceaux, et le monde s'en portera mieux. Il finira plus vite, nous mourrons tous et sous Terre retournerons, où une vie plus intéressante nous mènerons, où notre corps, notre peau, nos os, cheveux et ongles nourriront la Terre, qui à son tour fera naître de nouvelles formes de vie. Ainsi sera rendu à la Terre ce qui lui revient quand pitance nous deviendrons pour ses fruits, et au Ciel sera rendu ce qui lui revient aussi. La clarté et l'obscurité retrouveront leur place pour ne faire qu'un, pour mettre un terme aux souffrances du monde et donner une chance de naître à de nouveaux mondes. À l'image du lait trait de nos vaches, qui, en chauffant, change de consistance : au commencement il caille, perd sa forme liquide, pour s'assembler à la fin en un quark que nous formons en boule et que nous vendons au marché où le peuple le vénère comme l'hostie. Tel ce lait dont naîtra le quark, nous sommes nous-mêmes et notre monde. Il suffit de veiller à ce que la lumière, l'aube et le feu en nous ne s'éteignent pas trop vite.

Ou d'autres encore :

Veille à ta propreté, femme, tant de la fente que de l'âme, car vulve et âme ne font qu'un. Par la vulve seulement peut-on maintenir la propreté de l'âme, et par la vulve seulement peut-on la souiller, ce qui est aussi important pour garantir un équilibre. De même que la Terre traverse des phases de putréfaction, se décompose, empeste mais fertilise tout alentour, de même l'âme doit de temps en temps brûler, pourrir, et même puer, sans quoi elle ne serait point humaine, elle tendrait trop vers le divin. Tu portes en toi la divinité lorsque tu respectes toute chose humaine. Les beaux actes, mais aussi la merde qui sort du trou arrière, les dents gâtées qui sentent mauvais et pourrissent, la toison qui avec l'âge vient aussi recouvrir le menton des femmes, le corps qui seul en enfance et dans la prime jeunesse n'est point marqué de décomposition. Si l'on comprend, si l'on respecte l'être humain dans sa dimension la plus merdeuse et puante, ce corps qui dégoûte tous ceux qui recherchent l'harmonie et le beau, tous ceux que l'affaissement des membres vieillissants fait vomir, alors seulement peut-on sentir cette divinité en soi. Pas avant.

Les sermons du vendredi – seul jour où Hélène sortait de son mutisme – devinrent bientôt plus célèbres que les homélies des évêques de Neisse. Chaque sermon attirait de nouvelles femmes, dont la plupart se mirent assez vite à leur tour à professer la foi en la Vieille Pucelle et à rejoindre la communauté.

Quand la clairière se fut transformée en un gigantesque campement dont les tentes s'étendaient à perte de vue, on entendait çà et là des voix d'enfants, surtout des voix de filles, conformément à la règle prônée par Hélène et exposée aux Terreuses dès leur arrivée : « Ce qui est féminin doit rester auprès des femmes. » Des exceptions se produisaient néanmoins.

Hélène permettait aux Terreuses de voir l'époux qu'elles avaient délaissé, lorsqu'elles en avaient un. Il en allait de même avec leurs enfants de sexe masculin. Les maris pouvaient rendre visite aux Terreuses, mais non copuler avec elles ; ils ne pouvaient que les déposer délicatement sur la mousse comme on dépose un enfant dans un sous-bois. Hélène leur indiquait comment s'y prendre. Avec tendresse. Elle leur faisait sentir l'espace d'un instant qu'ils pouvaient faire partie du plan de la Vieille Pucelle, plutôt que de rester coincés dans le piège que leur avait concocté l'Église. Un piège dans lequel les hommes pouvaient soumettre la Terre-Mère, faire d'elle ce qu'ils désiraient comme d'une femme. Hélène les en détournait. Mais ils n'étaient qu'une poignée. Parmi les deux cent vingt femmes, quarante épouses, tout au plus, réussirent à faire venir leurs hommes pour écouter les sermons. Hélène leur indiquait comment aimer sans soumettre, sans lutter, sans ordonner, en accompagnant les femmes avec tendresse et empathie. Comment dompter leur manche dressé constamment affamé, comment lui apprendre à ressentir les besoins de la vulve, comment l'arrêter, l'inciter à de nouvelles façons d'éveiller la volupté chez les femmes. Comment attendrir leur vulve. Les humidifier et les bonifier. Sans gâcher leur semence.

Retiens en toi, amant et mari, toute envie de darder farouchement la fente de ta femme. Immobile, tu trouveras plus prestement ce dont nous avons besoin qu'en ramonant, plongé dans un chaos de mouvements et de sottise. Car rien de ce qui est hâtif et négligé ne nous apportera de plaisir, cela ne nous fera que souffrir, détachera l'âme de la femme pendant l'acte, si bien que tu ne ramoneras que de l'air ou la paillasse sur laquelle repose ton épouse.

Un mouvement minime suffit, tel le battement d'ailes d'un oiseau, puis le silence, la lenteur, l'immobilité et l'intemporalité. En vérité, tu ne couches pas seulement avec ta femme, mais avec la Terre-Mère, qui a engendré tout ce qui t'entoure. Ne l'outrage pas avec ton sot et froid ramonage. Fais de l'amour une vraie fête ; célèbre-le.

Ne traite pas la femme comme ta propriété. Elle appartient à sa toute première mère, la Terre. De la Terre elle est sortie ; à elle, elle retournera. Prends-la simplement dans tes bras, trouve le meilleur endroit sur la mousse et dépose-la. Regarde comme elle se frotte. Tires-en des enseignements. Vois le plaisir que lui procurent la mousse, les rhizomes, le sous-bois. Apprends des plantes comment lui donner du plaisir. Comment lui faire l'amour. Une fois ce savoir acquis, tu seras prêt.

Tu seras celui que l'on attend toutes. À ce moment-là seulement. Et uniquement alors.

Une fois par mois, à la nouvelle lune, quand toutes les femmes bien portantes avaient leurs menstruations – elles étaient réglées au jour près les unes par rapport aux autres –, Hélène invitait les hommes à les accompagner dans le frottement sur la mousse, mais aussi à placer leur barbe sous leur femme, pour se faire eux-mêmes mousse, se laisser monter et frictionner sans retenue par les vulves en sang. Les Terreuses appelaient cela les « mystères lunaires », pour souligner le lien entre les règles et la nouvelle lune. Plus de deux cents femmes s'adonnaient alors au plaisir en même temps. Certaines avec des êtres végétaux, d'autres avec leur mari, mais Hélène encourageait les permutations, pour que toutes les femmes puissent ressentir les différences et que les hommes puissent connaître mieux encore la nature féminine. Chacune pratiquait le frottement à sa manière et à son rythme, et Hélène accordait une grande importance à l'observation.

Elle aussi, après toutes ces années, menstruait et s'accroupissait sur le visage des hommes. Dans cet acte, jeunes et vieilles ne faisaient qu'une. Maria, Hannah, Ingeborga, Ruth, Bertha, Sara, Karolina, Isolda et des dizaines d'autres. Peu importait à qui les hommes procuraient du plaisir, cette volupté était à elles toutes. Quand un frisson les parcourait les unes et les autres, quand elles se mettaient à nourrir les hommes de leur fente, de l'humidité qui en coulait, quand ceux-ci éjaculaient sur la Terre, fécondant ainsi la Vieille Pucelle, c'était un amour cosmique, et non individuel. Et c'est de cet amour que parlait Hélène.

Du stupide ramonage de la femme ne ressort qu'une éjaculation qui aboutit parfois à un enfant, voulu ou non. S'il est voulu, c'est un moindre mal. Dans le cas contraire, c'est pure perte. L'enfant aura une vie gâchée, la femme pareillement, et le mari aussi, car soudain tout le dérange, il va en voir une autre, noie ses remords dans l'alcool et chie son amertume sur le monde – une amertume capable de faire passer au soleil l'envie de se lever, alors ne parlons même pas du sourire de ses proches, une amertume qui ôte l'envie de vivre à tous les membres de la famille.

C'est pourquoi, homme, si tu désires garder ta femme auprès de toi, apprends à l'aimer intelligemment en t'unissant à quelque chose de plus grand que toi, que tu ne peux toiser ni par la raison ni par les parties génitales.

Veux-tu apprendre ? Laisse-toi guider par ta femme. Ne la force pas à connaître ce qu'il y a en toi. Tu possèdes la même chose que les chiens, les chats, les chevaux. Tu n'apporteras rien de nouveau à l'acte d'aimer. Tes mouvements ne diffèrent pas de ceux des animaux. Suis donc ta femme. Suis ton guide. Elle t'enseignera tout au moment opportun. Elle te reliera à la Terre-Mère. Alors, tu ne la souilleras pas, tu l'honoreras, car tout acte d'amour réalisé par une femme est fête, une célébration de la vie sur terre, et n'a de valeur qu'en tant que telle. Tout ce que tu désires faire et qui n'est pas célébration, fais-le seul. Ne nous le montre pas, il ne s'y trouve rien pour nous. Tout cela n'est qu'extinction, gâchis et mort. Nous, femmes, nous sommes la vie.

Une partie des Terreuses connaissaient ces sermons par cœur, et elles auraient été capables de les réciter même en étant tirées en pleine nuit d'un profond sommeil. Les hommes acceptés par Hélène, qui prêtaient leur menton et leur corps aux pratiques de la Vieille Pucelle – et aux expériences que menait Hélène sur l'orgasme collectif –, en connaissaient aussi les passages les plus significatifs.

On ignore comment certains de ces sermons, retranscrits par des fidèles, arrivèrent aux mains des chanoines. Quoi qu'il en soit, cet événement déterminant allait entraîner une guerre entre l'Église et les femmes, qui mettrait un terme aux Terreuses – du moins pendant des années.

« C'est la guerre ! »
Du conflit avec l'Église

Il était un homme, parmi les Terreuses, un bon à rien, un crétin, un enfoiré, une charogne et un salaud, qui vint tout gâcher. Pour la simple raison que le frotte-barbe ne lui réussissait pas. Depuis qu'il y avait été initié, sa trique ne fonctionnait plus ; il s'était donc remis à l'astiquer de ses mains, à la faire claquer et à la travailler à l'ancienne – alors même qu'Hélène interdisait sévèrement ces pratiques qui empêchaient le corps de ressentir la volupté selon la nouvelle façon de faire de la Vieille Pucelle.

Lorsque Hélène le surprit à astiquer sa trique qui ne triquait plus, elle lui rossa les jambes si fort que ses couilles en valsèrent. Le bâton ne s'arrêta qu'à un cil des bourses. Elle le fit immédiatement déguerpir de la clairière, sans prononcer un mot, mais en l'injuriant intérieurement et en maudissant sa queue à jamais.

Les habitants qui se promenaient sur la grand-place entendirent alors l'évêque von Sitch hurler une phrase qui allait marquer les esprits et se répandre en écho dans toute la ville.

« *Das ist Krieg !* C'est la guerre ! », s'écria-t-il, après avoir recueilli les accusations de cette crevure aigrie.

« *Das ist Krieg !* C'est la guerre ! », s'exclamait au même moment Hélène Spalt en sortant de son mutisme. Elle saisit son bâton et fit signe aux Terreuses de faire de même.

Ce fut la seule et unique fois où ces deux-là furent d'accord sur quelque chose, et ils avaient raison tous les deux.

Il était déjà arrivé qu'on tente de dompter les Terreuses – pratiquement chaque fois qu'un malheur arrivait à Neisse ou dans les environs. Qu'il s'agisse d'inondations sur des terrains riverains habités par les pêcheurs, d'une attaque d'ergot, de la mort du nouveau-né d'une famille aisée et fort pieuse, on répétait, à l'image de l'évêque, que tout le mal provenait des hexes, ces sorcières. Il suffisait parfois que la vache d'un paysan donne moins de lait que d'ordinaire, que le fromage mis à cuire depuis plusieurs jours ne caille toujours pas, et l'on soupçonnait aussitôt les Fentes, comme on les appelait derrière leur dos. Toutefois, l'ingérence de l'Église dans la vie de la communauté se limitait alors à convoquer les suspectes pour des interrogatoires, éventuellement à leur donner des avertissements ou des amendes. Leur était reproché ce dont le duché épiscopal pouvait légalement les incriminer : conduite de chevaux non réglementaire dans les rues les jours de marché, commerce de produits offensant pour les hommes – à l'époque de l'anti-gaule –, manœuvre visant à réduire les naissances de petits chrétiens, autrement dit sabotage, etc.

À présent, l'affaire semblait beaucoup plus sérieuse. Cet enfoiré de Thomas Kinder voulait témoigner contre Hélène pour offense à la religion. Il réclama donc, à l'instigation de l'évêque, un procès pour sorcellerie. L'évêque, qui voulait en finir au plus vite avec le problème des Fentes, avait décidé de les chasser de la clairière une bonne fois pour toutes et de les contraindre à mener enfin une vie normale parmi les citadins.

– Ces chiennes diaboliques ne feront plus de notre forêt le siège de Satan !, tempêta-t-il du haut de sa chaire pendant la messe du dimanche. Il est temps de faire revenir vos enfants et vos femmes dans la maison de Dieu.

Il annonça qu'il ordonnerait, au nom de l'Église, un débroussaillage complet du terrain où ces entités diaboliques avaient dressé leur camp pour s'envoyer en l'air entre elles, et qu'il affecterait le bois à la construction d'un nouveau sanctuaire. Pour la première fois de leur vie, les fidèles se mirent à applaudir et à acclamer debout l'évêque dans l'église. Il n'y avait rien d'étonnant à cela, l'assemblée était constituée en majorité d'hommes abandonnés par les Terreuses – des pères qui avaient perdu leurs filles, des fils qui avaient perdu leur mère, et des maris qui avaient perdu leur femme. Restaient le problème de l'acte de vente et d'achat signé avec le monastère, et les multiples contrats qu'Hélène avait établis avec les Terreuses depuis qu'elle s'était installée dans la clairière. Elle leur offrait un bout de terre en échange de deux mots : « Vieille Pucelle ».

Une fois prononcés, ces mots constituaient un *credo*, une profession de foi. En vingt ans de vie dans la forêt, Hélène Spalt avait signé un contrat avec deux cent huit femmes, dont la plupart, pour devenir des Terreuses, avaient passé un examen théorique et un examen pratique. Chacune était donc chez elle dans la forêt de bois mort.

L'évêque savait qu'en entrant dans cette forêt avec ses hommes il enfreindrait la loi – et il préférait l'éviter pour ne pas montrer le mauvais exemple aux habitants du duché. Il se rendit donc chez le pape Paul V en personne pour tenter de résoudre le problème dans le respect du droit.

Une fois mentionnée la cause de sa demande, il n'eut aucun mal à obtenir l'annulation de l'acte d'achat signé par « la fourbe carabosse ». La disparition de plus de deux cents femmes catholiques dans le duché de Neisse ne rendait pas gloire au pontife et avait donné naissance à des moqueries et à des ragots à son égard. Mettre un terme à cette affaire était donc devenu pour lui une question d'honneur. Dès son retour de Rome, l'évêque annonça sa décision d'évincer les hexes de la forêt.

Avec la bénédiction du pape, l'évêque Johannes von Sitch n'avait plus à ménager sa monture. Il convoqua toutes les unités de gardes du duché et de la châtellenie d'Otmuchów, et leur ordonna d'attraper les Terreuses jusqu'à la dernière, puis de se présenter le jour même, au crépuscule, avec elles devant le palais épiscopal.

Mais quand les hommes atteignirent la clairière, ils battirent en retraite au bout d'une demi-heure : les bâtons et les barres que tenaient les Terreuses enragées se révélaient plus efficaces que leurs lances.

Avec ces mêmes bâtons qui leur servaient d'ordinaire à défoncer du bois mort, les Terreuses esquintèrent tant les visiteurs que ceux-ci mirent un mois à soigner leurs plaies et n'en touchèrent mot à personne, ni à l'auberge Au Crabe d'or, ni à leur femme, ni aux hommes avec lesquels certains partageaient leur vie en cachette de la société – malgré la crainte de la punition divine dont les prêtres les menaçaient du haut de leur chaire à prêcher.

Cette honteuse défaite mit fin à la tentative de réformer les Terreuses corrompues par le péché. Car l'évêque von Sitch décida alors de faire venir au duché le plus cruel et implacable massacreur de sorcières, l'inquisiteur Heinrich Babel, qui menait une carrière fulgurante en Franconie, avait grandi dans le duché et connaissait Hélène Spalt depuis l'enfance – ce que l'évêque apprit par hasard au monastère des franciscains en voulant consulter l'acte de vente et d'achat de la forêt de bois mort.

De la visite chez Ursula et de la terrible nouvelle

Si, depuis leur emménagement dans la clairière, des conflits avaient déjà opposé les Terreuses à l'Église, l'Inquisition n'y avait encore jamais été mêlée. Heinrich Babel, que son père avait récupéré au couvent pour le réexpédier aussitôt loin de chez lui, avait disparu de l'horizon depuis plus de vingt ans et n'avait plus eu affaire à Hélène Spalt. Du moins en apparence car, en réalité, Babel n'avait jamais cessé de rejouer dans sa tête la scène de ses retrouvailles avec Spalt et Kreppel, tant d'années après leur séparation. Il avait élaboré mille scénarios, qui tous finissaient en tragédie.

Sur ordre de Babel, qui avait reçu procuration de l'évêque pour toute action engagée contre les Terreuses, les garnisons qui avaient déjà fait irruption dans le camp se mirent à le faire de plus en plus souvent pour ramener les Terreuses en ville en les traînant par les cheveux. Après les avoir atrocement humiliées et outragées, après les avoir mises au pilori et flagellées sous les yeux des habitants de Neisse et des environs, on les marqua au fer d'une croix sur la poitrine, pour qu'elles ne puissent plus jamais oublier quel Dieu elles devaient servir.

Les arbres qui avaient été gravés du symbole de la Vieille Pucelle furent déracinés par des sbires.

Rester dans la clairière devenait de plus en plus difficile ; n'eût été l'opiniâtreté d'Hélène, toutes les Terreuses en auraient décampé. C'est justement ce que – au grand regret d'Hélène – fit Kunegunde, qui n'avait jamais été attirée par ce genre de vie. Et elle emmena Ursula avec elle. Parmi les Terreuses, cette dernière était probablement la seule jeune femme à rêver secrètement de mener une vie tranquille auprès d'un mari bon, bienveillant et affable, de lui donner des enfants auxquels elle consacrerait beaucoup de temps, des enfants qu'elle embrasserait, bercerait, éduquerait – autrement dit, elle leur donnerait tout ce que sa mère ne lui avait pas donné, mais que Kunegunde lui avait procuré, elle qui aimait la fillette comme sa propre petite-fille.

L'occasion ne tarda pas à se présenter. Un des hommes initiés aux mystères lunaires vint un jour accompagné de son ami Mathias Bremmel, un homme d'une grande tendresse et d'une patience merveilleuse, qui avait plu à Hélène comme à toutes les femmes qui s'étaient accroupies sur lui. Sa barbe était délicate et agréable, contrairement à la toison drue de la plupart des hommes ; y frotter sa fente procurait une sensation incomparable, qu'aucune femme n'oubliait jamais.

De toute la communauté, il ressentait le plus d'inclination pour Ursula, et ses sentiments à son égard ne firent que croître en son cœur. Ursula, qui rêvait de goûter à un mode de vie traditionnel, s'ouvrit à cet amour.

Hélène ne pouvait l'accepter. Il fallait être une vipère pour trahir ainsi sa mère ! Pourquoi vouloir regagner un monde qui n'était pas taillé pour les femmes ? Un monde qui n'était pas celui pour lequel Hélène luttait ? Elles se mirent dès lors à cruellement se disputer sous les yeux des autres femmes, et Kunegunde en fut terriblement peinée. Ursula souffrait. Hélène devenait de plus en plus sévère et intransigeante.

Leurs querelles étaient fort étranges ; Hélène n'employait la parole que pour prêcher, c'est donc avec ses mains qu'elle gourmandait Ursula, en brodant des mots terribles sur tous les supports qui s'y prêtaient : sur un morceau de tente qu'elle déchirait nerveusement, sur les fines étoffes dans lesquelles les femmes pressaient les boules de fromage, et même sur la culotte d'Ursula, qu'elle lui avait ôtée sous les yeux de toute la communauté pour y broder *dumme Fotze !* (pauvre conne !), *undenkbare Fotze !* (conne ingrate), et, la pire de toutes les invectives : *Schwanzwichserin* (attrape-bites).

En guise de mise en garde pour celles qui envisageraient de fuir à leur tour, Hélène suspendait ces étoffes véhémentes aux arbres. Rien d'étonnant donc à ce que, une nuit, Ursula et Kunegunde, n'en pouvant plus du radicalisme d'Hélène, se soient échappées avec l'élu d'Ursula pour aller vivre en ville, dans un appartement agréable et assez spacieux, avec vue sur l'église, que l'homme avait reçu de ses parents, des commerçants d'ambre plutôt aisés.

Cette séparation avait brisé le cœur d'Hélène, bien qu'elle fît tout pour ne pas le montrer. Elle brodait davantage encore, prêchait des sermons plus virulents, augurait une fin terrible à celles qui quitteraient la voie de la Vieille Pucelle pour retrouver le giron de l'Église.

– Notre giron est la forêt, le sous-bois, pas les marbres de Carrare ni les cryptes ! La fumée du feu, non l'encens ! Le lait, la substance la plus vivifiante au monde, et non le sang qui coule au moment de la mort ! Le crâne utéro-vaginal et non la croix !

Elle fulminait d'une voix tonitruante qui venait de ses tripes – et qu'elle était incapable de faire sortir au quotidien. Les animaux de la forêt s'en effarouchaient, quand, auparavant, certains d'entre eux avaient l'habitude, durant les discours d'Hélène, de s'allonger à ses pieds, tels les plus fidèles des chiens.

Pendant ses sermons, il arrivait qu'elle fût en flammes. Du moins c'était ainsi que la voyaient les participants. Elle semblait se tenir dans un feu. Des flammes la léchaient avidement des pieds à la tête pendant qu'elle continuait à discourir sans paraître le remarquer. Une colère surpuissante se dégageait d'elle, une colère plus grande encore que celle de Dieu le Père. Certains de ses sermons commencèrent à déplaire aux fidèles. Et peu étaient retranscrits. Les Terreuses allaient se cacher dans leurs tentes, dans les buissons, en tout cas assez loin pour pouvoir échanger librement leurs impressions et leurs doutes sans risquer d'être entendues.

Lorsque, sous le couvert de la nuit, les Terreuses furent de plus en plus nombreuses à déserter la clairière et qu'elles ne revinrent ni le lendemain ni le mois d'après, Hélène s'assouplit. Elle commença à accepter l'idée que la guerre l'avait trop endurcie et qu'il fallait chercher un équilibre.

Elle décida donc de rendre visite à Ursula, qu'elle n'avait pas vue depuis plus d'un an, et de serrer dans ses bras la vieille Kunegunde, qui lui avait terriblement manqué. À dire vrai, bien plus que sa propre fille.

Lorsqu'elle se trouva sur le seuil de leur magnifique appartement, elle faillit cracher trois fois par-dessus son épaule gauche à la vue d'une croix – non que Dieu en soi la dérangeât, mais pour souligner le rapport qu'elle entretenait avec l'Église –, mais elle réussit à se contrôler. Mathias Bremmel, qu'elle avait pris en affection dans la clairière, tomba immédiatement à genoux devant elle et lui baisa les mains pour solliciter la bénédiction de la mère de son épouse. Hélène posa une main sur sa tête et, au lieu de le bénir, ébouriffa sa tignasse blonde, par provocation, avant de lui demander quelque chose à boire, car elle avait la bouche sèche d'émotion.

Kunegunde vint à elle, l'enlaça tendrement et lui caressa la joue de sa vieille main rugueuse. Hélène, profondément émue, peina à ravaler ses larmes, d'autant plus lorsqu'elle aperçut sa fille.

Ursula était installée dans le fond de la pièce, sur un fauteuil avec repose-pied recouvert d'un splendide tissu. Elle serrait un tout petit être contre son sein et l'allaitait.

– Est-ce… ?

– Oui, c'est Mathilde. Ta petite-fille.

Hélène s'approcha lentement, presque sur la pointe des pieds, pour ne pas réveiller l'enfant. Elle ne put s'empêcher de prendre la fillette des bras de sa mère et de la porter contre sa poitrine, de la serrer tout en la soutenant de son bras plié.

C'est alors qu'advint ce qui allait déterminer tout l'avenir de la relation entre cette grand-mère et sa petite-fille. Entre elles, ce fut ce genre de rencontres qui influencent toutes celles à venir, une vie durant. Lorsqu'elle ouvrit les yeux et vit sa grand-mère, plutôt que d'éclater en sanglots, Mathilde lui sourit et la regarda si intensément, droit dans les yeux, qu'Hélène ne fut pas en mesure de soutenir son regard – quand elle-même enseignait aux Terreuses à ne jamais interrompre brutalement le contact visuel, à demeurer dans cette danse commune.

Hélène avait la sensation que ce petit être d'à peine quatre mois l'avait vaincue. Elle avait une âme plus forte, plus ancrée que celle de sa grand-mère, femme remplie de fureur à cause de la guerre avec l'Église et avec sa propre fille.

Lorsque la petite s'endormit, Mathias mit la table et invita Hélène à manger avec eux. Il avait quelque chose d'important à lui dire. En effet, il avait surpris une discussion entre deux de ses clients, des chanoines venus lui acheter de l'ambre pour orner un nouvel ostensoir.

Hélène apprit ainsi que l'évêque von Sitch avait chargé Babel et ses hommes d'attraper le reste des Terreuses par tous les moyens possibles. Les femmes capturées devaient être rendues à leurs maris respectifs qui, sous les yeux de la ville entière, allaient coucher avec elles pour prouver qu'ils les dominaient à nouveau, au nom de l'Église et de tous les croyants. Et s'il venait l'envie à l'un des badauds de culbuter une des pécheresses pour donner l'exemple, pour qu'elle se rappelle la façon de faire l'amour comme Dieu commande, il aurait l'accord et la bénédiction de l'évêque en personne.

En entendant cela, Hélène sembla de nouveau possédée par un démon. Sur le point de s'enflammer, elle saisit un bout de la nappe et s'apprêta à en faire tomber toute la vaisselle pour y broder frénétiquement des injures, lorsque Ursula la rappela à l'ordre en lui indiquant du doigt Mathilde qui venait de s'endormir dans son berceau.

Hélène eut du mal à relâcher son poing serré sur le tissu, mais elle finit par se calmer, et tous en furent grandement soulagés. Il s'agissait d'une sorte de test pour Hélène : était-elle devenue une fanatique ou demeurait-elle un être humain, membre d'une famille, grand-mère depuis peu ? Une fois passé cet examen, tous ressentirent de nouveau un grand amour pour elle.

Au moment de partir, alors qu'Hélène se trouvait déjà sur le pas de la porte, la vieille Kunegunde lui tendit un petit paquet.

– Pour vous protéger du viol, appliquez cela à l'intérieur avant qu'ils viennent vous chercher. Leur queue en séchera, mais il ne vous arrivera rien, vous aurez protégé vos fentes. Vous les enserrerez définitivement, mais vous pourrez toutefois continuer de faire l'amour avec des plantes.

De la façon dont les fornicatrices mouchèrent la trique de leur mari

L'enserrement des Terreuses s'avéra fort utile, et le spectacle qui se déroula devant la maison des Poids et Mesures, sur la grand-place, plutôt inhabituel ; les habitants de Neisse s'en souviendraient jusqu'à la fin de leurs jours.

Cette nuit-là, Neisse était censée s'exalter comme au carnaval. On avait installé les échoppes de la fête du pardon, renommées pour l'occasion « échoppes de la débauche ». Un rouleau entier de toile avait été consacré à la fabrication d'une immense banderole qui, dépliée entre les fenêtres des bâtiments à travers la place, annonçait : « À bas les fornicatrices. » De la bière fraîche de Pilsen coulait des tonneaux de chêne, et, sous les yeux de la population rassemblée, on coupait des tranches d'échine de porcs abattus le matin même, que l'on faisait cuire avec des pommes de terre coupées en fines rondelles. La foule était dense. La foule était heureuse. Une fois les panses bien remplies, la foule eut envie d'un autre divertissement. Elle se dirigea donc en un cortège dansant vers la maison des Poids et Mesures où, la veille, avait été installée une estrade agrémentée de lits en bois munis d'épaisses paillasses, au pied desquels étaient disposées des cruches en étain remplies d'eau et des serviettes propres.

Lorsque les dernières Terreuses attrapées dans les bois eurent rejoint celles qui étaient alignées devant la foule sous escorte des gardes, elles étaient à peine deux dizaines. C'était tout ce qui restait des deux cents femmes : une partie avait été forcée de reprendre sa vie d'avant ; une autre, alarmée par le radicalisme d'Hélène ou déçue du manque de confort de la vie qu'elle leur proposait, était partie d'elle-même.

Quand on ordonna aux vingt et une femmes de prendre place sur les lits conjugaux pour montrer aux pieuses personnes rassemblées la façon dont il convenait de remplir son devoir conjugal devant Dieu, elles obéirent sans la moindre protestation. Elles s'allongèrent sur le dos, soulevèrent leur jupe et ôtèrent leur culotte qu'elles firent tourner en l'air avec malice, ce qui éveilla les premiers soupçons. Tout n'irait peut-être pas comme prévu. Elles écartèrent grand leurs jambes en les pliant gracieusement aux genoux, puis invitèrent leur mari d'un mouvement aguicheur de l'index.

Ce geste n'aida pas les époux à se sentir maîtres du spectacle. Ils eurent soudain l'impression d'être des petits garçons et non des hommes prêts à faire une démonstration de leurs talents.

Ils furent presque tous immédiatement aux prises avec un problème de trique, leur organe ne s'attendant pas à cette invitation. Ils saisirent leur membre au signal de l'évêque – le signal étant la clochette utilisée pour la messe – et ils se mirent à frotter leur queue entre leurs mains comme des singes, à la battre comme du beurre, à la tapoter comme la gueule d'un cheval, et quand ils parvinrent enfin à obtenir un résultat, à passer cet examen, certes avec difficulté, mais à triquer quand même, ils se mirent à l'œuvre. Mais ce fut alors une succession d'incidents comiques, car aucune fente ne les fit entrer, et ce, malgré leur acharnement et leurs assauts répétés.

Les Terreuses serraient les dents, se réfrénaient comme elles le pouvaient, concentrées de toutes leurs forces sur une seule et même chose : ne pas laisser deviner que la situation les amusait au point de ne pouvoir se retenir de pisser de rire au nez de ces queues tragiquement humiliées.

Après une heure d'humiliation et de sifflements de la foule, les maris capitulèrent. C'est alors que l'évêque, rouge de colère, fit signe à l'inquisiteur, tout aussi énervé, de passer au plan B. Dont personne n'avait encore eu connaissance à part eux.

De la mort tragique d'Ursula

Cette nuit-là, Ursula Bremmel, qui par respect pour sa mère continuait à se faire appeler Spalt même après son mariage, fit un mauvais rêve.

Au départ, il était magnifique et puissant. Elle se trouvait dans la clairière de sa mère, entourée de plus de deux cents Terreuses. Elle-même n'y était pas en tant qu'être humain né de sa mère et de son père, mais en tant qu'arbre – ce chêne qui poussait dans la clairière depuis des siècles, le plus puissant des arbres. Elle essayait de toutes ses forces de freiner la forêt qui croissait en elle, mais elle entendait distinctement la vie frémir dans sa pulpe, elle sentait le cœur de l'arbre qu'elle devenait ou qu'elle avait toujours été se mettre à battre au rythme de son propre cœur. Elle sentait la sève couler dans ses tempes. Elle plia fermement ses orteils enracinés pour s'enfoncer plus profondément encore dans l'humidité noire de la terre. Puis elle s'immobilisa. Pour se préparer à la gravidité. Pour accueillir en elle les semences portées par le vent. Son feuillage bruissait et bourdonnait, elle grouillait tel un essaim, fourmillait et grinçait, elle chenillait, se larvait, s'escargotait et pénétrait par le phloème, grignotait un bout par-ci, rongeait un bout par-là, puis relâchait les substances mâchées, fertilisait le pieu du chêne qui, tel un totem dans le substrat argilo-sableux au parfum de bois pourri, de décomposition et de mort, couronnait l'horizon du ciel. Lorsque, pénétrée par le vent, elle s'engrossait enfin de milliers de glands qui donneraient naissance à de jeunes chênes, à de nouveaux arbres, elle aperçut une corde nouée à l'une de ses branches maîtresses.

Quelques heures plus tard, dans la réalité cette fois, c'est sous ce même arbre que se désolait Kunegunde Kreppel, l'enfant d'Ursula dans les bras. Le cou d'Ursula était entouré d'une corde épaisse, et son visage, qui, le matin même, si doux et loquace, avait proféré tant de mots joyeux, était maintenant livide. « Viens là, *meine liebe Kreppel* », avait dit Ursula à Mathilde qui faisait ses premiers pas autour de la table. « Viens près de moi, mon petit mari », avait-elle dit à Mathias. Et, comme un mantra, elle avait répété à la vieille Kunegunde, qui ne l'écoutait pas : « Assieds-toi donc avec nous à table au lieu de nous servir ! » Elle était muette à présent, mais on voyait qu'elle s'était éteinte dans un cri, refusant son sort, luttant jusqu'à la fin.

Sa silhouette pendillait, balancée par ce vent qui dans son rêve lui avait insufflé la vie en lui portant les semences des plantes, comme pour exécuter une danse macabre. Ses mouvements, néanmoins, ne formaient pas de séquences, ils s'accomplissaient sans aucune mesure, saccadés, impétueux, interrompus.

Ses chaussures, achetées par Mathias chez le meilleur cordonnier du marché de Brême, gisaient sur le sol, sous cette fluette silhouette féminine. Mathias, des flots de larmes jaillissant de ses yeux et lui inondant le visage, les souleva. Il en chaussa la morte, lui embrassa les pieds l'un après l'autre. Ces tout petits pieds qu'il avait aimés autant que son cœur pur.

La vieille Kunegunde Kreppel avait la bouche ouverte, mais aucun cri n'en sortait, seule une grimace, une grimace dans le silence. Elle semblait consacrer le peu de forces qui lui restaient à étouffer son désespoir pour éviter d'interrompre le sommeil de Mathilde.

Sous les pieds de la morte, la Terre se fendit, et un brin s'éleva de cette fente. Kunegunde, qui portait Mathilde dans un balluchon, se pencha, posa une main sur la fente, et la Terre l'enserra. Tout mouvement s'interrompit alors. Les pieds de la morte cessèrent de se balancer dans le vent.

On ne sait combien de temps ils demeurèrent penchés au-dessus d'Ursula qui, décrochée de sa branche, était à présent étendue sur l'herbe. Lorsque Mathilde se réveilla de sa sieste et vit sa mère qui semblait différente, semblable à la poupée de porcelaine qu'elle avait reçue de son père pour Noël, elle l'appela en tendant une main vers elle : « Mammi, Mammi, Mamma », puis elle se blottit contre la morte.

Ce fut la dernière chose que vit Kunegunde, car son cœur éclata de chagrin.

Au moment de rendre son dernier souffle, elle demanda à Mathias de les enterrer ensemble, pas dans le cimetière avec le prêtre, dans la forêt d'Hélène.

De l'éducation de sa petite-fille

Après la mort d'Ursula et jusqu'à sa propre mort, Hélène Spalt – défenseuse de la foi en la Vieille Pucelle, célèbre dans tout le duché et ses environs pour avoir arraché les femmes à Dieu le Père et les avoir ramenées à la Terre-Mère – allait se demander une seule chose : tout cela était-il arrivé par sa faute ?

Il n'y avait personne pour répondre à cette question rhétorique. Personne pour la contredire, pour la réconforter (et certainement pas son gendre qui, s'il ne l'avait jamais dit tout haut, lui avait fait comprendre qu'elle avait bien raison de se poser la question). Elle vivait écrasée sous le poids de la responsabilité de la mort de ses proches, elle en rapetissait, son âme s'amenuisait un peu plus chaque jour. Exposée au regard désapprobateur de Mathias, elle était de plus dépendante de sa générosité. Après la mort de sa fille et de Kunegunde, Hélène Spalt, jadis fortunée, s'était présentée les mains vides devant la porte du foyer de son gendre.

Elle se demandait chaque jour, à plusieurs reprises, si, dans cette guerre qu'elle avait déclarée à l'Église et aux hommes, elle n'était pas restée trop violemment braquée sur ses principes. Si elle avait battu en retraite, si elle avait modéré ses sermons, l'évêque von Sitch et le petit connard inquisiteur

Babel auraient-ils osé commettre un acte pareil ? Auraient-ils pendu son unique enfant dans le seul but de la briser, elle ?

Elle s'était rendue chez son gendre, guidée par le besoin de pénitence, mais aussi par désir de compenser les pertes de la pauvre enfant. Elle offrit son aide au quotidien pour l'élever et tenir la maison. Elle prit en charge l'éducation de Mathilde qui, rapidement, se révéla être ce qu'Ursula n'avait jamais été. Sa copie.

Durant les premières années, elle fit preuve envers la fillette d'une vigilance accrue, veillait sans cesse à ce qu'il ne lui arrivât aucun mal. Elle lui interdisait presque tout. Mais la petite ne s'en faisait pas le moins du monde et trouvait toujours le moyen d'arriver à ses fins.

Mathilde grandissait, et Hélène était bien contrainte de constater sa débrouillardise, même si son comportement hyperactif la mettait toujours dans le pétrin. C'était une bougie qui brûlait par les deux bouts, et par contagion elle enflammait son entourage. Mais la petite fille était dotée de tant de vigueur, de tant de charme qu'on lui pardonnait tous ces incendies. Elle était si différente de sa défunte mère, Ursula – qui, enfant, nourrissait une crainte du monde telle qu'elle fuyait tout ce qui aurait pu lui causer le moindre ennui.

Autant Ursula faisait tout pour éviter la douleur, autant Mathilde semblait la rechercher. Elle s'évertuait à repousser les limites de la souffrance. Dans des situations où tout un chacun aurait été plongé dans la détresse, Mathilde, elle, semblait atteindre une sorte d'accomplissement, de bonheur.

Elle faisait souvent glisser une main sur la table hérissée d'échardes, à la cuisine, jusqu'à ce que la pulpe d'un doigt se déchire et se mette à saigner. Quand cela survenait enfin, elle prenait une grande bouffée d'air, puis, tandis qu'elle expirait, elle se glissait en pensée à l'endroit d'où le sang s'écoulait pour y plonger plus profondément encore, comme si cette petite plaie était le point de contact avec l'enveloppe invisible du monde, une pellicule qu'elle voulait percer. Quand la souffrance la portait vers l'enveloppe du monde, elle se collait à celle-ci comme on se colle à ce qui nous a manqué, à sa propre mère. Alors, elle ne ressentait plus la douleur. Elle ne souffrait plus. Seul lui faisait mal le retour à la réalité qu'elle avait quittée pour un instant. C'est dans cet enlacement avec l'univers, et non dans le quotidien de la vie, qu'elle se sentait dans son élément. Quand elle se rendait au bord de la rivière avec sa grand-mère pour faire un feu où cuire des pommes de terre, elle ôtait ses chaussures et marchait pieds nus sur les braises. Les tisons ne s'étaient pas encore complètement éteints, les cendres finissaient à peine de se consumer, et avant d'y poser les pieds, elle disait au feu qu'elle connaissait sa nature et qu'elle n'en avait pas peur.

Elle engageait ce type d'escarmouches avec chacun des éléments.

Tous les matins, elle demandait à sa grand-mère de la faire descendre dans un seau au fond du puits, où elle plongeait la tête sous l'eau. Aux confins de la vie, elle attendait le dernier moment pour reprendre son souffle. Quand Hélène refusait, Mathilde la menaçait de montrer à son père le symbole de la Vieille Pucelle que sa grand-mère avait gravé sur le mur, sous la croix, et de lui révéler les étranges activités auxquelles celle-ci s'adonnait au réveil et au coucher – Mathilde l'avait épiée à travers le trou de la serrure.

Elle s'enfermait aussi plusieurs heures dans l'obscurité d'une armoire pour habituer ses yeux à voir quand on n'y voyait rien. Sa grand-mère faisait semblant de ne pas remarquer ces petits jeux dont elle saisissait parfaitement le sens, pour ne pas les encourager. Elle craignait le jugement sévère de son gendre.

Bien qu'elle fît semblant de ne pas prêter attention à ses agissements, Hélène observait sa petite-fille adorée. Et plus les années passaient, plus elle se sentait fière. Mathilde était exactement la petite-fille qu'elle aurait voulu avoir. Une fille qui ne se fixait jamais dans la vie, toujours en mouvement, à explorer ses extrêmes. Hélène était ainsi faite, elle aussi. Elle avait passé sa vie à côtoyer la mort, à marcher avec celle-ci main dans la main, à en sentir le souffle fétide sur sa nuque. Son désir de vivre en devenait d'autant plus fort, plus vaste, plongeait en elle-même des racines d'autant plus profondes, se durcissait, s'étendait.

« Dommage qu'un tel prodige grandisse sans sa mère », soupirait-elle chaque jour en jetant un regard furtif à Mathilde. Et celle-ci était un vrai diable, le ciel et l'enfer n'auraient pu en créer de plus grand. « Elle se débrouillera quand mes yeux se fermeront, prophétisait-elle. Elle se fera une place parmi les bestioles dans la Terre, elle pénétrera les constellations dans le Ciel et les réarrangera à sa façon. »

Persuadée qu'un beau jour, Mathilde rejetterait la vie bourgeoise pour se tourner vers la Terre et vivre comme une Terreuse, Hélène ne cessait jamais de justifier le comportement difficile de Mathilde auprès de Mathias – mais celui-ci ne lui vouait pas la même adoration. En réalité, sa petite-fille était déjà Terreuse depuis sa naissance, elle semblait née avec les lois de la Terre gravées dans son cœur.

Mathilde ne savait pas encore lire ni compter en raison de son jeune âge, mais sa grand-mère savait qu'elle saisissait les principes de l'existence du monde, qu'elle connaissait sa place sur Terre et ne craignait pas de faire l'expérience de cette Terre dans tout ce qu'elle faisait. Pour les enterrer sous un arbre, elle prenait dans ses mains des oiseaux déchiquetés par des chats, devant lesquels tous auraient détourné le regard avec dégoût ; et elle plongeait les mains dans la matière en décomposition des fruits et légumes ; et elle laissait les bestioles qui arpentaient les feuilles de chou se promener sur sa peau. Elle ne tuait pas les araignées, ne blessait pas les arbres. Elle récoltait l'eau de bouleau avec Hélène et, à l'âge de six ans, elle le faisait de façon plus agile et plus délicate que sa grand-mère qui l'avait pourtant fait toute sa vie. Elle savait traire, Hélène y avait veillé en payant un paysan pour qu'il les laissât entrer dans son étable et permît à Mathilde de tirer le lait de ses vaches. Elle savait faire du fromage, qui reflétait le principe de l'existence du monde comme la surface de l'eau. Elle savait fabriquer des onguents pour clore les fentes des femmes aux hommes – pour leur éviter d'avoir à subir les assauts répétés du désir masculin, mais aussi pour ne pas avoir à leur faire une ribambelle de bambins quand les vivres venaient à manquer en raison de la famine, de la peste ou de la guerre.

Lorsque Mathilde avait eu douze ans, Hélène s'était mise à lui enseigner l'usage des plantes, considérant alors que sa petite-fille entrait dans sa vie de femme et qu'elle était digne d'accéder à ces connaissances dont on préservait les petiots.

Hélène lui parlait des plantes qui aident les femmes à atteindre un endroit où les hommes ne les emmèneront jamais, car ils ne peuvent accéder à cet état d'esprit. Et si certains y parviennent, ils le détruisent de toute façon, ils gardent pour eux seuls cet étincellement du corps et de l'âme plutôt que de le rendre à leur tour, par l'intermédiaire de la femme, au monde afin qu'il brille telles les étoiles au firmament. Lorsqu'on ressent ce scintillement, il faut procéder comme avec une plaie : cicatriser au plus vite la fissure par laquelle est passée la lueur de l'univers, pour ne pas trop la gaspiller. Accueillir en soi cette lueur, puis l'offrir à la Terre-Mère et au monde entier, mettre en mouvement ce monde, le pousser au changement pour qu'il ne s'arrête pas un instant. Cette façon de soutenir l'existence de l'être humain, de la Terre-Mère et du monde signifiait pour Hélène « inspirer mutuellement de l'amour ». Cette « inspiration mutuelle » était, comme elle l'écrivait dans ses notes, la juste manière de vivre et d'être humain sur Terre.

« Si l'humain prend plus que ce qu'il donne à la Terre, alors s'abattent sur lui les incendies, les crues, le fléau de la lèpre, de la peste bovine et de l'ergot de blé qui provoque des hallucinations, une folie qui peut pousser jusqu'au suicide. »

Hélène saisit rapidement que Mathilde avait en elle ce qu'elle mettait d'ordinaire des années à enseigner aux Terreuses – la plupart, d'ailleurs, ne la suivaient pas tant pour la Vieille Pucelle que pour le frottement des fentes, comme si tout cela était une question de viscosité de la vulve. Alors que celle-ci n'était qu'un moyen. Un moyen d'adorer la Terre-Mère et sa fille sainte, la Vieille Pucelle, divine tout comme sa mère.

Et voilà qu'Hélène avait nuit et jour, dans ses jupons, quelqu'un qui, bien qu'il fût encore trop petit pour frotter sa fente, comprenait – et, plus encore, sentait – tout cela ! C'était une chose de comprendre, c'en était une autre de le sentir en soi, d'avoir la certitude que c'était justement de ÇA qu'il s'agissait, depuis toujours, de le saisir par la fente – et non par l'esprit –, laquelle ne réagit qu'à ce qui relève de ce sens supérieur. La fente comme panneau de signalisation. « *Homo sentiens*, et non *homo sapiens* », écrivait la grand-mère, qui projetait de léguer à Mathilde, lorsque celle-ci serait adulte, toutes ses notes et tout l'Évangyle brodé sur les étoffes – elle en ferait ce qu'elle voudrait.

IV

MATHILDE SPALT

De l'âme qui se sépare du corps

La malchance – fidèle compagne de tous les Spalt – guettait la prochaine occasion de frapper. Ce fut le père de Mathilde, Mathias Bremmel, qui en fit cette fois les frais, escroqué par son associé qui avait commencé, sans bien sûr le mettre dans le secret, à remplacer l'ambre véritable dont ils faisaient commerce par une substance similaire. Lorsque la boutique fut réquisitionnée, Mathias, contraint de trouver de l'argent pour payer les prestataires qui distribuaient ses marchandises au nord, fut forcé de vendre sa maison et de dénicher rapidement un endroit sûr pour sa fille de seize ans. Il fomenta alors l'idée diabolique de marier Mathilde à un homme qu'il avait rencontré à l'auberge et dont il ne savait rien d'autre que ce qu'on en racontait, à savoir qu'il avait gagné beaucoup d'argent en ferrant les chevaux des évêques de Neisse et de Wrocław, mais aussi qu'il avait ce trait de conduire ses épouses à la mort – il avait déjà été veuf à trois reprises. Hélène avait quitté ce monde depuis quatre ans ; il n'y avait donc plus personne, sauf peut-être Bertha la bonne, pour tenter de déjouer l'ignoble plan.

À seize printemps révolus, Mathilde Spalt épousa ainsi l'épouvantable Erick Seering. Contaminée par l'amour d'Hélène pour le vivant et la nature, elle rêvait de raviver l'œuvre de sa grand-mère et de créer une nouvelle alliance avec ses contemporaines. Avant d'emménager chez l'épouvantail à Pétaouchnock – autrement dit, hors des murs de la ville –, elle rassembla donc tout l'attirail d'Hélène – les étoffes brodées qui avaient été volées aux franciscains, les retranscriptions des sermons et ses notes –, fourra le tout dans le coffre de sa dot et ferma celui-ci à clef. Elle emporta aussi ce qu'il restait des remèdes autrefois concoctés par Kunegunde Kreppel – liniments, pâtes, décoctions en petites fioles –, et les trois produits légendaires qui, élaborés par sa célèbre grand-mère, avaient conduit sa mère à la mort. Elle emportait tout cela sans savoir si elle réussirait à en faire usage un jour, mais en gardant en mémoire ce que sa grand-mère lui avait raconté des événements du passé, ce que tout cela avait provoqué.

Mathilde avait bien rechigné, au début, à épouser l'épouvantail, mais elle s'était finalement laissé convaincre par son père. Elle avait flairé l'occasion de se libérer de ses chaînes et de vivre selon les lois de la Vieille Pucelle – dont il ne pouvait, bien sûr, être question chez lui.

Un matin, trois mois après les noces, une fois l'épouvantail parti pour la forge, Mathilde avala sa bouillie de lait et fila dans la grange. Elle savait qu'un jour spécial l'attendait. Elle allait prononcer son premier sermon sur la Vieille Pucelle et frotter sa fente avec d'autres femmes dans la maison de l'épouvantail.

Après avoir aligné sa respiration sur celle des vaches, comme le lui avait appris Hélène – qui l'avait elle-même appris de Kunegunde Kreppel –, après avoir tiré le lait de leurs pis chauds et roses, après l'avoir mis à cuire pour en faire un fromage qui caillait en un clin d'œil – qui coagulait et se dissolvait à l'infini dès qu'on le remuait avec une cuillère ou le doigt –, elle entra dans la maison, ébouriffant au passage tendrement, tels les cheveux d'un enfant, les grappes des lysimaques d'un violet cadavérique qui poussaient contre l'épais mur blanchi à la chaux. Elle les avait ainsi semées pour les avoir au plus près d'elle.

Mathilde aimait les apercevoir de la fenêtre de la cuisine, quand elle épluchait des légumes. Elle adorait comment, quand elle se tenait sur le seuil de sa maison, ces plantes se frottaient à ses jambes tels des chiens ou des chats, et se réjouissait de les voir accueillir ainsi les femmes qu'elle pouvait enfin inviter chez elle une fois l'épouvantail parti travailler. Elle chatouillait ces grappes avec tendresse et celles-ci, en guise de remerciements, enfonçaient leurs racines plus profondément d'une année à l'autre pour s'épanouir à l'abri du soleil sous l'auvent du toit en pente. Les femmes qui venaient chez Mathilde pour chercher du fromage, du lait ou des remèdes – contre une douleur aux dents, aux os, ou encore pour lutter contre des vertiges –, s'étonnaient de voir la lysimaque, cette fleur de mai, fleurir dès la fin de l'hiver. La lysimaque semblait ne pas suivre les saisons, vivre à l'écart du temps. La voisine Lintzmann, surprise, rapporta d'ailleurs ce fait étrange au chanoine Hausmann à confesse – y feraient mieux d'garder un œil sur la p'tite Spalt, à la chanoinie, pa'ce qu'on peut pas savoir c'qu'elle trame, celle-là.

Une fois passé le seuil de sa maison, Mathilde en verrouilla aussitôt la porte. Elle jeta un œil par la fenêtre pour vérifier qu'aucun indiscret ne l'épiait. Il faudrait attendre encore plusieurs mois avant que des étrangers ne se mettent à camper devant sa clôture comme des chiens de garde à l'affût des preuves de sa prétendue sorcellerie. Elle se rendit au cellier situé derrière la cuisine. Entre les ficelles de champignons déshydratés et les fleurs de millepertuis, derrière les grands morceaux de viande de biche séchée qu'elle refusait de manger depuis l'enfance, mais que dévorait avidement son épouvantail de mari, se cachait une autre pièce encore. On y accédait par une trappe recouverte d'une courtepointe à rayures. La cachette appartenait autrefois à l'épouvantail qui, à l'époque où la forge jouxtait encore la maison, y gardait ses outils de ferrage cassés. Il en avait cependant oublié l'existence depuis longtemps, et ses outils, en bon ou mauvais état, avaient quitté l'endroit en même temps que lui lorsqu'il s'était mis à ferrer plus près des portes de la ville, au service de l'évêque et de sa cour, pour un salaire nettement plus élevé que chez les séculiers.

De toute façon, il avait tant grossi depuis son mariage qu'il n'aurait plus été capable de passer par l'ouverture. Sa femme cuisinait délibérément et avec astuce pour le tenir écarté de ces sombres recoins qu'elle-même s'était appropriés. Afin que l'épouvantail oublie la trappe pour de bon, elle l'avait recouverte d'un tissu qu'elle avait fabriqué sur un métier à tisser, puis brodé de fils colorés.

On y descendait avec une bougie, la lumière de l'extérieur n'y accédait pas, et il n'était pas facile aux vieilles femmes de s'exécuter. La petite pièce en sous-sol était une sorte de cave. Sur les étagères où se trouvaient auparavant les outils de l'épouvantail – un racloir, des tricoises, un dérivoir, des râpes et des brochoirs – trônaient à présent les burettes et bocaux des remèdes contre diverses indispositions – la perte précoce de cheveux, le mal de dents, les puces, la fièvre paludéenne qui faisait trembler, l'excès de chaleur qui envahissait le foie pour s'en échapper ensuite par la colère et la mousse aux lèvres, la paresse de la semence masculine qui venait anéantir toute tentative de grossesse, aider à la cicatrisation des plaies, à l'élimination de boutons et de verrues, à l'avortement et à la mort – non pour l'éviter, mais pour l'invoquer.

La plupart de ces médecines avaient été créées par Mathilde qui, sous l'œil attentif d'Hélène, sentait depuis sa plus tendre enfance mieux les plantes que les êtres humains. Elle avait un don, et la main verte. Elle était capable de ramener à la vie toute plante moribonde, y compris les fleurs coupées qui avaient fané et perdu leurs pétales. Toutes ces préparations étaient élaborées selon les recettes secrètes de la prodigieuse Kunegunde Kreppel, qui mangeait depuis plusieurs années les pissenlits par la racine dans la forêt de bois mort, la fertilisait de ce corps trapu qui avait suscité tant de désir dans sa jeunesse. Là où gisait aussi la mère de Mathilde.

Parmi les liniments se trouvaient ceux qui avaient fait la renommée d'Hélène et de Kunegunde : les anti-gaule, les sanguilongs et les enserre-fentes. Ils étaient entreposés à l'écart dans de grands récipients d'argile qu'on utilisait d'ordinaire pour la saumure, hermétiquement fermés par de lourdes pierres et recouverts d'un napperon brodé. Ils ne pouvaient être exposés à la lumière, pas même à la lueur d'une bougie. Mathilde savait que, sans eux – et sans l'*Évangyle de la Vieille Pucelle* brodé par sa grand-mère –, il n'y aurait pas de Terreuses, mais aussi que leurs liniments étaient la raison principale pour laquelle on avait si brutalement combattu ces femmes. Mathilde savait aussi de sa grand-mère qu'Ursula avait été pendue par vengeance, parce qu'Hélène avait osé ridiculiser l'Église et les hommes.

Elle avait bien compris que ces remèdes devaient être mis au profit d'une cause importante. Cependant, depuis ses noces, elle avait employé l'un de ces onguents presque chaque jour. Elle devait donc – pour obéir à sa grand-mère – en reconstituer les stocks.

Chaque pleine lune, elle filait ainsi à la recherche d'endroits humides, là où la pluie s'était accumulée pour, tel le souffle d'un animal, s'évaporer au petit matin et former un pont entre Ciel et Terre. Elle évitait les marais, qui la tétanisaient.

Hélène lui avait raconté qu'un jour, munie d'un long bâton, elle s'était rendue aux abords d'un marécage pour récolter le souci d'eau qui devait porter secours au foie de son gendre – il avait un penchant pour la bouteille. Tandis qu'elle se penchait vers le populage des marais, la boue céda sous ses pieds et elle se mit à s'enfoncer sans pouvoir toucher le fond de son bâton. L'eau boueuse se transforma en vipères, qui s'enroulèrent tout autour de son corps et l'attirèrent vers le bas. Ce n'est que lorsqu'elle parvint à se saisir d'une trique qui gisait à portée de sa main, lorsqu'elle se mit à rouer de grands coups, prise de folie, les branches des arbres autour d'elle, que les vipères la lâchèrent enfin pour disparaître sous ses pieds, comme si elles n'avaient jamais existé.

Mathilde évitait donc soigneusement les marais au profit d'autres terrains humides où la consoude poussait à profusion. Elle rentrait chaque fois avec une grande brassée de plantes enveloppées dans une nappe de lin. Elle les faisait ensuite cuire à feu très doux. La cuisson devait durer d'une pleine lune à l'autre, un mois exactement. Il lui fallait chaque jour ajouter de l'eau du puits, une eau dans laquelle jamais la lumière de la lune ou des étoiles ne s'était reflétée. Mathilde veillait donc à ce qu'Erick Seering, son vilain gueux de mari, ne découvre jamais le puits, et quand elle y allait puiser de l'eau, elle entrouvrait à peine le couvercle pour que n'y tombe que l'ombre, et pas la lumière.

Après un mois de cuisson, les racines de consoude se transformaient en un onguent collant, si épais qu'on pouvait à peine le mélanger, la louche y restait droite comme un pic que l'on aurait cloué au fond du chaudron. Mathilde se mit à l'appliquer à l'intérieur de sa fente, qu'elle ferma ainsi, tout comme elle-même, au monde. Elle devint impénétrable. Après quelques mois d'utilisation, on n'aurait pu y fourrer un brin d'herbe. Comme si son hymen, qu'elle portait encore, l'avait tapissée à ras bord tel un bouchon qui la calfeutrait pour ne plus laisser entrer personne en elle.

Lorsque les lois naturelles sont violées, les nouvelles circulent vite. En un rien de temps, toute l'auberge était au courant de l'enserrement de la fente, de l'impossibilité de prendre Mathilde. Un mois plus tard, c'était la ville entière qui y voyait la marque d'un de ces tours du diable que Mathilde avait sûrement appris de cette hexe, la carabosse. Partie de la taverne où l'épouvantail se lamentait sur son sort et son incapacité à posséder la fille, l'indiscrétion s'était répandue dans tous les environs et avait fini par atteindre l'hôtel de ville et le palais épiscopal. La partie masculine de la petite ville en fut à ce point ébranlée que le procureur de Neisse en personne, l'évêque Franz Zacher, ordonna à ses hommes d'aller perquisitionner chez le forgeron pour vérifier si certains de ces remèdes interdits, qui avaient jadis rendu célèbres la grand-mère de

Mathilde et Kunegunde Kreppel, ne s'y trouvaient pas.

La partie féminine de la ville fut tout aussi ébranlée. Il vint une idée à Gretchen, la femme de l'aubergiste – une nouvelle opportunité qui s'offrait aux femmes. Au lieu de se fermer totalement et de s'attirer ainsi l'ire de l'Église, elles pourraient la jouer plus finement, en laissant sporadiquement entrer leurs maris et amants pour les récompenser, et en leur fermant l'accès pour les punir, si leurs désirs et objectifs venaient à être contredits.

Une nouvelle robe en satin, une broche en argent sertie d'un rubis, une bourse en peau de chamois remplie de ducats « pour la quête à l'église », et voilà : nos fentes restent ouvertes. Pas de bourse, pas de robe, pas de broche à l'œil rouge – entrée interdite. Dans aucune des fentes. Ni à l'avant ni à l'arrière. Ni dans la bouche. Rien gratuitement. Telle était l'ambition de Gretchen, ce que Mathilde ignorait – en sa présence, la femme de l'aubergiste avait fait une tout autre déclaration. Mathilde était convaincue que seules les femmes qui en avaient grandement besoin employaient son remède, seules celles, de surcroît, qui étaient prêtes à renouveler ou à accueillir cette foi en la Vieille Pucelle dont elles avaient eu goût en vivant dans les bois avec Hélène, ou connue par les récits de leurs mères, grandes sœurs et parfois même grands-mères.

À l'époque, cela n'avait pas grande importance, elle ne faisait de toute façon pas commerce de l'enserre-fente, niait en posséder encore, et conservait la mixture pour les moments difficiles ou pour une occasion particulière. Elle rétrécissait temporairement les fentes à l'aide de plantes sans les coincer complètement. Si l'étroitesse des fentes était plutôt un objet de désir pour les hommes, l'absence totale d'humidité, qui était obtenue par l'application de linges imbibés d'une décoction d'écorce de chêne et de sauge – conformément à la recette d'Hélène, que sa petite-fille distribuait en secret aux femmes qu'elle connaissait –, devenait une véritable malédiction pour eux. La sécheresse engendrait une douloureuse rugosité qui les empêchait d'atteindre le plaisir, mais aussi de maintenir leur érection. Il arrivait souvent qu'un homme puisse à peine marcher le lendemain tant, au plus léger mouvement, ses bijoux de famille le faisaient souffrir.

Quitter la maison de son père fut un magnifique pas en avant pour Mathilde. Elle put enfin se consacrer en toute tranquillité à la thérapie par les plantes et à la propagation des sermons de sa grand-mère, laissés depuis tant d'années en jachère.

Mathilde instillait dans les femmes de Neisse des décoctions qui asséchaient leur fente, mais elle soignait aussi l'oligurie, les descentes d'organes après les accouchements, les abcès de ces seins qui allaitaient chaque année un nouvel enfant, le mal de dents et leurs racines pourries, l'ichtyose, le trop grand désir pour les maris ou les femmes des autres, le trop-plein de pensées dont le torrent empêchait les femmes de dormir, les faisait sombrer dans la folie ou le somnambulisme. Elle s'occupait de l'être dans son entier et ne pouvait omettre la fente, source du moindre souffle dont découle la vie et par laquelle l'âme, loin de s'envoler au Ciel – comme l'enseigne l'Église –, revient à la Terre noire, cette même Terre qui donne naissance à la lysimaque violet cadavérique et dont émergent des bestioles en tous genres après la pluie. Elle rétrécissait les fentes des femmes qu'elle considérait comme siennes, qui chérissaient la Terre plus que le Ciel, celles qui partageaient avec la Terre l'étreinte des amants. Jusque-là, néanmoins, aucune femme, à l'exception de Mathilde, n'avait encore saisi comment enserrer sa fente sans se priver du grand plaisir du tronchage. Avec ce qui ne provient pas de l'être humain. Qui n'est pas dur, fossilisé ni rigide.

Mathilde était sur le point de révéler ce savoir à quelques élues, de le leur montrer en action. En se fermant une bonne fois pour toutes aux hommes pour ne s'ouvrir qu'à ce qui naît de la Terre. Aux êtres végétaux.

Ce jour-là, dans la petite cave secrète, Mathilde descendit avec l'onguent qu'elle avait soigneusement préparé un mois durant. L'y attendaient celles qui désiraient le plus ardemment l'enserrement complet : Brunehilde, la femme du conseiller Gerbauer, Hedwige, la bonne qui avait à subir les assauts de la moitié de la chanoinie, Sara, la fille de l'apothicaire, qui préférait les femmes aux hommes et allait pourtant être mariée, Gretchen, la femme de l'aubergiste, potelée, aux joues roses, engrossée chaque année, et la noble Bernadette von Klisch qui, malgré ses quinze printemps, savait déjà qu'elle ne laisserait entrer personne d'autre en elle que Jésus et avait choisi dans son cœur le chemin du couvent malgré l'avis de ses parents. Parmi toutes ces femmes, seule Gretchen envisageait l'enserrement de façon mercantile, comme un outil et non un but en soi.

Elles étaient toutes assises à table, au centre de la pièce faiblement illuminée par la flamme des bougies. Chacune était venue avec sa chandelle, comme l'avait demandé Mathilde. Elles s'étaient rassemblées à l'aube, avant que l'épouvantail ne se réveillât. Mathilde avait laissé la porte ouverte pour la nuit, et elles l'attendaient. L'émotion se dessinait sur leur visage.

Elles se levèrent à la vue de Mathilde, qui se réjouissait de leur venue. Toutes étaient présentes. Aucune n'avait flanché.

Mathilde salua le courage et la force de volonté que requérait cette décision irréversible avant de les prendre chacune à leur tour dans ses bras pour synchroniser leur respiration. Quand elles se furent toutes accordées par le souffle, elles sentirent qu'elles avaient, non par la raison, mais par une volonté corporelle, inconsciente, créé un cercle parfait dans lequel elles demeuraient muettes, n'osant briser cette connexion.

Mathilde interrompit la première cette respiration commune et se tourna vers les étagères. Elle en ôta une énorme cruche en étain qu'elle plaça sur le sol, puis elle invita les femmes rassemblées à prendre place sur le plancher. Elle passa la cruche à la première à sa gauche, Brunehilde. Celle-ci but de l'eau de bouleau avant de passer la cruche à Hedwige, qui la passa à son tour à Sara, Sara à Gretchen, et Gretchen à Bernadette von Klisch, puis arriva le moment où la cruche revint dans les mains de Mathilde. C'était de l'eau de bouleau récoltée au printemps, Hélène l'appelait « eau de la vie ». Les femmes la buvaient avec recueillement et en silence, semblaient se transmettre le calice en or du sang du Christ lors de la Cène, avec une extrême dévotion, respirant à peine, de peur que le moindre souffle ne vînt troubler cette atmosphère. Elles n'existaient presque plus.

Leur attention et leur vénération remplissaient Mathilde d'une grande allégresse, bien qu'elle ne le montrât pas – elle était concentrée sur la suite. Elle se mit à ôter ses vêtements. Totalement nue, elle puisa de l'eau de bouleau dans le creux de ses mains, qu'elle rapprocha de sa vulve pour, d'un geste, l'en abreuver. Elle fit signe aux autres de l'imiter. Celles-ci s'exécutèrent. Elles ôtèrent leurs habits, comme si ceux-ci les brûlaient, puis donnèrent à boire à leur vulve, en la lavant délicatement, avec le soin qu'on apporte au plus grand des trésors.

Au signal, elles reprirent place en cercle. Par de lents mouvements, pour ne pas troubler la lueur des bougies, ne pas effaroucher les flammes, Mathilde se mit à déposer devant chacune d'elles, sur une toile blanchie, des racines et des rhizomes qui étaient entreposés contre l'un des murs de la pièce, parmi une multitude d'autres êtres végétaux.

On y trouvait tout ce qui naissait de la Terre. Des bourgeons de peuplier couleur d'ambre et de terre qui rappelaient les griffes d'une bête féroce, des capitules de millepertuis rouille et or, de l'écorce de chêne, de la chélidoine, de la pulmonaire, de l'alchémille, des fleurs de pensées, d'aubépines et de pâquerettes, des centaurées, des pavots et du sureau ; au milieu, des fleurs de merisier à grappes, des bourgeons d'aulne, des capitules de camomille et des fleurs de tilleul au parfum enivrant ; dans les coins, toutes les plantes toxiques, à commencer par la belladone et en passant par les digitales bleu cadavérique, les dauphinelles et les aconits du violet le plus sombre qui existe dans la nature, jusqu'à la jusquiame noire que Mathilde, comme jadis Hélène, appréciait particulièrement. Et si la petite-fille utilisait le plus souvent les racines de scorsonère pour daguer, pour titiller sa fente et l'exciter, ce que la grand-mère avait appelé le frottement, le plus adapté demeurait le rhizome de roseau qui, serré entre les cuisses ou déplacé doucement du haut vers le bas, mouillait la vulve à tel point qu'une petite source semblait parfois en jaillir, comme surgissant des roches.

Mathilde ne déposa donc que ces deux plantes devant les femmes rassemblées, un rhizome de roseau et une racine de scorsonère préalablement séchée et nettoyée de la terre qui la recouvrait, mais non dénuée d'aspérités. Après les avoir étalés devant les femmes avec la révérence due aux insignes royaux, elle se tourna vers les étagères fixées au mur, sur lesquelles trônaient des récipients de toutes tailles remplis à ras bord, et certains petits flacons recouverts d'une épaisse couche de poussière. Des élixirs, décoctions et liqueurs, datant en grande partie de l'époque de Kunegunde Kreppel, y dormaient, ou plutôt, y menaient une vie secrète. Serrées les unes contre les autres, les bouteilles brûlaient d'envie d'être utilisées – dans le respect des consignes décrites par Kunegunde, de ses pattes de mouche à peine déchiffrables. Il y avait aussi de petits sacs en toile de lin remplis de plantes aromatiques séchées ainsi que des bourgeons d'arbres disposés sur des torchons.

Sur la plus haute des étagères, de jolies petites boîtes contenaient les remèdes les plus secrets. L'une était d'un vert foncé qui tournait presque au noir ; l'autre, d'un pourpre d'une telle intensité qu'elle semblait rayonner malgré la pénombre qui baignait la pièce. Mathilde les avait achetées avec Hélène au marché de Noël de Wrocław, quand, du temps où celle-ci était encore en vie, elles s'y rendaient une fois l'an pour vendre des infusions revigorantes à base de plantes et de racines qui leur rapportaient plus en une journée que ce que le gendre d'Hélène amassait en un mois – et qu'il dilapidait consciencieusement à la taverne. Sur le chemin du retour, à la demande de sa grand-mère, Mathilde avait jeté dans la neige les médaillons de Notre-Dame du Carmel qu'elles contenaient. Une fois à la maison, Hélène avait donné à ces boîtes un nouvel usage en les remplissant jusqu'au bord d'onguents préparés en cachette de son gendre, puis les avait remisées dans un endroit tenu secret, que seule Mathilde connaissait. À quelques reprises, des femmes particulièrement éplorées étaient venues trouver sa grand-mère, qui les avait sorties de leur cachette pour les soigner. Mais cela n'arriva toutefois pas plus de dix fois, et Hélène usait d'ordinaire d'un mélange de plantes écrasées au mortier ou de bourgeons séchés, ou encore des fruits des bois réduits en poudre, provenant parfois de ces petits buissons cultivés en bocaux qui ornaient les appuis de fenêtre – et qu'elle faisait passer pour des plantes aromatiques pour la cuisine.

De ces boîtes, Mathilde savait simplement que les vert foncé servaient à enserrer la fente, tandis que les pourpres permettaient de quitter le corps par l'intermédiaire de l'âme.

Brunhilde, qui fanait et, par conséquent, souffrait fréquemment de bouffées de chaleur et d'oligurie, Gretchen, dont les nombreuses grossesses avaient provoqué un embonpoint qui malmenait son dos, Sara, qui ne s'animait qu'à la vue des femmes et n'éprouvait pour les hommes que de l'aversion, Hedwige, la bonne dont les chanoines tentaient sans cesse de déchirer la robe, mais aussi la toute jeune Bernadette von Klisch, qui ne désirait que le Christ dans son cœur et dans sa fente – toutes manquèrent de s'évanouir à la vue des petites boîtes, car elles en avaient eu vent par Mathilde, mais ne pensaient pas qu'il leur serait donné d'éprouver l'action de leur contenu.

Certaines étaient venues dans la forêt à l'époque d'Hélène chercher du fromage et des plantes, certaines étaient ensuite revenues pour les sermons de la Vieille Pucelle, pour se transformer tel le lait qui devient quark, devenir quelqu'un d'autre tout en restant soi-même, dans un autre état de la matière. Se détacher du corps pour tendre vers ce qui, au-delà du corps, vit en nous et n'appartient pas totalement à Dieu le Père mais à la Terre-Mère. Elles savaient toutes que l'évêque de Neisse interdisait strictement ces sermons et qu'il tentait de punir les femmes qui adoraient la Terre-Mère et ce qui était terrestre plutôt que Dieu le Père. Mais elles savaient aussi, malgré le principe défendu par l'Église et sur lequel veillait sans répit Johann Balthasar Liesch von Hornau, que ce qui était mortel et terrestre les attisait comme un feu, les rendait vivantes, et qu'elles étaient bien loin de ressentir la même chose pour cette brumeuse vie après la mort censée être couronnée par une place auprès du trône de Dieu le Père, à ses pieds. Elles refusaient catégoriquement de devenir des chiennes de Dieu.

Elles avaient le désir d'éprouver ici et maintenant les puissantes expériences qu'elles n'auraient probablement pas l'occasion de ressentir auprès du Très-Haut. Elles croyaient, comme Hélène et Mathilde, que l'on pouvait se détacher du corps plus tôt qu'à l'heure de sa mort et orienter son âme vers les cieux non par l'agonie, mais par un plaisir indicible. Quand un grand feu s'allumait, le corps humain était traversé d'un frisson qui, tel un éclair, entrait en lui par les orteils pour en ressortir par les orbites, dans lesquelles apparaissaient alors des étoiles ; on cessait soudain d'exister pour renaître l'instant d'après. Les femmes appelaient entre elles cet état, ultra-puissant en sensations corporelles comme spirituelles, la « séparation » – l'âme se séparait du corps – ou encore le « tout-puissant renouveau ». Par le frottement, elles rendaient leur âme à ce qui était divin, leur corps à ce qui revenait à la Terre, et elles nourrissaient les deux en même temps.

Dans la petite pièce remplie de silence, Mathilde, assise nue dans le cercle de femmes, saisit une racine de scorsonère sur laquelle elle appliqua un onguent tiré de la boîte vert foncé. Elle tartina le bout d'une large couche et la tige, d'une épaisseur plus modérée. D'un signe de tête, elle invita les autres à faire de même. Quand toutes se furent mises à l'œuvre, elle se pencha un peu vers l'arrière en écartant les cuisses, puis elle se munit non de la racine, mais du rhizome de roseau qui avait gonflé sous l'effet de l'humidité. Mathilde commença à se procurer un plaisir ineffable en déplaçant délicatement ce rhizome sur son pubis. Ce n'étaient que des frôlements au départ, mais très vite le rhizome alla plus en profondeur recouvrir les poils de la vulve de ses radicelles tels de petits cheveux. À l'aide de l'autre main, il s'agissait ensuite d'écarter la fente des doigts pour pouvoir frotter le rhizome à la petite saillie qui se trouvait sur le dessus, provoquant le plaisir indicible qui annonçait l'arrivée de l'éclair.

Quand toutes se retrouvèrent à la frontière du terrestre et du divin, Mathilde leva les doigts d'un geste décidé, comme pour interrompre le silence qui de toute façon était à présent tissé de soupirs et de ces respirations qui, accélérés et rythmiques, rappelaient parfois des sanglots, et elle fit signe de saisir la racine. Elles la saisirent simultanément d'un geste avide et insérèrent encore et encore la scorsonère en elles. Elles se daguaient tantôt lentement, tantôt rapidement, délicatement, en inséraient juste le bout ou l'enfonçaient jusqu'à la tige. Il leur semblait incroyable de pouvoir prendre en elles un être vivant de façon si profonde et puissante – aucun mari ou amant ne les avait jamais pénétrées ainsi.

Les racines recouvertes d'onguent les conduisirent à des sensations incomparables. Il n'y a aucun mot, en aucune langue, apte à décrire les gémissements de plaisir et les bruissements qui se faisaient entendre. Qui sortaient de leurs bouches, mais aussi de leurs vulves, car en éjaculant leurs sucs internes, celles-ci émettaient ces mêmes sons qui étaient sortis des entrailles de la Terre lorsqu'elle avait accouché des premiers poissons et oiseaux, quand était tombée la première pluie et, qu'après l'averse, de gros vers sentant bon l'humus avaient surgi du sol, quand le vent s'était mis à souffler, que le premier printemps était arrivé, que les pommiers avaient fleuri dans les vergers et que Dieu avait enfin daigné se reposer, après six jours de dur labeur de création.

Lorsque les gémissements se firent plus discrets, Mathilde s'allongea, face contre terre, et les femmes, guidées non par les mots mais par un profond pressentiment, s'étendirent l'une sur l'autre comme des galettes sur une assiette, se collèrent étroitement. Lorsqu'elles furent installées en un tas confortable, Mathilde bougea le gros orteil. C'est ainsi que tout commença. Le mouvement de l'orteil de Mathilde provoqua immédiatement le besoin de bouger une autre partie du corps chez Brunhilde, qui était allongée sur Mathilde et qui remua la cheville, ce qui éveilla les hanches d'Hedwige qui était au-dessus, puis Sara changea la position de son bas-ventre, ce qui fit se mouvoir la poitrine opulente bien que momentanément dépourvue de lait de Gretchen, et, enfin, pincer les lèvres à Bernadette, des lèvres qui étaient devenues particulièrement sensibles à force de sucer les assistants de son père. Un puissant frissonnement du corps entier se propagea parmi toutes les femmes étroitement blotties les unes contre les autres. Un éclair les transperça au même moment, une sensation qu'aucune d'entre elles n'avait jamais éprouvée auparavant.

Il leur sembla que le frissonnement avait duré une éternité et que, durant ce renouveau tout-puissant, elles s'étaient élevées au-dessus de la ville, qu'elles avaient admiré les toits pointus des églises de Neisse et des riches bâtiments, survolé des ponts et des rivières, mais aussi les cimes des arbres, aussi fines que l'extrémité des racines de scorsonère. Tandis qu'elles passaient au-dessus de la rivière, chacune avait aperçu sa propre image reflétée dans l'eau, à l'envers. Seule Mathilde ne vit rien, elle n'avait pas de reflet, elle existait hors des principes d'existence du monde, mais cela ne l'inquiéta guère, car l'instant d'après elle vit, comme les autres, ce qui se trouvait en contrebas : des clairières et des prés où paissaient des vaches, sa propre maison, la niche du chien qui lui aboyait dessus depuis toujours, un chien stupide qui adorait son maître quand celui-ci ne lui épargnait aucun coup de pied, aucune manifestation de lâche méchanceté.

« Quel chien stupide ! », se dit-elle, entrelaçant ainsi ce qui était temporel à ce qui était surnaturel, ce qui ruina son vol. Elle se mit à tomber.

Elle cria, et toutes les femmes atterrirent près d'elle. Elles ne pouvaient croire à ce qu'elles venaient d'éprouver.

Mathilde rompit alors le silence :

– Si vous êtes bien sûres de ne plus vouloir vous ouvrir à aucun homme, décidées à enserrer une fois pour toutes vos fentes, que seuls les racines et les rhizomes rendront désormais avides, prenez un peu de l'emplâtre de la boîte pourpre sur le doigt et mettez-en autant que vous pourrez en vous. Quand la colle de scorsonère séchera, vous serez scellées pour toujours. Aucun être humain, aucun animal n'aura plus accès à vous. Vous ne pourrez prendre que des plantes de tous les types, ou des femmes, et rien de dur, excepté les racines, n'entrera plus. Désormais, vous frotterez vos vulves avec des rhizomes, des branches, des bourgeons de plantes, des racines prévues à cet effet. Vous les titillerez de fleurs séchées, de grappes de sureau, et vous y fourrerez des glands, des noix, des châtaignes enfilés sur un fil pour qu'ils se balancent agréablement au rythme de vos pas – un plaisir exquis qui durera toute la journée. Si la langueur de ce qu'ont les hommes venait à vous consumer, vous leur apprendrez à chérir votre vulve pour que le plaisir vienne en frottant et non en daguant. Car vous ne les dominerez que lorsqu'ils ne triompheront plus de vous par leur membre, qu'ils apprendront une meilleure façon de faire l'amour, qui découle de la Terre-Mère, de la Nature. Tirée de la vie des plantes, et non des animaux.

L'esprit de sa grand-mère s'éleva au-dessus d'elles. Et tandis qu'Hélène regardait sa petite-fille, elle fut emplie d'une telle fierté que l'air l'emporta encore plus haut au-dessus de la Terre.

De l'épouvantail et des avantages de l'ingéniosité

Mathilde contrôla sa fente. Celle-ci palpitait plus fort que d'habitude. C'était peut-être dû à son rêve, un de ces rêves dans lesquels elle s'asseyait les jambes écartées sur le tronc d'un arbre tombé à terre lors d'une tempête, pour se frotter contre lui.

La mousse réchauffée par le soleil lui faisait penser à la barbe de quelqu'un qui vivrait sous la terre de la forêt et dépasserait légèrement à sa surface. Une mousse pour recouvrir les mystères d'une vie cachée. Une vie faite des mouvements des scolytes et des fourmis, de la décomposition de la pulpe, de la putréfaction silencieuse, du ruissellement de sucs et de sèves vivifiants dont le parfum étourdissait. Du scintillement de la pluie sur des feuilles vert clair. De perles de rosée. Elle retint sa respiration et pénétra en elle. Non pas avec les doigts, mais avec de fines tiges de fleurs qu'elle gardait toujours à portée de main dans un broc, fraîchement rapportées du jardin.

Elle les glissait délicatement dans sa fente et dans ce qui se cachait au-delà, jusqu'à ce que son âme se détache de son corps et la transporte loin de la maison, de son jardin, de la forêt avoisinante, loin de Neisse et loin de Wrocław, qu'elle ne connaissait finalement que très peu, qu'elle ne visitait qu'au cours du voyage qu'elle faisait une fois l'an pour aller chercher ces petites boîtes qu'un boutiquier importait de Prague pour les plus élégantes des citadines, qui y conservaient des médailles à l'effigie de Notre-Dame, gardienne de la foi, censées les rendre plus vertueuses.

Dans le coffre en bois de sa dot, sous les chemisiers brodés, les lourds caftans en peau de mouton, les larges jupes, étaient dissimulés les remèdes préparés par sa grand-mère selon les recettes de Kunegunde Kreppel – des parfums à base de rhizome de roseau, des liniments pour lisser le visage, mais aussi le célèbre anti-gaule, l'onguent à base de consoude, d'écorce de chêne et de scorsonère qui, en pénétrant pleinement dans la fente, resserrait pour quelques heures la grotte de Mathilde, dans laquelle, mis à part des brins d'herbe ou de petits rameaux, rien ne pourrait passer.

Mathilde aimait le faire avec des rameaux de sureau ou d'aulne, et surtout avec les chatons des saules, les plus agréables pour sa fente. Elle se les enfonçait lentement, tel un collier de perles enfilées sur une brindille, et repaissait sa fente d'un plaisir difficile à supporter. Elle aimait aussi y fourrer des plumes arrachées des oreillers. Une chose si petite et souple qu'elle en était imperceptible, presque inexistante. Quand elle la faisait entrer et sortir de sa fente de devant et qu'elle en insérait une autre dans le petit trou de derrière, elle exaltait, elle s'éployait, elle irradiait.

Et elle s'enracinait de nouveau dans son être profond. Après cette extase qui traversait son corps de part en part, alors qu'elle palpitait encore, elle prenait une petite boîte cachée sous son oreiller, la posait près du vase de lysimaques violet cadavérique, soulevait le couvercle de ses doigts mouillés, puisait une portion abondante d'onguent et le tartinait en elle. À l'intérieur. De la graisse de blaireau, du mucilage de consoude et de l'écorce de chêne – le même remède pour lequel sa mère, Ursula Spalt, avait fini seize ans plus tôt pendue à une branche. L'écorce avait été réduite en poudre, diluée dans de l'eau bouillante et versée sur la graisse de blaireau. Comme le lui avait appris Hélène. Pour ne pas laisser entrer le mal en soi. Pour se resserrer étroitement, refermer les pétales de sa fleur face à l'indésirable, pas pour toujours, comme dans la version de Kunegunde, pas encore, seulement pour un jour et une nuit – elle comptait sur le fait que le vieux crèverait plus vite qu'il ne parviendrait à la prendre. Hélène n'avait pas enseigné à sa petite-fille la recette du remède de l'enserrement à vie qui avait été donné aux Terreuses avant la tentative publique de les ramener à la vie pieuse, elle craignait que Mathilde en fasse usage et ne finisse pendue à un arbre comme sa mère. C'est l'unique recette qu'elle ne lui avait pas révélée, bien qu'elle l'eût elle-même soutirée presque de force à Kunegunde.

Durant le sommeil, son vieil abruti de mari soufflait, sifflait, bavait et écumait comme un démon enragé qu'on aurait tabassé. En le voyant ainsi au réveil, elle referma les yeux pour ne pas pourrir la première image de sa journée, ne pas gâter sa bonne humeur. Pour se rassurer, elle saisit alors une tige de lysimaque du broc et essaya de la faire entrer en elle en la faisant passer sur les poils qui recouvraient sa vulve. Puis un brin d'herbe. Sans succès. Comblée et rassérénée, elle descendit les escaliers avec précaution pour que le bruissement de ses pas ne vînt pas perturber le silence.

Elle se réjouissait de sa propre ingéniosité. De ces connaissances que Mathilde devait à présent porter au monde, répandre pour renouveler l'alliance. Reformer les Terreuses et vénérer à nouveau la Terre-Mère.

Elle ne savait toutefois comment s'y prendre, l'évêque Johann Balthasar Liesch von Hornau et ses hommes l'observaient si méticuleusement qu'elle ne pouvait faire un pas sans qu'une paire d'yeux l'épient derrière une clôture. Des yeux qui ne dormaient jamais. Qui scrutaient chacun de ses mouvements à la loupe.

Elle ne savait comment, ni où, ni quand enseigner l'Évangyle de la Vieille Pucelle, première-née de la Terre. Comment le professer aux femmes qui n'avaient pas encore été mises dans le secret, car tout contact avec les anciennes Terreuses, à l'exception de celles qui avaient récemment fait alliance dans la cachette du forgeron, avait été rompu par la mort d'Ursula et la tentative ratée de viol public. Comment les choisir parmi la foule du marché, quand elle y allait vendre du quark et du lait ? Comment les inviter chez elle, si l'évêque et ses hommes ne la laissaient pas respirer tranquillement, vérifiaient que seuls les prix des produits et d'aimables remerciements marchands sortaient de sa bouche ? Comment montrer à ces femmes les étoffes brodées par sa grand-mère à la gloire de la Terre-Mère et de la Vieille Pucelle ?

Cela l'affligeait grandement, mais elle restait convaincue que la vie lui suggérerait une solution. Que sa mission était d'attendre, attentive, le signal dont sa grand-mère avait parlé tant de fois et qui se manifesterait lorsqu'elle serait prête.

Aussi, plutôt que de se casser la tête, se concentrait-elle sur le quotidien de son mariage. Elle se félicitait de savoir plonger son épouvantail de mari dans un sommeil si profond qu'il était proche de la mort. Même la mère du forgeron n'avait su bercer ainsi son fils. Et si ce devait être en rusant, eh bien, tant pis !

Elle avait compris aussitôt après ses noces que le vieillard aimait s'enfiler des tord-boyaux, plus forts que la bière qu'il avalait à l'auberge dès la fin du travail. Il suffisait donc de régaler l'épouvantail d'un breuvage qui le fasse s'écrouler de tout son long avant qu'il n'atteigne le lit conjugal. Elle aurait accepté un chien en elle plutôt que son mari, elle le faisait donc boire, avec un sourire démoniaque, diverses mixtures de sa fabrication. Il n'était pas difficile de le satisfaire, le forgeron buvait jusqu'à plus soif. Oh, elle s'y connaissait en préparations à base de plantes ! Elle était douée pour cela. D'ailleurs, le vieux ne cessait de vanter son talent.

Une fois chauffé par l'alcool et avant d'avoir eu le temps de poser la main sur sa femme, il était terrassé au point de ne plus pouvoir sentir ses membres, voire de perdre l'ouïe – momentanément. D'autres fois, tout son corps, pétrifié, était lourd comme un tronc.

Dès qu'il buvait les boissons préparées par Mathilde, le monde qu'il connaissait, qui dans son cas s'étendait de son foyer à l'auberge de Neisse, se déformait complètement et tournoyait étrangement, ses mirettes se remplissaient alors de brume, comme celles des poissons que Mathilde observait dans la rivière près du moulin, et il ouvrait grand ce bec qui empestait l'odeur fétide de fermentation des gnôles, dont la puanteur était telle qu'il fallait vite aérer la maison. Ce diable !

Il ne lui manquait que les cornes et la queue, et si Mathilde ne pouvait jurer de l'existence du diable, elle était néanmoins certaine que, s'il existait, il avait la forme de son mari. Elle apprit à faire de la gnôle avec tout : des épluchures de pommes de terre, de l'épine noire, des prunes, des pommes, des miettes de pain. Et comme elle ajoutait à tout cela de menues quantités de belladone cuite, de fruits de viorne obier et de bois-joli, la santé du vieux déclinait de jour en jour. Il perdait ses forces vitales.

Il restait tout de même vif, comparé aux autres hommes, malgré sa vieillesse. À plus de soixante-dix ans, il était toujours sur pied et ouvrait grand sa stupide gueule pour baver devant les femmes de ses clients. Mathilde ne pouvait l'empoisonner en une fois, il aurait été suspect qu'un homme fort comme un chêne s'écroulât ainsi, comme frappé par la foudre. Elle l'empoisonnait donc doucement. Pas tant pour faire venir la Faucheuse que pour faire passer l'envie au forgeron de rejoindre sa femme dans le lit conjugal.

Le vieillard n'avait toujours pas de progéniture. Or, c'était pour cette raison qu'il avait pris Mathilde pour femme, malgré tout ce qu'il avait entendu dire à son propos. Il se mordait à présent les doigts de n'avoir pas écouté ses compagnons de beuverie de l'auberge Au Crabe d'or, de s'être laissé manœuvrer par un banqueroutier, Mathias Bremmel, qui avait passé la nuit à lui assurer, jusqu'au petit matin, que de toutes les femmes des environs, sa fille Mathilde était la plus travailleuse, la plus débrouillarde, la plus vertueuse et la plus belle. Parmi tous ces attributs, la vertu, dont il se réjouissait auparavant le plus, lui donnait du fil à retordre.

Depuis leurs noces, un hiver et un printemps étaient passés sans qu'il la touchât. Non seulement il n'avait pas eu affaire à son corps, mais il ne l'avait jamais vue nue. Elle lui semblait craintive. Et vive. Dès qu'il essayait de l'attirer sur ses genoux, elle courait vers le feu qui s'éteignait pour y rajouter des bûches, filait vers la fenêtre sous prétexte qu'un courant d'air ravirait leur âme avant qu'elle finît de préparer le dîner. Au début, il s'amusait de ces petits tours, mais c'était devenu de moins en moins drôle. À la fin de l'hiver, il essaya de la prendre. Elle ne s'ouvrit pas à lui. Tout au début, il tenta de lui parler, puis il n'hésita plus à user de la force, mais ne réussit jamais à lui desserrer la fente. Et il essayait matin et soir.

Devant ces assauts répétés, elle se mit à le soûler, en attendant qu'il crève. Elle avait pris l'habitude d'enserrer sa fente avant qu'il se réveillât. Elle préparait la mixture chaque nuit, en cachette de son mari, ce qui était difficile et la forçait à ruser et à mentir.

Elle n'avait encore jamais ressenti l'envie d'accueillir quiconque en elle ni de se laisser toucher par autre chose que ces végétaux que sa grand-mère qualifiait de « meilleurs amants parmi les êtres vivants ».

Mathilde avait refusé ce plaisir au meunier, qui l'avait pourtant courtisée autant de fois qu'il y a d'étoiles dans un ciel d'été, plongeant son regard amoureux dans ses yeux dès qu'elle venait acheter de la farine. Elle l'avait aussi refusé au voisin Lintzmann, qui la dévisageait tant qu'il en salivait en l'apercevant sur la route. Celui-ci l'avait traquée dans la forêt, un jour où elle récoltait des champignons ; il l'avait assaillie par-derrière et attrapée par la taille en essayant de soulever sa jupe, mais elle lui avait filé entre les doigts. Elle était plus rapide que lui. Sans attendre, elle avait couru le dénoncer auprès de son épouse, se plaindre que le dévot mari l'avait embusquée dans les bois pour forniquer. Elle l'avait enfin aussi refusé au conseiller Petrus Gerbauer, qui avait déjà tourmenté sa grand-mère à l'époque où il conseillait l'évêque précédent – avec qui il s'entendait sur de nombreux sujets. C'est même lui qui avait suggéré à von Sitch de faire revenir le petit connard Babel au duché, le rappeler de cette lointaine Franconie où il était renommé pour être le plus efficace des inquisiteurs de sorcières. Gerbauer s'était faufilé dans l'étable où Mathilde trayait ses vaches adorées et il avait essayé de l'étreindre de toutes les façons possibles. Elle ne s'était pas ouverte à lui non plus, bien qu'il fût un sacré gaillard, fort comme le chêne de la clairière au bois mort.

Mathilde frémit en repensant à cette attaque et à toutes les fois où elle avait eu à se défendre. Elle descendit les escaliers menant de la chambre à la cuisine et ajouta du bois dans le feu, but un peu de lait, mangea un quignon de pain tartiné d'une bonne couche de beurre, puis ouvrit la fenêtre pour aérer. Elle regarda le ciel. Elle attendit que le nuage qui cachait le soleil passe son chemin, puis elle cligna lentement des yeux pour étendre la lueur du jour sur ses cils et pour, durant un instant, ne rien voir d'autre que cette clarté. Le jardin et le verger allaient émerger progressivement de cette lumière. Ce petit tour ne marchait que les jours ensoleillés.

Contente d'elle-même, elle courut vers l'étable pour nourrir les vaches et les traire. Elle voulait préparer le lait pour faire le fromage qu'elle vendrait au marché du jeudi, dont elle cacherait, comme d'habitude, une partie des revenus à son mari. Personne à Neisse et jusqu'à la châtellenie d'Otmuchów ne prenait aussi cher pour un fromage, mais depuis des décennies, le duché savait qu'il était loin d'être ordinaire. Les légendes sur l'ancien quark des Terreuses donnaient aux produits laitiers de Mathilde – dont tout le monde connaissait l'ascendance – un surplus de valeur et de goût. Elle vendait toujours la totalité de sa production. Aucun fromage n'était comparable au sien. Premièrement, de même que le quark de sa grand-mère si célèbre dans tout le duché, son fromage ne refroidissait jamais, il restait aussi chaud que le lait au sortir de la vache. Deuxièmement, il prenait si bien que, quand on en coupait un morceau, il suffisait de le remettre à sa place pour reformer la boule de fromage dans sa totalité, une boule parfaite.

Certains y voyaient une origine démoniaque : la grand-mère était hérétique, la petite-fille devait secrètement l'être aussi – elle tentait ainsi de les soumettre au diable, de les attirer avec elle dans le gouffre de l'enfer. D'autres, comme Bertha Lintzmann, en avaient sacrément assez de la trinité Spalt – la grand-mère carabosse, la fille suicidaire, là, à pendiller sur son chêne (la version du suicide s'était imposée malgré le témoignage d'Hélène qui avait assuré que jamais sa fille ne se serait mis la corde au cou, surtout pas après la naissance de son enfant), et la petite-fille, à présent, impudente donzelle qui, depuis son mariage avec Erick Seering, menait à la tentation son mari.

La Lintzmann, profitant d'un moment où le portail était ouvert, décida de mener l'enquête. Elle se faufila sur la propriété des voisins et entendit, à travers la porte entrebâillée de l'étable, Mathilde parler à ses vaches comme à des humains, et plus tendrement encore. Elle semblait bercer ses enfants, leur chuchotant à l'oreille des mots différents, incompréhensibles. La Lintzmann vit aussi, en se cachant derrière un des piliers, que la fille collait son nez contre le museau des vaches et respirait le même air qu'elles. Elle semblait transmettre son souffle aux bêtes qui – ce qui déplut davantage encore à Bertha – regardaient la jeunette comme si elles étaient sous l'emprise d'un charme, sans jamais ciller. Elle décida de filer vers le palais de l'évêque Johann Balthasar Liesch von Hornau pour lui rapporter en détail ce qu'elle avait vu dans l'étable de ses voisins.

Plusieurs semaines avant cela, l'épouvantail avait été témoin de la même scène et il avait sévèrement rossé sa femme. Elle n'avait pas ouvert la bouche sous les coups de branches de saule qu'il avait nouées d'une ficelle. Il ne la frappait pas seulement pour toute la bizarrerie de son comportement. Il la battait aveuglément pour tout le mal qu'il lui imputait. Parce que sa grand-mère avait été Hélène la hexe carabosse. Parce qu'il n'avait pas pu souiller sa femme depuis le jour de leur mariage. Parce que les hommes la dévisageaient. Parce que le meunier s'était vanté à l'auberge, après deux pichets de bière, qu'il connaissait mieux sa femme que lui et qu'il faisait avec elle des choses que le pauvre bougre ne pouvait pas même imaginer. Parce qu'elle avait des yeux dans lesquels semblaient se refléter tout Neisse et le monde entier, mais aussi le ciel, les rivières, les étoiles et la poussière de la lune, les contrées éloignées et les mers, les navires chargés de trésors et les mines remplies d'or. Des yeux qu'il suffisait de regarder pour que tout y apparaisse, mais inversé.

Le meunier avait raconté que cette vision passait à celui qui la regardait, comme par contamination. Que ce monde observé sous les paupières se mettait à scintiller légèrement, perdait sa netteté et ses contours, se dissolvait, puis, l'instant d'après, coagulait pour former une nouvelle image, distincte de celle que l'on connaissait – comme le lait de Mathilde qui devenait quark.

L'épouvantail la battait pour avoir observé le monde avec le meunier et pour tout ce qui était si inhabituel en elle, tout ce qui était pourri, putréfié, un fruit creusé par un ver, il la battait pour ce qui lui était inaccessible, il battait sa taille étroite qu'il n'avait jamais pu prendre dans ses bras, il battait ses fesses rondes qui ne voulaient rester plus d'une minute sur ses genoux, il tirait ses longs cheveux qui, même attachés, retombaient sagement sur son cou et sa nuque blanche en boucles châtaines. Mais il la battait surtout parce qu'il avait eu beau la regarder tant de fois, il n'avait vu dans ses yeux que l'obscurité, et rien au-delà.

Après être retournée dans la cuisine et avoir mis le lait à cuire pour le fromage, Mathilde entendit un bruit de sabots qui la fit se retourner vers la fenêtre. En voyant les cavaliers arriver, plutôt que de se rendre à l'étable, elle attrapa son balai et se mit à balayer la ferme.

Elle le faisait avec impétuosité pour tenter d'étouffer sa peur et de disperser l'obscurité qu'ils avaient apportée, pour mettre de l'ordre dans le ciel. Déplacer le soleil et les étoiles pour former de nouvelles constellations. Balayer le mal du monde de sous le banc en chêne du jardin. Chatouiller le dos de la Terre pour qu'elle se sente bien. Pour qu'elle dorme profondément durant l'hiver et se réveille généreusement au printemps. Pour que les pluies d'automne n'emportent pas les sépultures de ses ancêtres. Pour que sous la couche de boue glacée palpite la vie des racines entrelacées des buissons et des arbres.

Après avoir fini, elle leva furtivement les yeux, car le bruit des sabots s'était étrangement tu. Elle vit que les cavaliers s'étaient arrêtés et qu'ils la regardaient avec ostentation, de loin. Elle se mit alors à tresser ses cheveux bouclés et à les attacher pour qu'ils ne lui tombent pas dans les yeux pendant la traite, puis elle mit son gilet et courut voir les bêtes. Elle tâcha de se comporter de façon naturelle, de ne pas montrer qu'elle était tétanisée par la peur. Elle jeta des graines aux canards et aux poules, nourrit le chien qui l'accueillit comme toujours d'un aboiement sonore, comme s'il ne l'aimait pas ou en avait peur. Même si c'était le vieux qui lui rossait les côtes sans raison, ce n'était jamais contre lui qu'il aboyait mais contre elle, hérissant ses poils cuivrés et retroussant sa queue. Comme s'il savait quelque chose que son maître ignorait.

– Imbécile, tu verras que je te manquerai un jour, lui lança-t-elle soudain, sans savoir pourquoi.

Les vaches se mirent à mastiquer et à meugler joyeusement avant même qu'elle n'atteigne l'étable. Elles avaient senti son odeur. En les entendant ainsi, elle sourit. Le souhait de sa grand-mère ne s'était-il pas réalisé, que sa petite-fille puisse se réjouir de la vie, de la façon dont on mange, dont on dort et respire, et que la vie se réjouisse d'elle aussi ?

Elle salua les vaches en inspirant et expirant avec elles. Elle avait eu le temps de s'asseoir sur le tabouret de traite lorsque les visiteurs décidèrent d'entrer dans le jardin. Ils s'étaient déjà montrés plusieurs fois devant sa maison, mais n'en avaient jamais auparavant franchi le portail. Ils s'étaient contentés de rester plantés devant la palissade, le temps d'être sûrs qu'elle les avait vus. Et ce, toujours en l'absence du vieux forgeron qui travaillait en ville ou aux alentours, quand elle était seule à la ferme. Jusque-là, hormis Gerbauer, personne ne s'était aventuré dans le jardin.

C'est pourquoi elle fut encore plus effrayée lorsqu'ils se présentèrent à la porte de l'étable. Elle se dit qu'elle ne s'en sortirait peut-être pas aussi facilement, cette fois. Elle ne faisait pourtant rien de plus que de réfréner les élans obscènes de l'épouvantail. Elle vivait comme le lui avait inculqué sa grand-mère, que l'évêque Liesch et le conseiller au chapitre Gerbauer avaient harcelée, après la mort d'Ursula et l'emménagement chez son gendre, pour l'inciter à cesser de vénérer le Malin.

Mais sa grand-mère ne croyait absolument pas à l'existence du diable. Sa repartie avait fait enrager l'évêque, à qui Heinrich Babel avait exposé l'affaire dans les moindres détails. Et elle avait continué d'argumenter, même lorsqu'ils l'arrosaient d'eau bénite, qu'ils lui traçaient des croix sur le front avec leur doigt et lui mettaient ses chaussures de force pour éradiquer le terrestre en elle, tout ce qui était lié à la Terre-Mère et à sa vénération. Car elle devait constamment la toucher de ses pieds nus, même quand elle habitait en ville. Jusqu'à la fin de sa vie, elle n'avait jamais interrompu le contact avec Elle. Comme l'enseignait la Vieille Pucelle. Un jour, elle leur récita une patenôtre dont ils allaient se souvenir pour le restant de leur vie : les mots s'enlisaient, disparaissaient, s'égaraient, et une fois retrouvés, ils étaient fragmentés en sons, en syllabes, le tout était désuni, morcelé, et n'avait plus aucun sens. Écouter cette prière revenait à observer les restes d'un gigantesque bateau qui avait fait naufrage sur des récifs.

Lorsque, des années plus tard, ils pénétrèrent cette fois chez l'épouvantable forgeron, et plus concrètement dans son étable, Mathilde, saisie de peur, se souvint immédiatement des paroles que le meunier avait proférées quelques jours plus tôt. En apportant de la farine aux Lintzmann, il avait vu des gardes examiner la terre sur la route qui menait à sa maison, à la recherche de traces des sabots du diable. Ces derniers lui avaient dit que, sur demande expresse de l'évêque Liesch, étaient venus de Rome des représentants du pape chargés d'attraper les sorcières du territoire et de les brûler vives dans un four, sous le commandement de l'inquisiteur Babel, qui se faisait vieux à présent, mais restait le chasseur et tortionnaire de sorcières le plus efficace de la région. Parmi les cinq hommes présents dans l'étable, Mathilde reconnut l'évêque en personne, le conseiller au chapitre Gerbauer et le juge Gombrich. Les deux inconnus portaient une tenue qui lui était étrangère. Leur manteau était si large qu'il aurait pu recouvrir quatre Mathilde – et il resterait encore du tissu pour habiller un enfant.

Depuis les quelques dizaines de pas qui les séparaient, ils semblaient des corbeaux à taille humaine. Leurs chapeaux étaient différents de ceux des hommes de Neisse et des conseillers municipaux. Les couvre-chefs des corbeaux étaient beaucoup plus hauts, terminés en une pointe coupée à son extrémité, telle la cheminée dans laquelle elle avait l'habitude de cuire son pain et de cuisiner. Ils étaient aussi portés différemment, penchés, occultant la moitié des visages.

Elle serra instinctivement les doigts sur les pis d'une génisse qui avait récemment vêlé et qui, au lieu de donner du lait, se mit à ruer pour faire comprendre qu'on lui avait fait mal. Mathilde caressa la bête entre les yeux pour se faire pardonner sa rudesse. Elle savait que les bêtes adoraient ça, comme si elles avaient à cet endroit, sous leur pelage, un troisième œil dissimulé au monde.

L'animal avait dû sentir quelque chose car, au lieu de se comporter comme à son habitude, de rester immobile, il se mit à tourner sur lui-même. Mathilde lui caressait les flancs, mais il ne voulait pas se calmer. Au lieu de s'imprégner dans la terre, le lait qui s'écoulait des pis dessinait au sol des formes étranges. Aux yeux de Mathilde, ce n'était là qu'une simple tache, pourtant celle-ci attira l'attention des hommes, qui sortirent de l'étable pour en discuter – et Mathilde s'en inquiéta. La génisse se remit alors immédiatement à donner du lait, en quantité telle qu'il fallut user d'un second seau. Tout en trayant, Mathilde jetait des regards furtifs derrière elle pour voir s'ils étaient partis pour de bon.

Soudain, un miracle eut lieu. Elle vit l'épouvantail qui se tenait sur le porche, en chemise de nuit et gilet, une faux à la main.

– Laissez-la tranquille ou je vous abats comme des chiens !

Pour la première fois de sa vie, la vue de ce vieux débile lui inspira, plutôt que de l'aversion, de la gratitude. Lorsque les hommes s'en allèrent, elle se jeta dans ses bras. Le vieux posa alors ses mains sur son corps. Elle tenta de s'échapper, mais en vain, cette fois.

Il la saisit fermement par sa longue natte brune. Elle en siffla de douleur mais n'en montra rien, son corps était encore engourdi par la peur. Elle était légère, et ses souliers touchaient à peine le sol quand il la tira par les cheveux jusqu'à la maison.

Elle ne se démena pas, elle tentait de toutes ses forces de se séparer de son corps pour qu'il ne puisse souiller ni son âme ni son cœur sensible, pour que son désir ne les atteigne pas.

Il ne la porta même pas jusqu'au lit. Il la renversa sur le sol. Quand elle sentit ses mains rugueuses sur ses hanches et sur ses cuisses, elle serra fort les paupières pour ne pas le regarder. Pour ne pas le laisser entrer en elle par les yeux.

Elle ne les ouvrit pas, même lorsqu'il la tira violemment par les cheveux, la pinça et la mordit jusqu'au sang. Elle lui défendait d'accéder à elle. Sa fente, collée par l'onguent, ne se desserrait pas ; le vieux décida donc de pénétrer ce qu'il ne connaissait que chez les animaux. Et, bien qu'il fût à l'étroit, qu'il pût à peine se mouvoir, elle ne dit pas un mot. Les yeux toujours fermés, comme aveuglée par le soleil et la pleine lune et toutes les étoiles du ciel en même temps, elle respirait de moins en moins, existait de moins en moins, sentait de moins en moins. Elle devenait le sol sur lequel elle était étendue, l'air dans lequel existaient sa chemise de nuit, son gilet, ses souliers. Le ruban à cheveux offert par le meunier auquel seule l'observation du monde la liait. Tandis que le vieux grognait au-dessus d'elle et brisait le silence de son souffle saccadé par le désir, par le bruit de son corps qui claquait contre sa peau, celui de ses pieds sales frottés contre le sol et de ses mains rugueuses contre son corps, Mathilde

Spalt cessait lentement d'être Mathilde Spalt, fille de Mathias et d'Ursula. Qui était sa mère, qui était son père, cela ne signifiait plus rien. À chaque mouvement du vieux, son visage s'estompait, ses traits se brouillaient pour devenir ceux de toutes les femmes que l'épouvantail avait rencontrées dans sa vie. Tringler sa femme la transformait en toutes celles avec lesquelles il avait été. Un noyau commun, une racine commune liait Mathilde à toutes les autres. Elles ne faisaient qu'une. En possédant sa femme, il les possédait toutes, et d'autant plus brutalement et ardemment qu'elles se mirent à lui échapper, à se tortiller sous son corps et à se dissiper autour de lui tel des esprits, des spectres.

Il la tira encore plusieurs fois par les cheveux pour qu'elle tourne le visage vers lui, lui dit d'ouvrir ses yeux verts pour qu'il puisse y plonger avec les siens et en aspirer toute la lumière. Elle n'en fit rien. Malgré la douleur qui picotait jusque sous ses ongles, dans ses dents et sur sa langue.

En la regardant, il vit qu'elle n'était plus là, sa moitié semblait s'être dissoute dans l'air, étouffée par son poids. Elle s'était transportée ailleurs.

Plus tard, bien qu'il ne sût pas vraiment si tout cela avait été réel ou s'il avait eu des visions, le forgeron témoigna contre Mathilde au cours de ce qui resterait le procès le plus célèbre de Silésie.

Du miracle de la vie issu de l'eau de bouleau, d'une forêt cultivée dans un vase, et d'un certain présage

Lorsque Mathilde se détacha pour la première fois de son corps, elle vit ce que sa grand-mère avait prédit bien avant sa mort. Et cette vision allait la guider vers la Vieille Pucelle, même si, à l'époque, elle ne pensait pas pouvoir y arriver. Hélène, muette au quotidien, retrouvait sa langue pour parler de la Vieille Pucelle, et aujourd'hui, des années après sa mort, elle avait trouvé un moyen de parler à sa petite-fille. Lorsque le vieux bouc avait attrapé Mathilde, qu'il l'avait prise comme un mouton prend une brebis, par-derrière, comme un cheval prend une jument, un chien, une chienne, Mathilde avait emmené son âme au loin pour que l'épouvantail ne pût la salir. Pour préserver sa clarté et son éclat.

Comme Hélène qui, plusieurs années auparavant, durant sa nuit de noces forcée, avait eu un aperçu de ce qu'elle devait accomplir pour vénérer la Vieille Pucelle, Mathilde vit une gigantesque forêt (différente de celle que les sbires de l'évêque massacraient jour après jour pour construire de nouvelles églises et des édifices religieux) peuplée de dizaines, peut-être même de centaines d'arbres dont des femmes recueillaient la sève dans des pots. Dans sa vision, ces pots s'étaient soudain mis à déborder et à dégoutter sur le sol pour très vite l'inonder.

La rivière était alors sortie de son lit pour tout engloutir : les pots avec l'eau de bouleau, la forêt, et la ville dans la vallée.

Dans son enfance, sa grand-mère lui avait appris à prélever l'eau de bouleau. Elle ne se rendait pas dans la forêt pour le faire, mais au bord de la rivière où la chanoinie n'avait jamais mis ses grosses pattes, ce terrain étant trop loin de la ville pour éveiller l'intérêt de qui que ce soit. Les méandres de la rivière étaient dangereux, seuls y poussaient des bouleaux, des saules et des peupliers – qui n'étaient pas indiqués pour la construction des églises.

Elles s'y rendaient deux ou trois fois par semaine, et c'était un gros effort pour les petites jambes de l'enfant. Le trajet durait généralement plus d'une heure.

En enseignant à sa petite-fille à piquer les bouleaux sans leur faire de mal, tout en en tirant le plus de sève possible, Hélène avait ressenti un bonheur similaire à celui qu'elle avait éprouvé lorsque les premières Terreuses étaient venues vivre avec elle : Kunegunde Kreppel, la petite Ursula, la fille de l'orfèvre Goldberg, Irma Grunewald et ses trois sœurs. Elle les portait toutes dans son cœur, bien qu'à la fin de sa vie elle n'en eût plus aucune nouvelle. Et qu'en était-il des autres, qui étaient plus de deux cents ? Comment vivaient-elles ? Comment priaient-elles ? Qui laissaient-elles entrer en elles et comment ? Se souvenaient-elles d'être issues du giron de la Terre-Mère, qu'elles y retourneraient ?

Faisaient-elles en sorte d'être constamment en contact avec elle ?

Avant sa mort, ces questions avaient tourmenté Hélène, qui ne pouvait se libérer de son passé. Mathilde était son unique secours, elle ramenait systématiquement sa grand-mère à l'insupportable quotidien dénué de toute sacralité. Ce n'était pas chose facile, la grand-mère se démenait tel un cerf-volant ballotté par le vent dans les mains de sa petite-fille pour lui échapper au plus vite et filer vers le haut. Et Mathilde devait donc adapter la longueur de sa ficelle.

Durant toutes les années de vie dans la forêt, Hélène avait certes su prendre assez de baies de belladone pour avoir des hallucinations sans pour autant rendre l'âme, pour défoncer du bois mort et frotter sa fente contre la mousse, mais préparer à manger, faire la lessive et maintenir la maison en ordre avaient toujours dépassé ses capacités. Dans leur relation, il arrivait donc souvent que la petite-fille jouât le rôle de la grand-mère et *vice versa.*

Lors de la récolte d'eau de bouleau, néanmoins, Hélène reprenait son rôle de grand-mère, et Mathilde, celui de petite-fille : la plus âgée initiait la plus jeune aux principes de vie qui régissent les êtres végétaux. Hélène la rapprochait autant de la Terre-Mère que le désirait l'enfant. Et celle-ci le voulait plus que toutes les Terreuses qu'Hélène avait pu connaître au cours de sa longue vie. Sa petite-fille apprenait tout en un rien de temps, elle faisait montre d'une telle délicatesse, d'une telle attention en entaillant les arbres que, en signe de gratitude, les bouleaux la laissaient récolter des pots entiers de sève. Elles versaient ensuite dans de petits récipients cette « eau de la vie » que Bertha, la bonne de Mathias, allait vendre au marché – elles lui donnaient un tiers de leurs bénéfices.

Très vite, les bienfaits de l'eau de bouleau avaient été connus de la chanoinie, qui souffrait régulièrement d'infarctus à cause des excès de nourriture et de l'absence de mouvement, et agonisait lentement entre les murs de ses palais tapissés des plus riches tentures italiennes.

En 1633, lorsque la peste avait de nouveau frappé le duché épiscopal de Neisse, on avait distribué de l'eau de bouleau aux malades des lazarets que, sur la suggestion de Spalt, on avait transportés dans la forêt. Hélène y trouvait son intérêt. Lorsque l'eau de bouleau, associée aux onguents qu'elle s'était mise à préparer à la demande de l'évêque Johann Balthasar Liesch von Hornau, avait fait des miracles, on avait commencé à la regarder avec moins d'hostilité, et certains, dans la rue, s'étaient même mis à s'incliner devant elle.

Les corps de ceux qui étaient morts avant que l'on applique le traitement préparé par Hélène avaient été brûlés dans des fosses aux dimensions gigantesques, disposés les uns sur les autres selon un ordre précis : d'abord les hommes, les femmes par-dessus, et les enfants en dernier. Tous habillés, pour que le feu emporte aussi les germes qui avaient pénétré leurs vêtements.

La cendre se déposait sur l'écorce et sur les branches des arbres, imprégnait leur pulpe et leur intérieur. Lorsque l'épidémie avait pris fin, Hélène et Mathilde avaient repris leur récolte, et les bouleaux avaient donné plus de sève encore, comme s'ils pleuraient les cendres humaines qui les avaient imprégnés et fertilisés.

Hélène avait tiré avantage de sa collaboration avec l'Église : elle pouvait de nouveau se rendre dans la forêt, pourvu qu'elle ne s'approchât pas, conformément aux restrictions de l'évêque, de la clairière des Terreuses et de la forêt de bois mort. En échange, elle devait repérer les arbres à abattre.

De ces balades à la recherche de nouveaux arbres, Hélène avait tiré de bien tristes conclusions. Partout, on coupait les arbres sans scrupule, sans aucun plan, selon le bon vouloir des baillis. Après l'épidémie, l'évêque avait pris la pire des décisions : déboiser la partie de la forêt où elles recueillaient la sève. Ils avaient besoin de matériau pour l'église Saint-Roch qu'il faisait construire en guise d'offrande au saint qui avait sauvé la ville. « Tu parles d'un sauvetage, avait malicieusement commenté Hélène Spalt. Le duché a perdu la moitié de sa population en deux semaines, et qui s'est bougé les fesses pour que tout le monde ne finisse pas sous terre ? Sûrement pas saint Roch ! »

Son esprit était traversé par une idée qu'elle ne pouvait exprimer – ou peut-être le pouvait-elle, mais elle feignait de ne pas pouvoir –, à savoir que c'était la Vieille Pucelle que les rescapés auraient dû remercier, puisqu'ils avaient survécu grâce à la sève de bouleau, aux macérats de plantes et aux liniments.

En tout cas, elle était sûre d'une chose, qu'elle s'évertuait à transmettre à Mathilde par écrit et par la broderie : le massacre des arbres par les baillis, sur l'ordre de l'Église, allait mener cette Terre à un grand malheur, qu'elle appelait le « déluge ». Elle disait à sa petite-fille qu'elle aurait à s'occuper de ce problème lorsqu'elle ne serait plus de ce monde et que Mathilde aurait atteint l'âge adulte.

En attendant, la seule chose qu'elles pouvaient faire était de replanter le plus grand nombre d'arbres dans les lieux déboisés. Elles se faufilaient donc durant la nuit hors de la maison de Mathias pour couper, à la lueur de la lune et des étoiles, des branches sur les arbres abattus – principalement des saules, mais parfois des peupliers – pour ensuite les faire raciner.

Elles rentraient de ces expéditions au petit matin, les hottes en osier qu'elles portaient sur le dos remplies de branches. Elles gardaient ces rameaux pendant des semaines dans des pichets et des vases, à la grande surprise du gendre d'Hélène à qui Mathilde devait sans cesse expliquer que ces branchages remplaçaient les fleurs pour rendre hommage à la défunte Ursula.

Plusieurs semaines s'étaient écoulées avant que les rameaux de saule ne donnent des racines. Hélène avait commencé à perdre espoir ; personne avant cela n'avait fait une telle chose sur ces terres.

Mais dans une solide maison bourgeoise de briques pleines, au numéro 16 de la prestigieuse Burggasse, à l'initiative de la Terreuse Hélène Spalt et de sa petite-fille de douze ans, une forêt avait finalement poussé dans des vases et des pichets. Et les deux femmes l'avaient ensuite replantée dans la terre défrichée, rendant ainsi ce qui lui avait été pris. Ce qu'une politique qui ne se souciait pas d'elle avait fait perdre à la Terre.

Un jour, pendant qu'elles plantaient les branches de saule et de peuplier qui avaient fait des racines, Hélène s'était égarée. Mathilde et elle avaient atterri tout près de l'ancienne clairière des Terreuses et de la forêt au bois mort. On ne sut jamais si Hélène s'était réellement perdue par hasard ou si elle s'y était rendue sciemment.

En tout cas, dès qu'elle s'était retrouvée avec Mathilde près du vieux chêne autour duquel elle avait frotté tant de fois sa fente, elle avait aperçu, comme quand elle était venue pour la première fois avec Kunegunde Kreppel, le buisson de belladone qui y poussait tel un sapin de Noël richement orné.

La flamme qui l'avait poussée à transmettre l'Évangyle de la Vieille Pucelle s'était abattue de nouveau sur elle telle une foudre lumineuse. Elle l'avait sentie fourmiller, se déployer en elle, dans chacun de ses membres, ramper et prendre possession d'elle, si bien que sa petite-fille ne l'avait plus reconnue.

Lorsque Hélène lui avait fait signe de s'asseoir à ses côtés, Mathilde avait obéi, craignant pour la première fois de s'opposer à sa grand-mère. Elle ne l'avait jamais vue ainsi.

Survint alors ce qui était déjà survenu. Sept baies pour Hélène, trois pour l'enfant. Et de l'eau de l'outre que la grand-mère portait à sa taille pour les avaler.

Un quart d'heure plus tard, elles couraient déjà à travers la forêt, munies de bâtons, comme si elles étaient nées pour cela. La petite maniait tout aussi bien la trique que sa grand-mère et défonçait, bam, crac, tout ce qu'elle pouvait.

C'est alors que, dans sa première transe de bois mort, Mathilde avait vu la Vieille Pucelle. Devant la fillette de douze ans, sans rien dire, celle-ci avait défait sa fine tresse, puis ramené ses cheveux sur son visage pour le couvrir, cheveux qui semblaient à Mathilde tantôt argentés, tantôt dorés. Puis elle avait soulevé les mains le long de son tronc, et les paumes qu'elle tendait vers Mathilde irradiaient tantôt d'une lueur qui semblait d'or, tel un ostensoir qu'on aurait fondu en un flux de lumière, tantôt d'une eau pure qui semblait en jaillir, et parfois même de sang.

Mathilde s'était approchée et avait joint ses mains à celles de la Divinité ; elles avaient fait de même avec leur souffle. Elles inhalaient le même air, leurs paumes se touchaient, la lumière, l'eau et le sang se mêlaient. Quand leurs pouls s'étaient synchronisés, créant ainsi une harmonie complète, aucun geste, aucun mot n'avait plus été nécessaire. Elles se comprenaient par le souffle. Une respiration accordée et lente. Et, dans cette lenteur, dans cette tranquillité de leur corps circulait le sang, des pieds à la tête et inversement, un cycle de vie qui ne laissait pas s'infiltrer la mort, qui la repoussait, découpait dans ce flux un fragment d'existence. Cette existence les liait à tout ce qui était vivant, à ce qui respirait, car toutes les vies accordaient leurs souffles, et toute la Terre palpitait au rythme d'un seul pouls. Cet accord de la respiration des êtres vivants, humains, végétaux et animaux, créait autre chose encore : tout ce qui était traversé par ce souffle se mettait à murmurer, chuchoter, vagir, babiller et marmonner sans prononcer un seul mot ; le souffle était leur seul langage. Rien d'autre. C'était le souffle du monde.

Lorsque la vision avait pris fin, Mathilde, à l'instar de sa grand-mère des années auparavant, s'était effondrée de tout son long sur le sol, épuisée par le contact avec la Divinité.

Près de Mathilde, Hélène aussi était étendue. Son bâton à la main, et sur son visage victorieux un mystérieux sourire. Le bout du bâton était encore chaud, l'humidité dont Hélène l'avait recouvert était mélangée au jus des baies de belladone écrasées.

Elles étaient allongées à une coudée l'une de l'autre, grand-mère et petite-fille. L'une morte, l'autre vivante, bien que semblant morte.

En voyant sa grand-mère immobile, Mathilde s'était rapprochée pour vérifier que son cœur battait. N'entendant rien, elle avait compris qu'Hélène avait eu une mort magnifique, la mort dont elle rêvait : dans la nature qu'elle adorait, sans prêtre. Un moment qu'elle avait jadis brodé sur une étoffe.

De l'arrivée du déluge

Le déluge annoncé par la défunte Hélène – une crue d'une ampleur jamais vue dans ces terres en plus de deux cents ans, qui engloutirait tant d'êtres humains que les cadavres empliraient la basilique Saint-Jacques-et-Sainte-Agnès, et autant de biens que ceux des trois villes moins aisées que Neisse – marquerait-il un tournant pour l'évêque Johann Balthasar Liesch von Hornau ? Le pousserait-il à se tourner de nouveau contre les femmes, à accuser de sorcellerie une nouvelle Spalt, la petite-fille de la fameuse Hélène – celle qui ne s'était même pas tournée vers Dieu au moment de fermer les yeux pour l'éternité, mais avait quitté ce monde dans l'horreur et le blasphème ? Disons simplement pour l'instant que la prédiction de la grand-mère – prédiction qui ne nécessitait aucun talent divinatoire, mais simplement de connaître la forêt et sa nature, de comprendre qu'à force d'abattage, celle-ci ne retiendrait plus la rivière – était sur le point de se réaliser. Il pleuvait sans discontinuer depuis sept jours et sept nuits. Mathilde, qui connaissait bien cette forêt qu'elle avait fait pousser chez elle avec l'aide de sa grand-mère, qui avait commencé à récolter l'eau de bouleau dès ses quatre ans, et dont la vision survenue quelques jours plus tôt lui avait confirmé ce qui se préparait, se rendit au palais épiscopal pour le rapporter au plus vite à Son Éminence. Elle savait bien qu'il ne la croirait pas. Quelle valeur pouvait avoir à ses yeux une vision qu'elle avait eue au cours d'un rapport anal imposé contre sa volonté par son épouvantail de mari ? Et plus encore : ce malheur, elle le lui avait déjà prédit à plusieurs reprises au cours de son enfance. Elle se demandait comment présenter cela au mieux à l'évêque pour qu'il acceptât enfin de l'entendre.

Le simple fait de regarder la petite-fille de la carabosse était pour lui une torture. Il se souvenait comment, cinq ans auparavant, après la mort de sa maudite grand-mère, elle l'avait approché avec d'autres enfants (avec qui, malgré l'interdiction de l'évêque et en cachette de leurs parents, elle allait tantôt ramasser des branches pour les faire bouturer et les planter, tantôt récolter de l'eau de bouleau) et lui avait demandé que ses bûcherons abattent moins d'arbres, car « avec des averses abondantes viendrait la fin ».

Elle avait fait cette prédiction, en étaient témoins les enfants de l'école, pourtant l'évêque refuserait toujours de l'admettre et de reconnaître devant le prince-évêque de Wrocław, Charles Ferdinand Vasa, que c'était bien la coupe d'une telle quantité d'arbres, sans respecter les principes de leur croissance, qui avait fait s'abattre la misère sur le duché en privant d'obstacles une rivière gonflée après des pluies diluviennes.

Tandis qu'elle se tenait devant lui, en cet instant, il se souvint combien il en avait peur. Jamais un tel enfant n'avait poussé la porte du palais. Un enfant au regard effronté, qui jugeait les décisions qui avaient été prises, remettait en cause les ordres. À l'époque, il lui aurait volontiers asséné une bonne fessée pour lui inculquer cette discipline que son père n'avait pas été capable de lui enseigner, sans même parler de sa grand-mère – cette stupide garce n'avait rien pu enseigner de bon à cette gamine, tant mieux si elle avait crevé dans les bois comme un chien.

Les prédictions de Mathilde, y compris celle selon laquelle il verrait sa langue ulcérée s'il venait à dire un seul mot de travers sur les femmes, ne tardaient jamais à se réaliser, et l'évêque s'était donc trouvé dans l'embarras. Elle était trop petite pour qu'on lui intente un procès, trop grande pour lui asséner une fessée ou lui flanquer une baffe, et elle venait toujours accompagnée d'écoliers en guise de témoins, au cas où l'on toucherait à l'un de ses cheveux.

Non seulement Mathilde avait proféré une prophétie mensongère, mais en plus elle voulait jeter une malédiction sur le duché et les terres de Neisse et Otmuchów ! À la suite de cette visite, l'évêque avait donc lancé un décret interdisant pour toujours aux femmes et aux enfants d'entrer dans la forêt, sous peine de flagellation, voire, dans certains cas (qui ne furent pas clairement spécifiés dans le document composé par l'imprimerie d'Erasmus Grunn), de mort.

Mathilde avait pourtant continué de se rendre dans la forêt avec d'autres enfants qui juraient tous, à la fois sur la lune et sur la croix, de ne jamais en souffler mot à personne. Ils s'y adonnaient à des choses interdites et pourtant conformes aux règles qu'Hélène avait brodées – et qui avaient été par la suite retranscrites par elle ou par d'autres Terreuses.

Les enfants s'étaient souvent rendus dans les bois en cachette. Ils avaient appris auprès de Mathilde les lois de la Vieille Pucelle, découvert les arcanes de la coexistence avec soi-même et avec tout ce qui existe dans la nature. Y compris les relations amoureuses.

Ils tentaient maladroitement de frotter leur fente vierge ou de fourrer leur membre dans la terre humide. Ils mangeaient avec précaution des baies des fameux buissons et ressentaient ce que Mathilde avait expérimenté pour la première fois avec sa grand-mère, lorsqu'elles s'étaient éloignées de leur chemin en allant vers la forêt. Ils éprouvaient les mêmes révélations, les mêmes visions en manipulant leurs bâtons entre leurs cuisses, entre leurs mains pour défoncer du bois mort. Mathilde savait leur parler, les initier à la religion de la Vieille Pucelle et les faire abandonner la foi de leur père au profit de celle de leur mère. La Terre-Mère des Terreuses : féminine, intime, tendre, fondée non sur la souffrance mais sur une joie sauvage et brute.

Et Mathilde disposait de tout un arsenal. Après la mort d'Hélène, elle avait retrouvé dans son coffre, dans son chiffonnier et dans le secrétaire fermé à clef qui avait auparavant été celui d'Ursula, des notes volantes traitant du bonheur des femmes, des fragments de sermons et des dizaines d'étoffes brodées. Chaque séance de défonçage de bois mort, chaque transe et chaque rencontre envoûtante avec la Divinité se terminait sur ce qui, de toutes les notes de sa grand-mère, intéressait le plus la toute jeune Mathilde et les compagnons de ses expéditions sylvestres : creuser la Terre avec leurs membres et frotter leurs jeunes fentes dans le sous-bois – sur les mousses et les fougères, sur les champignons visqueux, les petites tiges baignées de rosée, les massettes et les roseaux, les herbes des rives et les galets des cours d'eau recouverts d'un dépôt vert. Sur tout ce cosmos de la rivière et de la forêt qui les attirait par sa diversité.

– Dégage d'ici avant que je lâche mes chiens ! Et ne va pas colporter ces inepties dans le duché. Ne sème pas la peur. Tu déblatères depuis tant d'années, mais Dieu nous a épargnés jusqu'ici. Et il nous épargnera cette fois encore. Mathilde Spalt, tu vas finir par le regretter !

Elle ne put rien faire d'autre. Elle sortit du palais épiscopal en claquant la porte, comme toutes les fois précédentes.

Cette nuit-là, la montée des eaux inonda la ville à hauteur d'un mètre cinquante.

Du four construit sur la grand-place quelques mois après la crue

C'est en se rendant à l'auberge pour vendre du lait à Gretchen, la femme de l'aubergiste, que Mathilde apprit la nouvelle des poêliers qui construisaient un four sur la grand-place. À la vue de Mathilde, Gretchen s'était d'abord signée et elle avait craché trois fois au-dessus de son épaule – elle savait que son mari les observait et craignait qu'il ne l'accusât de sorcellerie –, mais quand la tête de son époux avait finalement disparu derrière la fenêtre qu'il avait refermée à l'étage, Gretchen, tout en s'assurant que personne d'autre ne les épiait, avait dit à Mathilde, en la regardant droit dans les yeux :

– Tu as entendu qu'ils construisent un four pour les sorcières sur la grand-place ? Qu'ils vont y brûler les femmes comme nous ?

– Les femmes comme nous ? demanda Mathilde. Qu'est-ce que ça peut bien vouloir dire ?

– Celles qui savent comment enserrer leur fente pour ne pas y laisser entrer le mal, qui se font du bien avec la première tige venue et séparent leur âme du corps. Comme tu nous l'as appris.

– Je n'ai rien appris à personne, moi, s'offusqua Mathilde. Vous me posez des questions, alors je vous raconte ce que ma grand-mère m'a enseigné. Ne viens plus jamais me voir pour du quark ou des plantes, si tu es si sainte que ça. Et je ne t'aiderai plus à avorter.

Depuis l'inondation, la nervosité était palpable. Les habitants du duché pressentaient qu'il fallait faire payer quelqu'un. Les fléaux de ce genre ne sortaient pas de nulle part, quelqu'un avait dû l'attirer sur le duché. Les responsables de tout cela étaient sans doute des femmes, pas les hommes pieux qui rendaient hommage à Dieu et payaient la dîme à l'Église. Après cette malheureuse discussion, les deux femmes, emplies d'amertume, rentrèrent chacune chez soi. La femme de l'aubergiste s'attendait au pire, elle se chargea donc de servir en personne les clients assis à la table d'honneur pour tenter d'en apprendre davantage. De tous les clients ce soir-là, l'évêque riait le plus fort. Si tout allait bien, le four serait terminé dans quelques jours. Ce serait le premier de Silésie, à la gloire du Ciel. Bouffi d'orgueil, l'évêque porta un toast à la virilité. À la virilité des habitants du duché, et particulièrement à celle des chrétiens de Silésie ! Neisse allait avoir un four plus puissant, plus efficace que celui de Bamberg !

Grisé par l'hydromel qu'il ne cessait de commander par pichets, il était accompagné des hommes aux chapeaux noirs et du juge Gombrich. Il ne manquait à cette assemblée que le conseiller au chapitre Gerbauer qui, plutôt que de prendre part à la beuverie, était rentré de la grand-place au palais épiscopal où il séjournait sur invitation de l'évêque Johann

Balthasar Liesch von Hornau, pour s'agenouiller sous la croix suspendue au mur de sa chambre et commencer son rituel du soir.

De l'invocation et du somnambulisme

Mathilde savait que, pour pouvoir s'opposer à l'Église, elle avait besoin de plus de fidèles, et de plus de fidèles prêtes à tout. Le dernier vendredi avant l'événement annoncé par Gretchen, elle avait ordonné aux femmes de défoncer du bois mort et d'entrer en transe, mais elle avait édicté une suite différente à l'habituel frottement des fentes. Toutes les femmes s'étaient installées sur le ventre de façon à rendre tout leur poids à la Terre, de façon à respirer vers elle. Elles aimaient se toucher les mains pour former une sorte de cercle. Lorsque leurs corps avaient créé un motif rayonnant, elles s'étaient mises à respirer ensemble. Elles s'étaient accordées au souffle de Mathilde qui respirait lentement et de façon si profonde qu'elles en avaient eu mal à la poitrine, puis celle-ci avait respiré de plus en plus vite, sans laisser le temps aux poumons de se remplir, et tandis qu'elles étaient passées de la lenteur à ce rythme effréné, elles avaient eu l'impression de se séparer d'elles-mêmes, de la coquille du corps, pour permettre à leur âme de voyager de la forêt vers celles qu'elles souhaitaient faire venir en pensée, vers elles, dans leur clairière sacrée et adorée.

Elles y étaient parvenues, elles étaient entrées en transe et avaient libéré leur âme. En voyageant, toutes ces âmes avaient attiré d'autres âmes. D'autres femmes.

Ces femmes qui étaient venues à elles étaient appelées « somnambules », car elles se trouvaient à la frontière du rêve et de la réalité, ni conscientes ni endormies. Leur âme assoiffée d'aventures et d'une autre vie errait dans les airs en attendant de saisir une telle occasion.

Il arrivait que celles que l'on voulait faire venir dans le cercle en perdent la raison, la folie les envahissait soudain, elles changeaient alors en une seconde, étaient si méconnaissables qu'elles tétanisaient leur entourage qui ne les reconnaissait plus.

C'est ce qui s'était produit avec Karoline Klausberg, couturière de la cour de l'évêque. Au moment où elle apportait une soutane élargie à la taille à l'un des chanoines qui avait pris douze livres en moins de trois mois à force de manger, elle s'était jetée soudainement sur le sol, s'était mise à promener une main sur ses seins en criant que la chaleur l'enflammait comme si elle se tenait dans un brasier.

Lorsqu'elle avait fourré l'autre main sous sa jupe et qu'elle avait commencé à exécuter des gestes étranges, l'évêque avait fait venir ses gardes et ordonné qu'on lui verse trois seaux d'eau froide sur la tête pour lui faire reprendre ses esprits. Comme cela n'avait pas fait effet, il l'avait envoyée au cachot sans manger ni boire durant deux jours au terme desquels elle pourrait être relâchée si elle se corrigeait.

C'est aussi ce qui s'était passé avec Anna Szajbel. Lorsque Mathilde et ses proches, à la recherche de soutien, l'avaient invoquée, la présidente du groupe pétrolier national avait traversé le parc pour enfourcher un arbre mousseux abattu par l'orage et l'aspirer en elle.

Du procès et des tortures

Le procureur Franz Zacher, qui avait reçu l'ordre de l'inquisiteur Babel de lire les notes trouvées dans les affaires de Mathilde Spalt, prétendument signées de celle-ci et de sa grand-mère – morte dans des circonstances honteuses –, aurait préféré se trouver ailleurs.

Tout cela le mettait mal à l'aise. Premièrement, il ne croyait pas que la crue soudaine, qui avait inondé la ville pour s'en retirer aussi vite, en une nuit, eût été provoquée par l'accusée. On manquait de preuves. Deuxièmement, il doutait que les notes fussent vraiment de la plume de Mathilde, l'écriture indiquant plutôt (ce qui serait par la suite établi lors de l'analyse graphologique du contrat signé avec les franciscains) la seule main d'Hélène Spalt. Troisièmement, il pensait que la fille n'avait rien fait de mal – elle n'avait fait que reboiser par des moyens agricoles une partie de la forêt qui avait été abattue. Le procureur ne croyait pas davantage à son intention d'empoisonner son mari : il était tout à fait possible que le vieux eût simplement mangé du quark qui avait tourné.

Franz Zacher tentait donc d'échapper à sa tâche, mais l'évêque et l'inquisiteur ne le lui permirent pas. Ils lui demandèrent même de lire les notes à voix haute devant la foule réunie dans l'hôtel de ville. Ce qu'il fit donc :

– Il n'y a qu'un seul Dieu, le Ciel, et une seule Déesse, la Terre. Leur union est l'Univers. L'homme est l'émanation de l'énergie céleste, la femme, de l'énergie terrestre. Le Christ se tient aux côtés de Dieu, ne faisant qu'un avec son père. La fille adorée de la Terre-Mère, la Vieille Pucelle, forme également un tout avec celle-ci. Tout homme et toute femme sont des vaisseaux de Dieu, mais l'homme, du fait de son membre qui le perturbe, est un vaisseau plus sujet à se casser. C'est pourquoi maints hommes brisés et meurtris ne serviront au monde ni par la raison ni par aucun membre, mais ne feront que l'accabler de leur bêtise.

Un grand éclat de rire parcourut la foule rassemblée dans l'hôtel de ville, ce qui permit au procureur de reprendre son souffle et d'espérer que le passage cité des notes prétendument écrites par Mathilde serait considéré comme une plaisanterie, et non comme un péché qu'elle devrait payer de sa vie – sans parler du prix à payer après sa mort.

– Le Ciel se situe au-dessus de la Terre, poursuivit le procureur, et la Terre repose aux pieds du Ciel. Toutefois, si ces deux divinités se touchent tels les corps d'un homme et d'une femme, et bien que la Terre-Mère – qui nous nourrit, nous porte, puis nous prend en elle et nous ensevelit – repose sous le Ciel, elle ne lui est en aucun cas soumise. Le Ciel n'exerce pas d'influence sur elle, mais elle, au contraire, en exerce une sur le Ciel. En sous-estimant son pouvoir ou en l'exploitant telle une fille corruptible, nous ne nous attirerons que désastres et malheurs. Pour compenser le mal que l'être humain inflige à la Terre-Mère, il convient de faire ce qui lui apporte la plus grande joie et le plus grand profit : la nourrir de notre souffle et de notre humidité, faire en sorte que nos sucs intérieurs nourrissent la glèbe assoiffée. C'est pourquoi les hommes sont invités à semer profondément leur poisse dans la Terre, de préférence dans des vergers d'arbres fruitiers, dans les buttes où poussent des plantes comestibles et dans les champs où percent le blé, le seigle et l'orge. Les femmes, quant à elles, sont invitées au frottement quotidien, à faire étinceler leur fente de sorte que la Terre sente en elles leur chaleur, qu'elle sente une flamme jaillir des reins et des cuisses. L'étincellement des fentes ne fait qu'un avec l'étincellement du monde.

Un murmure d'étonnement traversa la salle, tandis que sur les visages se dessinaient la méfiance et le dégoût.

– L'étincellement par frottement a lieu, continua Zacher, quand les femmes, plutôt que de recevoir en elles les membres brisés des hommes, tirent un plaisir indicible des êtres végétaux, non pas durs mais moelleux. Au lieu de fourrer leur fente de ce qui est saillant et dur, elles la caressent et la frottent de diverses manières qui lui sont agréables, car elle ne s'en trouve ni bousculée ni déchirée. À chacun de ces frottements, la Terre est prise de tressaillements qui, à leur tour, font bouger le Ciel, ce qui n'est ni plus ni moins que le RENOUVEAU DU MONDE, dans le Ciel et sur la Terre, qui fonde sans cesse le monde. Comme s'il naissait pour la première fois et surgissait du giron de l'univers.

À la fin de ce passage, la voix de Franz Zacher ne parvenait plus à couvrir les cris de colère de la salle. L'évêque Johann Balthasar Liesch von Hornau ordonna toutefois au procureur de poursuivre la lecture de ces passages qu'il avait soulignés la veille, choisissant avec application ceux qui lui semblaient les plus séditieux et les plus susceptibles d'apparaître ignobles aux yeux des habitants réunis dans l'hôtel de ville.

– Le frottement de la fente, reprit donc Franz Zacher, devrait être aussi fort que celui de deux pierres qui produisent des étincelles, mais aussi délicat que le frôlement d'une aile de papillon. Il en sera plus agréable pour la Terre si les femmes le font non pas en solitaire chez elles, mais en groupe, allongées, agenouillées, assises, accroupies ou même debout les unes à côté des autres. Certaines sont capables de se frotter tout en étant debout, dans des moments aussi peu propices qu'en tuant une mouche ou qu'en pétrissant le pain, pour autant qu'elles apprennent à le faire en usant d'une seule main, pendant que leur mari, occupé par son assiette, ne remarque même pas ce que fait sa femme, qui tantôt se pince légèrement, tantôt se caresse plus fortement à travers son jupon et sa robe qu'elle ne le ferait nue – mais toujours en gardant un œil sur son homme qui, s'il venait à comprendre ce qu'elle fabrique sous sa robe, pourrait la tuer de jalousie.

L'indignation, chez les hommes, fut alors comparable à celle qui avait accompagné, longtemps auparavant, les révélations de l'anti-gaule et du sanguilong. Mais ce que Franz Zacher s'apprêtait à lire allait entraîner des sifflements et des cris autrement menaçants :

– Il est important que les femmes se rassemblent à l'insu de leur mari pour s'adonner ensemble au frottement, c'est seulement ainsi que se ranimera la Terre-Mère. C'est particulièrement nécessaire après des malheurs tels que les guerres, les sécheresses, les inondations, la peste noire ou l'ergot. Sous l'effet du frottement des fentes aux êtres végétaux, le lien entre la Terre et les femmes se déploiera à l'image des racines d'un arbre qui se mêlent les unes aux autres sous terre et restent à jamais entrelacées, même si l'on en vient à les couper, même après la mort.

Après avoir lu ces extraits de notes et de sermons, Franz Zacher ne se faisait plus aucune illusion. Les personnes rassemblées dans l'hôtel de ville partageaient une même conviction. Des procès similaires se tenaient de plus en plus souvent dans les villes voisines de Šumperk et Jeseník. Et ils avaient aujourd'hui parmi eux un maître inquisiteur qui n'avait que peu d'égaux sur le continent.

Deux heures plus tard, elle était déjà rasée. Sale. Recouverte de bleus. De la terreur dans les yeux et agenouillée devant trois hommes en costumes traditionnels. L'un d'eux resserra un anneau métallique tapissé de clous autour de ses chevilles, puis se mit à la violer par-derrière. Chaque coup de hanches sur ses fesses amaigries enfonçait plus profondément les pointes dans sa peau. Le deuxième homme, qui portait une grande croix dorée sur la poitrine, tenait un flambeau si près de son dos plié de douleur qu'il commençait à la brûler. Elle criait, tentait de s'arracher de la pression métallique qui entaillait ses pieds et de la prise de l'homme, en vain. Le troisième homme sortit alors de l'ombre du cachot où avait lieu la scène de torture, pour la maintenir. Son visage terrifiant avait été marqué par ses actes de violence. Sa joue gauche était coupée en deux par la cicatrice d'une ancienne plaie. Malgré son âge avancé, il était grand et se tenait droit, les mains dissimulées sous des gants. Il remit en place son pantalon pour cacher sous un tissu généreusement coupé sa queue gonflée, seule partie de son corps qui ne lui obéissait pas durant les interrogatoires et les exécutions – quand ses mains habiles plaçaient rapidement, et toujours avec précision, les nœuds coulants autour du cou des condamnés, ou enflammaient les bûchers. Son membre ne réagissait pas quand sa femme sacrifiait son corps sans résistance pour qu'il pût en jouir à sa guise. Cela ne l'enflammait pas. Aucune étincelle ne s'allumait. Sa femme avait pourtant tout ce qu'il fallait pour cela. Plus d'un homme la reluquait à Edelstadt. Et elle était pieuse. Une chienne docile qui le cajolait tout en vérifiant sa tenue dans les moindres recoins.

Lui aurait-il ramené un petit quelque chose pour lui égayer le cœur ? Naturellement ! Un pendentif en ambre serti d'argent, et peut-être même d'un alliage d'or. Un foulard à la broderie si épaisse et délicate, à la mode française, que toutes les jeunes filles d'Edelstadt en seraient jalouses. Et la clef du coffre de la femme de l'aubergiste ? Celui qui était dans le grenier. Un coffre dont il avait eu vent par les récits du mari, fier de généreusement récompenser sa femme pour le soin qu'elle apportait à l'auberge. Ah, quelles merveilles n'y avait-il pas là ! Des robes magnifiquement ornées, des coiffes constellées de pierres précieuses qu'elle avait reçues en dot en qualité de fille aînée. Il suffisait de trouver une raison, de créer une occasion. Les biens des accusées étaient à portée de main. Il faudrait bien sûr les partager, mais il y en aurait tellement, de toute façon !

La femme de l'aubergiste se montrait d'une grande aide, elle avait raconté les talents d'herboriste que Mathilde avait hérité de sa grand-mère, ses inclinations coupables quand elle se donnait du bon temps dans la forêt, tel un animal, sans parler des femmes des environs qu'elle corrompait et incitait à ses pratiques impures. Ce fut elle qui avait juré que Mathilde couchait avec le démon Raróg – c'est du moins la version, accablant Gretchen de trahison, que Babel avait racontée à Mathilde le premier jour des tortures.

En examinant le corps de la captive, qui avait par endroits été brûlée au flambeau par l'évêque à la recherche de prétendus stigmates du diable, Babel luttait pour ne pas s'affairer trop près des organes génitaux de Mathilde. Le souffle saccadé, parfois rauque du gibier traqué par les chiens de chasse, ses hurlements après un coup qui, bien visé, lui assurait une mort lente, tout cela lui procurait des sensations qu'il ne retrouvait dans nulle autre situation.

Personne ne se rapprochait ainsi de la mort et de la vie en même temps. Seul Heinrich Babel se trouvait entre la vie et la mort tel un arbitre, et il faisait sentir à sa victime que ce n'était pas encore la fin, même si ça l'était. Que lorsque ça ne pouvait être plus douloureux encore, ça l'était pourtant. Babel d'Edelstadt trouvait toujours un moyen de garantir la plus insupportable des douleurs, une torture qu'aucun esprit né sur Terre n'avait jusque-là pu inventer.

L'inquisiteur pria l'évêque de quitter la scène, car il devait procéder – du moins le prétendait-il – à une ultime tentative de briser la suppliciée. Il n'était pas facile d'arrêter de violer ce qu'on ne pouvait violer davantage. D'anéantir ce qui n'était plus qu'un sac d'os que l'âme était de toute façon sur le point de quitter – et qui avait perdu connaissance. Mais Babel savait comment faire revenir l'âme dans le corps, comment ne pas la laisser s'enfuir vers le diable.

En jetant un coup d'œil derrière lui, il s'assura que les autres tortionnaires étaient bien tous partis. Lorsqu'ils furent seuls, il s'approcha de sa victime inconsciente, s'agenouilla devant elle et se mit à glapir, à beugler, à ululer. Il marcha à quatre pattes devant elle comme une bête sauvage, il flaira son corps maltraité, son entrejambe, son anus d'où coulaient du sang et d'autres sécrétions, car son corps ne maîtrisait plus rien, puisqu'il ne pouvait maîtriser la douleur. Cette traque de la vie – comme Babel appelait ce procédé dans ses discussions avec le chapitre – avait pour but d'entrer dans la nature de Satan pour tirer de la femme suspectée de sorcellerie l'ultime aveu de culpabilité.

Szajbel ressentait la douleur dans chaque particule de son corps, qui semblait constitué de milliers de plaies ruisselantes. Elle toucha son visage et sa tête pour vérifier qu'elle ne s'était pas décomposée. La surface râpeuse de son crâne rasé la stupéfia. Qui était cette femme sur l'écran de télévision ? Était-ce elle-même ? Elle se rendit compte soudain qu'elle était totalement nue. Mais son corps ne lui rappelait en rien celui qu'elle avait eu sous les yeux l'instant d'avant. Pourtant, elle pouvait en bouger les membres. Il lui appartenait. Où étaient passés cet ancien corps et la peau qui l'enrobait ? Cette peau sans plaies profondes, sans hématomes ? Où étaient passés ces doigts et orteils dont les os n'étaient ni cassés ni écrasés ?

V

RÉACTIVATION

Le chiffrement de la folie

Cela faisait cinq mois qu'elle séjournait à l'unité fermée de l'hôpital psychiatrique de Tworki, mais depuis l'incident elle semblait coupée du monde, séparée des autres par une vitre. Aucun membre du personnel ne réussissait à établir un contact. Elle sombrait de plus en plus en elle-même, malgré le traitement administré. Seule lui parvenait, dans le silence emballé dans la cellophane de la nuit – ce genre de silence qui ne retentit que dans un hôpital, si fort que les poils se hérissent sur la peau et que le cerveau, détraqué par l'absence de bruit, s'échine à percevoir le moindre son, le grattement d'un rat ou d'une souris –, la syllabe sonore que répétait mélodiquement Halina Rutczyńska-Łemka pour appeler son chien mort par noyade : « Tine tine tine tine tine tine ! »

Il arrivait à Szajbel d'émettre des sons, des râles et des grincements, et d'autres syllabes aussi râlantes et grinçantes, ponctuées de sifflements insupportablement longs et de pauses tout aussi longues. Au départ, le personnel n'y prêta pas attention. Mais, lorsqu'un nouvel employé, Adek, étudiant en allemand, fut engagé, celui-ci repéra rapidement, dans cette production de sons apparemment dénués de sens, les mots *die Spalt* – la fente. Quelques jours plus tard, après avoir nettoyé le sol puis les fenêtres munies de barres pour que les prisonniers de la salle puissent jouir de la vue du magnifique parc et de son pont romantique qui enjambait la rivière Utrata – la Mnémosyne de Tworki –, il s'assit auprès de Szajbel et se mit à noter ce qui sortait de sa bouche. Lorsqu'il découvrit que la combinaison de ces sons qu'on pensait instinctifs, guidés par la seule volonté avide de remplir ses poumons, pouvait avoir du sens, il se mit à la traiter différemment des autres patientes.

Il écoutait attentivement sa transe, reliait entre elles les syllabes et attendait patiemment qu'elle reprenne après ses interruptions. Il eut alors une révélation – les sons prononcés constituaient un message.

da-wam-ba-hirn-sca-la-ge-er-det-spalt-alt-wi-ba-junts-frau-wa-schei-da-wam-ba-hirn-sca-la-ge-er-det-spalt-alt-wi-ba-junts-frau-wa-schei-da-wam-ba-hirn-sca-la-ge-er-det-spalt-alt-wi-ba-junts-frau-wa-schei-da-wam-ba-hirn-sca-la-ge-er-det-spalt-alt-wi-ba-junts-frau-wa-schei-da-wam-ba-hirn-sca-la-ge-er-det-spalt-alt-wi-ba-junts-frau-wa-schei-da-wam-ba-hirn-sca-la-ge-er-det-spalt-alt-wi-ba-junts-frau-wa-schei-da-wam-ba-hirn-sca-la-ge-er-det-spalt-alt-wi-ba-junts-frau-wa-schei-da-wam-ba-hirn-sca-la-ge-er-det-spalt-alt-wi-ba-junts-frau-wa-schei-da-wam-ba-hirn-sca-la-ge-er-det-spalt-alt-wi-ba-junts-frau-wa-schei-da-wam-ba-hirn-sca-la-ge-er-det-spalt-alt-wi-ba-junts-frau-wa-schei-da-wam-ba-hirn-

sca-la-ge-er-det-spalt-alt-wi-ba-junts-frau-wa-schei-da-wam-ba-hirn-sca-la-ge-er-det-spalt-alt-wi-ba-junts-frau-wa-schei-da-wam-ba-hirn-sca-la-ge-er-det-spalt-alt-wi-ba-junts-frau-wa-schei-da-wam-ba-hirn-sca-la-ge-er-det-spalt-alt-wi-ba-junts-frau-wa-schei-da-wam-ba-hirn-sca-la-ge-er-det-spalt-alt-wi-ba-junts-frau-wa-schei-da-wam-ba-hirn-sca-la-ge-er-det-spalt-alt-wi-ba-junts-frau-wa-schei-da-wam-ba-hirn-sca-la-ge-er-det-spalt-alt-wi-ba-junts-frau-wa-schei-da-wam-ba-hirn-sca-la-ge-er-det-spalt-alt-wi-ba-junts-frau-wa-schei-da-wam-ba-hirn-sca-la-ge-er-det-spalt-alt-wi-ba-junts-frau-wa-schei-da-wam-ba-hirn-sca-la-ge-er-det-spalt-alt-wi-ba-junts-frau-wa-schei-da-wam-ba-hirn-sca-la-ge-er-det-spalt-alt-wi-ba-junts-frau-wa-schei-da-wam-ba-hirn-sca-la-ge-er-det-spalt-alt-wi-ba-junts-frau-wa-schei-da-wam-ba-hirn-sca-la-ge-er-det-spalt-alt-wi-ba-junts-frau-wa-schei-da-wam

Adek

Quand il voyait Szajbel sombrer dans les ténèbres, Adek essayait de la maintenir à la surface en serrant fort son poignet.

Même ici, parmi les tarées de l'unité fermée, les psychopathes de gros calibre qui auraient dû, selon bon nombre de gens (mais pas lui), purger les peines qu'on attribue habituellement aux prisonnières politiques (faut pas déconner !) accusées de sabotage et de sabordage de la patrie (ptn !!) – qui était de toute façon déjà en train de couler –, Adek ne s'attendait pas à un délire de cette ampleur. Depuis ce Pétaouchnock, il passait son temps à établir des contacts via Grindr avec tout le petit monde gay, et même tout le petit monde clandestin – car ce qu'on y faisait n'était pas toujours légal, forcément, on peut tomber sur des pervers partout… –, et cet étudiant en allemand, cet homo racé de Pruszków, était un peu tiraillé. Son Grindrisme s'harmonisait mal avec le catholicisme dont on l'avait biberonné, dans lequel le baptême et la communion étaient sacrés. Un médaillon en or de la Sainte Vierge pour le baptême, un ordinateur pour la communion, et pour la confirmation, le clavier Yamaha avec lequel Adek balançait aujourd'hui des morceaux sur une plate-forme où il lui arrivait même de recevoir des commentaires positifs (et où il avait pour nom Adell). C'était sous champi qu'il composait sa meilleure musique. Ses oreilles percées de plugs, style New York ou Berlin, en tout cas pas du style Pruszków ni catho, captaient dans l'éther de nouveaux sons et de nouvelles harmonies qui, dans ses hallus, se transformaient, se réfractaient, et, l'espace d'un instant, il lui semblait que le Dieu de son baptême, de sa communion et de sa confirmation tentait de lui dire quelque chose qu'il n'était pas encore en mesure de comprendre.

Il était de ces poètes prophètes, un Słowacki, un Mickiewicz ou un Norwid, à la différence près que, pour transmettre ce que Dieu avait à dire des Polonais et de la Pologne, eux employaient la langue qu'ils connaissaient. Sa tâche à lui était plus ardue : il devait parler une langue que personne ne lui avait apprise. Il était le saint Jean de la composition. Un analphabète musical qui laisserait pourtant un évangile en MP3 : quelques centaines de morceaux à écouter gratos pour des auditeurs du monde entier. Parmi les habitants de Pruszków, il était exceptionnel.

Les patientes de l'unité fermée de l'hôpital de Tworki étaient son public le plus fidèle. Grâce à Wanda, de la salle 2, elles écoutaient les morceaux d'Adell en faisant ce qu'elles appelaient la gym des sorcières quand aucun membre du personnel ne pouvait les entendre, et la gym des Slaves dans le cas contraire. La semaine précédente, pendant son *shift* de nuit, sur le dernier morceau qu'il avait composé sous champignons, elles s'étaient entraînées à tenir une complexe position coudes-genoux en respirant si bizarrement qu'il en avait bandé. Tellement c'était fort. Guidé par les suggestions hypnotiques de Wanda comme par une laisse, il avait visualisé un faisceau lumineux qui entrait sous forme d'épée laser (pas trop pointue, en plastique – l'épée de Maître Yoda du magasin de jouets) dans son anus rosé et, sans en sortir, pilonnait ce joli petit trou de la taille d'une maille filée avec la délicatesse d'un moineau qui viendrait s'y poser. Un mouvement si subtil qu'il en était à la limite du supportable, à l'image des chatouilles qui provoquent des spasmes de plaisir. Adek en avait été surpris, lui qui, plutôt qu'à ces foulées d'oisillons, était habitué aux bourrages de cul à ne plus pouvoir s'asseoir. Il lui fallait admettre que le yoga des sorcières lui faisait beaucoup d'effet, et d'autant plus avec l'épée laser imaginaire.

Il savait une seule chose sur Wanda : avant d'arriver à l'asile, elle donnait des cours à des habitantes de Podkowa, qui, grâce à elle, avaient connu une hausse de libido telle que leurs maris en avaient développé un trouble de stress post-traumatique. Ils s'étaient habitués à l'absence de besoins sexuels de leurs épouses et déshabitués à coucher avec elles – si tant est qu'ils en aient fait une habitude, car certains d'entre eux ne s'étaient jamais accoutumés au sexe à deux, même avant le mariage. Et c'était aussi le cas de Wanda.

En éveillant la libido de ses clientes avec ce yoga slave également appelé la gymnastique des sorcières, elle avait privé leurs partenaires du petit confort dont ils jouissaient jusqu'alors, car ils ne baisaient pas leur femme (ne parlons pas de faire l'amour avec elle, c'était là un autre niveau d'initiation), mais se baisaient eux-mêmes à corps perdu. Ainsi que les filles des applis de rencontre ou des sites pornos, avec lesquelles tout se passait bien : pas besoin d'embrasser et de distribuer des germes, pas besoin d'humidifier des fentes à l'odeur suspecte, pas besoin de se confronter à des poils pubiens en voie de repousse, de souiller la représentation de ce à quoi devrait ressembler une vraie femme, ou une fille plutôt, car – disons-le franchement – les femmes, ces êtres qui avaient la malchance d'avoir dépassé les trente-cinq ans, n'attiraient plus aucun d'entre eux. C'était bien normal, la plupart devenaient mères à cet âge-là, et qui pouvait bien être attiré par l'idée de sauter sa propre mère, une fois sorti de son complexe d'Œdipe ? Un ou deux petits fumiers pouvaient éventuellement être à la recherche de sensations dans la catégorie MILF, mais c'étaient des cas isolés. Pathétique, disaient les membres du troupeau masculin porté sur la jeunesse.

Mais voilà, sur l'autoroute d'une sexualité nocturne pratiquée à l'insu des épouses indolentes à la libido somnolente, ils entrèrent en collision avec Wanda, qui se donnait pour mission de réveiller l'énergie sexuelle des femmes.

« Le vrai sexe, c'est pas pour les idiots », avait-elle l'habitude de dire le cul en l'air, en position coudes-genoux, tout en balançant son bassin pour activer ses ovaires. Comme pour appuyer ses propos, sa grosse poitrine gonflée par son amour pour le monde oscillait de haut en bas, tandis que ses fesses domptaient un balai invisible, ce manche pointu qu'elles étaient chargées de mentalement se fourrer dans la fente, tantôt avant, tantôt arrière, tout en s'imaginant survoler les sommets des arbres centenaires de l'allée du parc de Podkowa – ce qui leur produisait un tel effet orgasmique qu'il était ensuite difficile de les ramener sur terre.

Personne ne savait pourquoi Wanda, saine d'esprit, s'était retrouvée dans l'unité fermée d'un hôpital pour malades mentaux. Elle avait progressivement cessé d'invoquer le « complot patriarcal du Fouilly-les-Oies catho », comme elle appelait Podkowa Leśna, pour se concentrer sur les meilleures façons de mettre à profit ses compétences pour diffuser ses pratiques païennes auprès de nouvelles fidèles.

Elle aimait planer. Elle faisait semblant de prendre les médicaments qu'on lui avait prescrits pour faire baisser sa libido et elle les échangeait avec d'autres patientes contre des antidépresseurs qui lui garantissaient, au grand étonnement du Dr Charkot, de planer en continu. La contrebande de cachets n'était d'ailleurs pas un phénomène exceptionnel à Tworki. Certaines dépressives ne voulaient pour rien au monde guérir et retourner à leur vie normale, à leurs enfants qu'il fallait laver, nourrir, changer, bercer, auxquels il ne fallait pas filer une beigne quand ils vrombissaient tous en même temps comme des mouches : maman donne-moi ça, maman regarde elle me tape, maman je veux ceci, maman je veux pas cela, maman dis-lui, maman maman maman – pas plus qu'à leurs maris, qui avaient la fatigue de la vie et la disgrâce de l'équipe de foot polonaise gravées sur le front.

Wanda-les-belles-miches, comme l'appelait avec tendresse le Dr Charkot, dissimulait méticuleusement ses cachets de lithium dans un trou qu'elle avait derrière une molaire en haut à gauche, et elle bénissait son art de gérer ses finances, car, plutôt que de se faire faire une couronne en porcelaine, elle avait préféré dilapider son pognon dans un cours en ligne pour apprendre à balancer de droite à gauche sa magie charnelle. Dans ce nouveau décor, avec ces clientes moins ordinaires, elle produisait des étincelles.

L'unité ne manquait pas de féministes ni d'écologistes, de celles qui s'enchaînaient à des troncs, décidées à mourir pour leur patrie qui n'était pas la Pologne mais la forêt ! Certaines des célèbres Sœurs de la rivière aussi, ces Mères-polonaises qui luttaient contre l'abattage des arbres. Sur ordre du Premier ministre, on les avait attrapées comme des chiennes, jusqu'à la dernière, et confiées au chef de service. Des putains de nymphes de rivière, des foutues sirènes *slash* nymphomanes. Comment pouvaient-elles mettre la vie de leur propre famille, de leur mari, de leurs enfants en danger pour défendre un chêne pédonculé ou un pin, bordel ? Ou pour soutenir un projet de loi ? Adek n'arrivait pas à les comprendre. Dès qu'il tentait d'embrasser ce sujet, son cortex cérébral abdiquait, son canal auditif se mettait à siffler et ses pensées s'échappaient par son oreille, sans laisser de traces, le plus loin possible de tous les problèmes climatiques du monde contemporain. Il avait établi depuis longtemps qu'il faisait partie de ce qu'on appelait les soja-connards, qu'il portait les armoiries du Tofu, et que c'était là son seul lien avec le foutu monde écologiste. Et encore, ce n'était pas à cause d'une allergie au lait de vache ni par souci pour la planète, mais pour veiller à la propreté de son détroit si fréquemment exploré par de si nombreux amants. En même temps, il ne soutenait pas le massacre des animaux. Et il n'en mangeait pas. Bien entendu, il s'était juré qu'il ne louerait jamais une chambre où un oiseau empaillé serait suspendu au mur et ne mettrait jamais les pieds dans une maison où trônerait une peau d'ours ou de sanglier sur le sol. Ça, non. Mais le rôle qu'il jouait sur la scène de la conscience écologique s'arrêtait là. N'était-ce pas suffisant ? Sa vie n'était-elle pas assez difficile comme ça, à passer huit heures par jour dans ce cirque pour une misère qui ne suffirait même pas, sans les opiacés qu'il prélevait dans les stocks de l'hôpital, à payer le loyer de son studio à Pruszków ?

Grâce à Szajbel et à la découverte des syllabes en vieux haut allemand, Adek commençait à trouver un sens plus profond à ce boulot qui l'épuisait tellement qu'en rentrant chez lui il n'avait plus la force de lever le petit doigt, ne serait-ce que sur l'écran de son téléphone. Depuis qu'Anna Szajbel avait été internée, il n'avait couché avec personne de Grindr ni d'aucune autre app, il était tout absorbé dans sa quête du mystère des notes prises sous sa dictée. Quand il se tourna vers son professeur préféré, spécialiste de vieux haut allemand, il eut enfin un début de réponse. « Vieille Pucelle », « crâne utéro-vaginal », « terreuses », « fente ». Adek nota ces mots qui lui semblaient étrangers et s'appliqua à leur donner un sens, à en tirer un foutu message.

Mane, Thecel, Phares

Les robinets de l'hôpital étaient identiques à ceux de l'immeuble de Mszczonów où elle habitait enfant : impossible de les fermer complètement. Des gouttes d'eau ne cessaient de heurter la céramique. Comme pour creuser la pierre. Saper l'éternité. Des gouttes qui émettaient un son tel qu'il semblait que cette salle sans poignées n'était pas ceinte de murs, mais enclavée dans l'Himalaya.

Grâce au nouvel aide-soignant, Adek, Szajbel avait enfin changé de chambre, après six mois passés à l'unité fermée. Un jour y entra une blonde bien faite, en tablier et Crocs blancs.

– Les comprimés de madame la présidente.

Szajbel tressaillit à la simple idée d'avaler une chose en plus de sa salive.

– Allez, on sort gentiment la langue et on avale. Tous en même temps. Voilà de l'eau. Mais pas trop. On va éviter l'incident pipi de la dernière fois.

Sa conscience était trouée comme une passoire. Quand avait-elle changé d'unité ? Elle avait commencé à remarquer qu'un beau garçon coloré, avec des écarteurs dans les lobes d'oreilles, était souvent dans les parages. En pensée, elle l'appelait Akhenaton, il lui faisait penser à un pharaon. Quand elle observait ses plugs, elle avait la sensation qu'en s'y accrochant elle irait loin. Mais pourquoi

Akhenaton cachait-il son vrai prénom ? Ce nom, Adek, qu'il utilisait au quotidien, contenait peut-être un message caché qui lui était adressé ? A + D + E + K. Un message qui n'était destiné qu'à elle, Mathilde Spalt. C'étaient des vitamines. Il fallait les prendre. Ne pas protester. Si elle les prenait, elle irait bien. Elle faisait confiance à Adek. Elle avait cessé de lutter contre le personnel. Accepté de collaborer. Surtout avec lui. Cet Akhenaton polonais au corps de surfer californien. Le nouvel objet de l'attention de toutes les patientes avait de magnifiques fesses rondes emballées dans un short, et au-dessus, une cage thoracique massive qui se déployait comme les vastes montagnes de l'Atlas. Une mâchoire typiquement américaine, avec ça, très marquée à force de mâcher du chewing-gum.

Les pilules colorées que Szajbel avalait abrogeaient le calendrier. Elle perdait le décompte des jours. Ses pensées erraient aux confins de la raison, à la recherche d'une frontière infranchissable où enfin se reposer, se suspendre, capituler. Mais non. Son esprit refusait de rendre les armes, et dans les circonvolutions de son cerveau erraient de nouvelles associations d'idées toutes plus étranges les unes que les autres, des bouchons et des accrochages sur l'autoroute de ses connexions neuronales.

Après un petit quart d'heure, les médicaments commençaient à faire leur effet. La réalité se faisait moins profonde, plus compacte, on pouvait s'y plonger en toute sécurité. Elle qui tentait continuellement de recoller les morceaux d'un puzzle, de faire surgir enfin une image des débris de la réalité.

Szajbel avala ses cachets, bien qu'elle eût la nausée. Son corps était douloureux, comme si on l'avait rouée de coups. Chaque muscle la faisait souffrir, chacune de ses côtes. Elle ne comprenait pas comment de simples vitamines pourraient la faire « aller bien ». Mais elle faisait confiance au pharaon. Il fallait bien faire confiance à quelqu'un. Elle ne voulait pas retourner dans la salle d'avant. Avec la lumière allumée jour et nuit. Des sangles pour attacher les âmes rebelles aux lits. Des fenêtres tachetées de crottes de mouches. Ces créatures maudites qui croissent sur la merde humaine s'en prenaient exprès à la salle dans laquelle elle était internée. Attachée au lit par les sangles parce qu'elle ne cessait de lutter, systématiquement, contre tout le monde, elle passait des heures à observer les motifs géométriques des excréments d'insectes sur la vitre. Que pouvait-elle faire d'autre ? Quand on la détachait, à sa demande, pour qu'elle puisse bouger les bras ou lire un peu, il y avait toujours un événement, insignifiant et difficile à prévoir, pour la faire resombrer vite dans les limbes.

Une semaine après son internement, les infirmières avaient décidé de la peser afin que le médecin qui la suivait – le célèbre Dr Charkot – puisse établir une posologie avec exactitude. Lorsqu'elle avait ôté sa chemise de nuit et ses sabots, qu'elle était montée sur la balance, le conseiller Petrus

Gerbauer, l'évêque Johann Balthasar Liesch von Hornau, le procureur de Neisse Franz Zacher et le procureur d'instruction Martin Lorenz s'étaient soudain retrouvés devant elle. Ils étaient assis à une table haute et regardaient son corps nu comme pour la jauger du regard. Sur ordre du procureur, une balance pour peser le bétail avait été transportée à l'intérieur de l'hôtel de ville. On lui avait demandé de monter sur un des plateaux quand, sur le second, fut posée une bible. Lourde, reliée de cuir par le franciscain Johannes Krucht. Heinrich Babel, qui observait la scène, avait juré sur celle-ci que, si le diable habitait celle que l'on accusait d'avoir tenté d'empoisonner son mari et attiré par sa sorcellerie le fléau du déluge sur le duché de Neisse, il l'en chasserait, dût-il pour cela y laisser sa propre vie.

– Vingt-six se sont noyées sans culpabilité ! Les vaches aussi. Le troupeau entier. Seules celles-ci – Heinrich Babel désigna Mathilde et les autres femmes qui se tenaient près d'elle en rangs serrés – n'ont pas été reçues par l'eau, elles sont donc coupables ! proclama-t-il à la foule et au banc des jurés.

La journée touchait à sa fin lorsqu'elles s'étaient réunies, comme tous les vendredis, dans la clairière où trônait autrefois un grand chêne et où poussait la belladone, pour récolter de l'eau de bouleau – le début du mois d'avril était à cela le plus propice –, défoncer du bois mort et frotter leur fente comme le leur enseignait Mathilde depuis plus de trois ans. Pour écouter parler de la Vieille Pucelle, surtout, celle que chaque être féminin porte en elle de la naissance à la mort, et même après, celle qui est également la Terre-Mère, la fente, la petite crapoussine, la femme dans sa forme la plus pleine, la pleine lune, la vieillarde édentée et bossue qui ne fait que chercher quoi chevaucher, quoi prendre, pas pour jouir mais pour maintenir l'Ordre Éternel. Face au banc des jurés, face à la foule rassemblée dans la salle du conseil de l'hôtel de ville, Mathilde ne comprenait pas ce qu'elle avait fait pour susciter de telles émotions, elle n'avait jamais fait de mal à personne ni à rien sur Terre, rien qui ne menaçât Dieu dans le Ciel ni l'homme sur Terre. Elle qui ne s'attachait qu'à faire renaître la vie.

Elle faisait tout pour ne pas croiser le regard de la foule. Elle couvrait de ses mains ce que tous les membres de la commission fixaient du regard. Le procureur Franz Zacher lui ordonna de monter sur le plateau de la balance pour qu'ils puissent vérifier laquelle des deux l'emporterait sur l'autre, la Bible ou cette femme suspectée de sorcellerie – la foule réunie dans la salle n'avait pas hésité à débourser plusieurs ducats pour observer ce spectacle. Lorsque la balance se mit à pencher du côté de Mathilde, l'assemblée poussa des cris de joie, la machine de mort venait de se mettre en branle, rien ni personne ne l'arrêterait plus.

– Bordel de merde !

Franz Zacher laissa échapper un juron sous le coup de la peur, mais assez bas pour que personne ne puisse l'entendre. Il avait besoin d'un jour de congé. Après une nuit passée à chasser, il ne se sentait pas au mieux de sa forme. Il était somnolent comme après avoir bu un tonnelet de bière d'abbaye. Pour en finir avec l'épreuve de la balance, il ôta la Bible du plateau et ordonna à son assistant d'y poser des pesons pour vérifier le poids de la première accusée.

Au départ, le résultat de la pesée – quarante-neuf kilos et neuf cents grammes – semblait de nouveau menacer l'après-midi, que Zacher aurait préféré passer en famille et non à torturer des femmes. Il nourrissait l'espoir que celle qui se trouvait sur la balance, sur laquelle l'évêque s'acharnait, pèserait plus de quarante-neuf kilos et balayerait au moins pour un moment les soupçons de sorcellerie. Il commença à transpirer, se sentit soudain à l'étroit dans son col. Il reprit toutefois espoir quand l'un des fonctionnaires annonça que la suspecte faisait exactement cinquante kilos !

Mathilde put enfin prendre une profonde inspiration, une inspiration semblable à celle de notre venue au monde, lorsqu'une bouffée d'air remplit les poumons et les élargit tant qu'on en crie de douleur. Le procureur ferma les yeux un instant et poussa lui aussi un soupir de soulagement. En son for intérieur, il se réjouissait à l'idée que cette jolie fille innocente ne serait pas torturée à mort ni brûlée dans le four.

Mais au moment où elle s'apprêtait à descendre de la balance, l'inquisiteur s'approcha de l'évêque Johann Balthasar Liesch von Hornau et se pencha pour chuchoter à l'oreille de Son Éminence. Celui-ci alors fit comprendre aux autres qu'il avait une information à leur transmettre et que l'affaire pouvait prendre une autre tournure.

Sur l'ordre de l'évêque, Franz Zacher, d'un pas lent, s'approcha de la jeune femme et détacha la pince qui retenait ses cheveux au-dessus de sa nuque.

Lorsque le plateau se mit peu à peu à pencher et à la soulever légèrement, Mathilde Spalt comprit ce qui l'attendait. La pince en argent, cadeau de mariage de son épouvantail, la seule chose venant de lui qu'elle appréciait véritablement, avait scellé sa condamnation à mort.

Connectée

Lorsque Eliza Reszke et Joanna Draka, infirmières à l'hôpital psychiatrique de Tworki, virent Szajbel se rouler convulsivement sur le sol en tentant d'arracher quelque chose d'invisible fixé sur le haut de sa tête, elles prirent peur et appelèrent les renforts. Le temps qu'Euzebiusz Mruk et qu'Andrzej Plona, gardiens de l'ordre à l'hôpital, arrivent du deuxième étage du bâtiment 10, Szajbel avait mordu Joanna et presque étranglé Eliza qui, dans un geste désespéré, avait tenté de venir en aide à sa collègue. Cela prit plus d'un quart d'heure aux membres de la sécurité pour réussir à maîtriser Szajbel et à lui injecter une quadruple dose d'hydroxyzine, inoculant ainsi quelques heures de paix en son âme terrorisée.

Comment pouvaient-elles savoir que la pesée susciterait une telle réaction chez cette patiente ?

« Stress post-traumatique », avait diagnostiqué le Dr Charkot, directeur de l'hôpital et chef de service, qui s'évertuait depuis plusieurs semaines à déchiffrer les notes transmises par l'aide-soignant Adek. Il était tombé sur une mention d'Hélène Spalt, fondatrice des Terreuses – communauté du duché de Neisse qui confessait une foi en une certaine Vieille Pucelle, fille de la Terre-Mère, à la charnière des XVIe et XVIIe siècles –, mais pas grand-chose de plus pour l'éclairer.

Les patientes de ce genre, le personnel les appelait « les connectées ». Mais Szajbel avait un petit quelque chose en plus. L'état dans lequel la laissaient ses épisodes de « surtension » différait des troubles délirants communs aux autres patientes, qui se contentaient de se connecter à ce que leur super-ego leur dictait. Chez Szajbel, cette transformation conduisait seulement à la souffrance et non à l'excentricité ni à une force particulière.

La pesée avait fait sombrer Szajbel dans la peur. La douleur était insupportable. Elle était devenue ce corps traité comme une carcasse, auquel des tortures monstrueuses étaient infligées, sur chaque centimètre de sa surface. On lui avait causé tant de mal, elle avait été déshonorée tant de fois qu'elle suppliait son âme de la quitter, chaque seconde qui passait était intolérable. Cet état durerait – en tout cas, c'était l'analyse du Dr Charkot – jusqu'à ce qu'on établisse le traitement pharmacologique optimal, que seule une pesée précise pouvait déterminer.

Tandis qu'elle se recroquevillait, prise de spasmes sur le sol froid de la permanence des infirmières, Szajbel se mouilla de peur, inondant le sol d'une urine qu'elle se mit ensuite à lécher avidement. Les infirmières décidèrent alors de laver la patiente, pour qu'elle ne sente pas la pisse.

Par malchance, le pommeau de douche s'était cassé deux jours plus tôt. Les pensionnaires l'avaient mis hors d'usage à force de le frotter à leur clitoris qui se languissait de caresses. Les infirmières n'avaient d'autre solution que de plonger Szajbel dans la baignoire.

Elles luttèrent de nouveau, et après avoir vérifié que le Dr Charkot était bien enfermé dans son cabinet, elles appelèrent à l'aide Adek. Lui seul parvenait à atteindre Szajbel. Avec son aide, elle entra sans protester dans la vasque. Elle avait reçu sa dose journalière de rispolept et ne réalisait rien de ce qui lui arrivait. Elle naviguait vers son propre monde. Si tant est qu'il s'agît réellement du sien.

Lorsque les infirmières tentèrent de la plonger dans l'eau pour lui laver les cheveux, des souvenirs se mirent à affluer dans sa mémoire. L'eau gonflée par la crue coulait si vite que, même en sachant nager, elles devaient s'accrocher aux branches des saules qui dépassaient de la rive pour tenter de garder leur tête à la surface, luttant contre la puissance du courant et l'eau qui s'engouffrait dans leur bouche.

Elles ne se voyaient pas l'une l'autre. Celles qui ne savaient pas nager, pour qui l'eau demeurait hostile, étaient restées dans la clairière. C'était la mort assurée aux côtés des vaches qui venaient d'être traites pour le quark du jeudi.

Lorsque Mathilde avait vu les cavaliers, malgré la distance, elle avait immédiatement reconnu l'un d'eux. Elle aurait pu le reconnaître entre mille. Trois ans auparavant, il avait surgi pendant qu'elle récoltait des plantes dans la forêt. Il avait été formellement interdit à toutes les femmes du duché de pénétrer dans le bois, elle savait qu'elle allait avoir des ennuis. Elle n'avait jamais accouché de sa vie, pourtant elle avait alors eu une montée de lait qui avait taché sa robe. Heinrich Babel l'avait remarqué et y avait vu la marque du diable. Il ne savait pas que, quelques heures plus tôt, une de ses génisses préférées avait mis un petit veau au monde dans l'étable de l'épouvantail, mais que, pour des raisons inconnues, le lait de la génisse n'avait pas afflué. Le malheureux petit, qui n'avait rien à boire, avait hurlé à tue-tête. Mathilde avait collé son nez aux naseaux de la génisse et s'était mise à respirer avec elle pour qu'elles accordent leurs respirations. Ses seins s'étaient alors gorgés de lait, un lait dont elle avait nourri le nouveau-né pour que la vache puisse se reposer après son vêlage difficile. Elle était ensuite partie chercher des plantes pour aider la bête à remplir ses pis, et c'est alors que Babel l'avait surprise.

Lorsqu'il était descendu de cheval, elle s'était approchée de lui et l'avait fixé si profondément qu'elle avait atteint son âme. Babel avait été terrifié par ce qu'il avait vu dans ses pupilles. Sans dire un mot, il était remonté en selle au plus vite et était reparti au galop. Le bruit des sabots avait retenti longtemps à travers la forêt sans s'éteindre.

Cet épisode lui avait paru une victoire, pourtant, ce qu'elle avait lu dans les yeux de Babel l'avait terrorisée. Pour dissiper la peur et les ténèbres, elle avait allumé un grand feu de branches de sureau noir et d'aulne noir. Sa grand-mère Hélène Spalt avait défendu jusqu'à la fin de sa vie la réputation d'Ursula en niant la possibilité de son suicide. Et elle avait raison. Cette mort avait été un meurtre. Tout avait été reflété dans les pupilles de Babel. Même la couleur du ciel, ce matin-là, tandis qu'il la suspendait au chêne pour tenter de chasser une fois pour toutes les Terreuses de la forêt. Dans ses yeux, Mathilde avait aussi vu sa propre mort. Elle avait décidé de vite emmener les Terreuses loin de la forêt, plus près de la rivière. Sur ce terrain dont l'Église avait oublié l'existence et qui ne lui appartenait peut-être même pas.

Mais en voyant arriver Babel à cheval en compagnie d'autres hommes, en apercevant l'armée des serviteurs de l'évêque ce jour-là, elle avait décidé de se jeter avec celles qui n'avaient pas peur de l'eau dans le courant violent de la rivière pour descendre en aval et tenter de sauver sa peau.

Le bain – la douleur, les souvenirs tragiques, ses compagnes repoussées vers la rivière – la fit dégriser.

Szajbel cligna des yeux pour s'adapter à la réalité. Elle se boucha instinctivement les oreilles pour atténuer ce foutu bruit de robinet qui creusait le silence et pour tenter de fixer l'image qui lentement apparaissait : les murs blancs, la fenêtre, un parapet sur lequel se trouvaient des épluchures, des fleurs fanées, des pommes de pin et de la mousse, un lit d'hôpital face à elle, et sur ce lit une bonne femme luisante et grasse aux cheveux noirs frisés, longs jusqu'à la taille. Il semblait qu'on lui avait recouvert la tronche de goudron, qu'on l'avait badigeonnée d'asphalte et saupoudrée de cendres d'ailes de corbeau calciné. Une bonne femme qui lui souriait insolemment ; elle lui rappelait vaguement quelqu'un. Attendez une minute…

Le cerveau de Szajbel était un poisson mort flottant près du rivage de la Baltique polluée par une fuite de pétrole. Une fuite qui, de l'avis des foutus écolos – oh oui, elle arrivait enfin à recoller les morceaux du miroir qui s'était brisé en reflétant la réalité –, avait été causée par sa faute, puisque c'était elle qui avait lancé l'ordre de procéder aux forages. Des écolos, oui ! Des écolos. Cette vieille sorcière ne serait-elle pas la papesse de leur bande ? Grażyna Kło… sińska ? Kło… sowka ? Szajbel laissa tomber ce fil, car elle n'arrivait pas à le dérouler. Elle ne se souvenait pas des noms, des visages, des adresses, des événements. Les cachets lui avaient lessivé l'esprit, et une nappe toute blanche et bien amidonnée était étendue là où auparavant elle avait eu un réseau de neurones.

Sur le lit d'à côté, un monstre. Comment la qualifier autrement ? Elle n'avait jamais eu affaire à pareille chose : une créature courbée, de stature fragile, recouverte d'un t-shirt trop grand où l'inscription PEPSI s'étendait aussi large que le cul de Kim Kardashian, et sous lequel se dessinait une poitrine si tombante qu'elle avait dû être tétée pendant des siècles par des troupeaux de petits humains, canidés, lupins, félins et ratins tous ensemble. Mais le plus monstrueux n'étaient pas ses seins, c'était son visage recouvert d'une épaisse couche de poils.

Dans la chambre numéro 7 entra d'un pas dansant le Dr Charkot – comme l'indiquait son badge. Un monsieur de petite taille, corpulent, le sommet de sa tête orné d'une calvitie cernée d'une auréole de cheveux gris.

– Il est grand temps que vous fassiez connaissance. Mesdames, je vous présente notre nouvelle patiente, Anna Szajbel. Madame Anna, à votre droite, la cheffe des écoterroristes, Grażyna Kłossowska, et à votre gauche, notre Miss Vanitas : la Barbue.

Le corbeau lança un regard scrutateur sur Szajbel avant de soulever un sourcil pour jeter un sort :

– Je ne vous l'avais pas dit ?! Quel dommage que vous ne nous ayez pas rejointes à Białowieża. Ça en valait la peine. Et comment !

– Ah, quel merveilleux trio ! résuma le Dr Charkot qui se frotta les mains en sortant de la salle.

Szajbel ne pouvait croire à l'immensité de sa poisse. Elle fixait d'un regard médusé la main qui se terminait par les griffes courbées d'un perroquet, vernies de rouge sang, qui s'était tendue vers elle dans un geste de bienvenue. Lorsque la propriétaire de la main, Grażyna Kłossowska, se mit à rire, la graisse de son ventre en trembla gracieusement, ses plis comprimés les uns contre les autres telles les vagues d'une rivière de beurre fondu. Malgré son embonpoint, malgré ses ongles de rapace vernis d'un émail carmin, elle avait quelque chose d'attirant. Sous des couches dégoûtantes semblait se cacher quelque chose d'atavique, donc d'électrisant.

– Je ne sais pas, Szajbel, je ne sais vraiment pas comment tu as fait, à Podkowa, pour éprouver du plaisir en couchant avec cet arbre. Nous, nous étions allongées là-bas, nues sur ces arbres tombés à nous démener pour essayer d'obtenir quelque chose en nous frottant contre ces troncs, mais, franchement, un arbre, même abattu, reste un arbre. Recouvert de nœuds, d'une écorce coupante et râpeuse. On n'y a trouvé aucun plaisir. Et Dieu nous est témoin, on a vraiment essayé. On a dû feindre l'orgasme devant les caméras.

Szajbel fixait du regard la papesse de l'écologie sans comprendre un traître mot de ce dont le corbeau lui parlait. Kłossowska l'interpréta comme une invitation à poursuivre.

– C'était un acte politique, bien sûr. Pour qu'ils foutent enfin la paix à Białowieża. Mais quand ils nous ont fait partir, et ils ont dû nous arracher à nos troncs par la force, nous avions la chatte et les cuisses tout écorchées, du sang en coulait, nous avions aussi mal que si un corps d'infanterie nous était passé dessus. Peut-être que tu pourrais nous apprendre ton tour, un jour ? Sur ton film, et tu sais que dix millions de Polonais l'ont vu – Kłossowska tira alors son téléphone de la poche de son peignoir et vérifia si ce nombre était obsolète, si la popularité de Szajbel continuait à croître –, il y avait tellement de passion en toi ! Et de volupté ! C'est comme ça qu'il faut aimer la Terre, aujourd'hui.

Szajbel détourna la tête. Elle ne voulait plus croiser le regard de Kłossowska. Tout ce qu'elle souhaitait, c'était stopper l'afflux de douloureux souvenirs. Cette série d'événements tragiques qui l'avaient conduite à Tworki – juste avant Noël, en plus. Mais la franchise de Kłossowska lui fit reprendre conscience du passé. Le chevauchement du tronc dans le parc de Podkowa. « La célèbre présidente du groupe pétrolier national continue de niquer la nature, mais différemment cette fois ! », disait la légende de la vidéo qu'on avait ensuite supprimée, mais dont la capture d'écran continuait de circuler dans tout le pays. On s'envoyait la photo par texto ou par applis de messagerie. « La présidente du groupe pétrolier national. Fais passer. » Szajbel s'étendit sur son lit, ferma les yeux, et de nouveaux souvenirs se mirent à affluer vers son hippocampe.

Lorsqu'elle rouvrit les yeux, elle aperçut la fenêtre. Sans poignée, évidemment. Et derrière cette fenêtre, des barreaux peints en blanc. Pour que les tarées n'aillent pas violer le paysage ou le déchiqueter. Des barreaux blancs. Ils se fondaient dans le ciel. Tout était couleur de lait. Lait et beurre, à l'image du ventre de la Kłossowska assise en face d'elle, cette caricature de femme avec sa grande et grosse chatte qui dépassait de son peignoir taillé trop court.

Quand ses cachets cessaient de faire effet, Szajbel décelait de petits trous à travers lesquels filtrait un monde qu'elle parvenait presque à reconnaître dans le paravent des substances psychoactives et sédatives. Un monde dans lequel elle vivait encore quelques semaines plus tôt, ou bien faisait semblant de vivre – ce pour quoi elle était douée, en tout cas quand elle prenait bien le lithium qui lui permettait de tenir en laisse sa folie.

Qu'avait-elle reçu en retour ? Des orgasmes auto-induits, un mari qui l'avait dupée pendant des années ? Les curés du club de l'intelligence catholique pour qui elle devait cuisiner toutes les semaines ? Des paons qui gueulaient devant l'église ? Des parents qui ne l'avaient aimée qu'enfant ? Un travail où, pour garder sa place, elle devait être plus virile que les hommes ? Un Premier ministre qui supprimait le droit des femmes à l'avortement ? Un Gilead polonais auquel ne manquait que les capes rouges bien taillées ? Une réalité tellement aberrante que la plupart de ses rêves semblaient plus rationnels ?

Après un mois passé en chambre numéro 7, Szajbel commençait à se sentir mieux. Tout ça, c'était grâce à Adek. Les choses s'étaient améliorées quand elle s'était mise à l'écouter. Il lui avait suggéré d'arrêter secrètement ses cachets pour prendre à la place les substances psychoactives végétales que lui-même consommait en excès. Il avait remarqué que, sous cannabis, celles qu'elle appelait dans ses transes *Geerdet* – les Terreuses – se faisaient mieux entendre, elles parlaient à travers elle en vieux allemand, proféraient des phrases qu'il notait, traduisait et adaptait pour en trouver le sens. Un message adressé au monde moderne. Et s'il en faisait son mémoire de master ?

Pour le frictionnement, qui doit avoir lieu collectivement et simultanément, de préférence lors de rencontres à caractère solennel, sacré, il est possible d'utiliser les doigts, la paume ou toute la main, mais aussi les membres supérieurs et inférieurs des autres femmes. Toutefois, la forme la plus pleine du FROTTEMENT DU VAGIN, *qui permet l'union complète avec la Terre-Mère, consiste à frictionner énergiquement et avec force son vagin avec des êtres végétaux, tout ce qui appartient à la flore, donc, en particulier avec les racines d'angélique, les rhizomes de roseau, les racines de bardane, de consoude, de valériane et de topinambour.*

Il est conseillé en outre de frotter son vagin avec des branches d'aulne, de sureau noir, de sumac vénéneux et de champignons qui – employés à bon escient – remplaceront parfaitement le pénis. Signalons que la friction du pénis sur le vagin n'a rien à voir avec le FROTTEMENT DU MONDE, *car il contribue au peuplement de la planète qui est déjà surpeuplée. Afin de sauver le monde du point de vue éthique, et donc écologique, les femmes ne devraient coucher qu'avec des éléments de la matière vivante d'origine végétale. Répétons-le : en particulier avec les arbres, les rhizomes et les champignons. Elles offrent leur fertilité à la Terre-Mère, créent ainsi, à partir de leurs propres ressources, habituellement étouffées par l'énergie sexuelle masculine destructrice, centrée sur la violence et la pornographie, de nouvelles ressources nécessaires à la renaissance de la fertilité terrestre et à son abondance originelle.*

[…]

Sans le FROTTEMENT DU VAGIN, *condition* sine qua non *du* RENOUVEAU DU MONDE, *les ressources de la Terre s'éteindront, entraînant la mort de la faune et de la flore, y compris de l'espèce humaine dont la façon de vivre contribue comme aucune autre espèce à son annihilation* […].

En imprimant, une nuit, le livret *Les Terreuses* confectionné par ses soins, Adek ne s'imaginait pas qu'il allait ouvrir une nouvelle page dans l'histoire de Tworki. Que, grâce à son aide, les patientes de l'hôpital allaient bientôt accomplir ce que personne n'avait encore réussi à faire dans ce pays.

La Barbue

Lorsque le livret reproduit par Adek sur la photocopieuse de l'hôpital se retrouva dans les mains des femmes de l'unité, il y eut une grande confusion. Les patientes se mirent à traiter Szajbel avec vénération, telle une sage. Ou une sainte. Elles lui adressaient leurs prières ; comme Adek, elles pensaient qu'elle était un nouvel espoir pour le monde. Et Szajbel, de son côté, pensait qu'elles étaient les nouvelles Terreuses.

Grażyna Kłossowska aurait voulu être son bras droit. Elle savait que ç'aurait été le *must* pour les Vertes. Une pub de dingue ! Mais Szajbel sentait son côté intéressé et tenait Grażyna à distance. C'est ainsi que la femme à la barbe de chèvre devint, au sein de la communauté fondée par Adek et Szajbel, l'adjointe de la présidente.

De toutes les patientes de l'hôpital, c'était à la Barbue que Szajbel s'intéressait le plus. Cette étrange femme possédait ce que Szajbel n'avait jamais eu de toute sa vie : une façon épatante de provoquer son entourage et d'imposer ses principes dans toutes les relations sociales. Pour pouvoir dépasser les limites, vérifier jusqu'où elle pouvait aller. Pour appliquer un scénario (qu'elle connaissait sûrement sur le bout des doigts) d'humiliation et de rejet qu'elle façonnait ensuite en violence sexuelle.

Cette répugnante Barbue travaillait dans le poste électrique du plaisir, elle pilotait son entourage telle une centrale nucléaire. Elle agressait sexuellement tous ceux qu'elle voulait et elle en tirait du plaisir. Elle violait en pensées, elle violait en paroles, elle harcelait de sa petite main frêle tous les possesseurs de bite, et ce, en toute impunité. Elle était hors de portée du oui et du non, je veux, je veux pas, t'as le droit, t'as pas le droit. Sa libido invraisemblable était un cloaque sacré dans lequel le monde pouvait vidanger ses fantasmes les plus répugnants et ses désirs impossibles à réaliser. Elle était un transfert gratuit de l'abomination collective. Et sa justification. Aux côtés des nains, des frères siamois ou des nourrissons hydrocéphales, les femmes à barbe entérinaient tout ce qui était sombre et diabolique au monde, plongé dans la laideur.

Szajbel observait attentivement les deux femmes, Grażyna et la Barbue. La Kłossowska venait de se fourrer dans le vagin une amanite tue-mouches récoltée dans le parc de l'hôpital, et, après avoir émis des râles et des cris aigus en jouissant sous sa couette, elle s'apprêtait à la passer à la Barbue – qui en était tout émotionnée. Initiées par le livret qu'Adek avait établi à partir des transes de Szajbel sous cannabis, elles rapportaient de la mousse de l'extérieur et s'y frottaient sans vergogne, sans même prêter attention à la présence de Szajbel dans la chambre, se contentant de l'inciter à faire de même. Toutes les patientes s'étaient mises à les imiter, dans le jardin au cours de leurs promenades aussi – au grand dam du personnel qui passait son temps à les chasser des buissons.

Et parlons de l'horrible collection disposée sur le parapet ! Des épluchures collantes de scorsonères, des pelures de pommes de terre et de patates douces, des bandelettes de poireau en décomposition, des feuilles de chou ridées comme autant de visages de vieillards, avidement dévorées par des larves et des mouchettes, des pétales fanés de fleurs – des lys qui sentaient la mort, des gueules-de-lion, des phlox et des rosiers thé –, le tout rassemblé ici à cause de Szajbel et pour Szajbel – la nouvelle Terreuse, comme l'appelait Adek.

Le bruit courait que la Barbue s'était retrouvée à l'hôpital psychiatrique pour nudité en public et copulation avec de la matière en décomposition : avec ce que les riches habitants d'une autre cité-jardin environnante – Milanówek – jetaient dans les composteurs ou les poubelles. Et aussi pour avoir pratiqué des orgies avec des vagabonds.

Âgée de soixante ans, recouverte de saleté et d'une toison fournie, émaciée, elle dépassait du tissu social de la ville telle une écharde. Sa maison, un dépôt de poussière, d'ordures et de pagaille, attirait comme un aimant les clochards des environs qui, comme la Barbue, cherchaient des déchets – mais dans le but de les consommer, pas de copuler. Ils sentaient qu'elle était des leurs. Ces voyageurs affamés étaient assoiffés de chaleur et de caresses, que la Barbue distribuait plus que volontiers. Après avoir cambriolé la maison d'une célébrité locale, c'est chez elle que les amateurs de pérégrinations lunaires finissaient leurs aventures nocturnes. Et la Barbue partageait avec eux ce qu'elle avait de plus précieux : de la nourriture compostée et l'accès à la fente de l'Existence *per rectum* et *per vaginam*. Elle les conduisait là où les choses n'avaient pas d'ombre. Où le temps ne s'écoulait pas. Où des sirènes habitaient les rivières. Où leurs écailles, étincelantes sous le soleil, formaient l'hologramme de l'Éternité.

Malgré ce que l'on racontait sur elle au sein de l'unité et ce que pouvait suggérer son apparence, outre son obscénité, base du jeu qu'elle pratiquait avec le monde, la Barbue portait en elle une tendresse infinie pour les marginaux, les inutiles, pour tous les déchets, humains, animaux ou végétaux. Car tout faisait partie d'un seul et même cosmos.

Cohabiter avec des racines moisies de raifort, de carottes ou de scorsonères lui procurait la même joie que copuler avec des vagabonds et des clochards, les rejetés des cités-jardins. Au printemps, en été et au début de l'automne, elle s'allongeait avec eux sur l'herbe en croquant des pommes sauvages et elle observait le ciel à travers des morceaux de verre de bouteilles. Elle les fouettait avec les tiges des iris de son jardin et leur demandait de faire de même avec elle. De lui gratter le dos, d'en faire leur objet sexuel. Ils s'amusaient ainsi pendant des heures, dans des configurations plus ou moins étendues. Ils se touchaient de leurs pieds nus, se frottaient les uns aux autres pour soulager les démangeaisons de leur peau. De cette observation vitrée du ciel, de cette douceur du contact de la saleté contre la saleté, de la peau contre la peau, naissait enfin, à peine palpitant au début, le désir de se fondre dans l'univers, de perdre son propre contour, d'effacer son existence individuelle au profit de l'être commun, de ne faire qu'un. Un désir absolument pas pornographique. Le plus pur des plus purs, même s'il était aussi carrément sale.

Concentrée, penchée au-dessus d'un oiseau en décomposition, la Barbue repensait à ces beaux moments. Comme tout ce qui périssait, le petit cadavre éveillait en elle du désir et la volonté de lui redonner vie. Se sachant observée par l'infirmière et par Szajbel, elle se mit à gémir tout bas et à balancer ses hanches d'arrière en avant, d'avant en arrière, à transmettre son énergie à ses amants invisibles. Ceux-ci, conformément aux lois de circulation de l'énergie, entraînés par le mouvement audacieux des hanches, osseuses mais agiles, de la Barbue, libéraient de leurs reins un désir qui n'avait rien à voir avec l'amour fait à la va-vite sous la couette pour décharger un surplus d'agressivité ou pour fuir dans une chimère, se dérober un instant à la pénible et douloureuse maladie qu'est la vie. C'était un mouvement transcendantal qui unissait le pouls de l'Existence en soi à celui de l'existence de l'humain, dans une dimension commune et non individuelle. La Barbue cessait d'être la Barbue, le chauffagiste de l'hôpital cessait d'être chauffagiste, et le docteur, un docteur cloué à une existence concrète déterminée par son origine, son nom et son prénom. Ils se faisaient tous représentants du genre humain, dans toute sa beauté et sa décrépitude, des êtres vivants qui un jour, tout comme les dépouilles de chats ou de hérissons écrasés sur la route, se désagrégeraient dans le compost.

Ce jour-là, l'orgasme que la Barbue atteignit sous les yeux de l'infirmière qui l'espionnait, à la fois effrayée et excitée, et de Szajbel qui, elle, était simplement choquée, se répandit dans tout l'hôpital. Son gémissement de plaisir remplit chaque fente, il parvint là où ne parvenaient pas même les balais des femmes de ménage.

– Chambre 7. Une intuition aussi profonde que le con, dit le Dr Charkot dans son cabinet en allumant une cigarette et en refermant sa braguette.

L'alliance

Dans le registre informatique de l'unité fermée comme dans le célèbre cahier vert tirant sur le brun que tenait le Dr Charkot – au sujet duquel circulaient des légendes – figurait en cet instant une liste de douze noms. Pourtant, qui aurait voulu connaître le nombre réel de patientes internées au sein du service aurait dû tenir compte de leurs personnalités multiples.

Hormis Szajbel, la Barbue et la papesse de l'écologie Grażyna Kłossowska qui avait un pied chez les Vertes et l'autre chez les Terreuses, l'unité regorgeait de cyclophrènes, de schizophrènes, de bipolaires et de paranoïaques – entre autres pathologies. Le nombre de douze grimpait donc parfois pour atteindre la centaine ! C'était l'armée de Szajbel. Les personnalités se multipliaient les jours où le temps se dégradait et où un orage approchait. Sans parler de la pleine lune, quand, étendues dans le couloir vide baigné de la lueur argentée de l'astre, elles appelaient d'autres femmes à les rejoindre. Et des hommes, car une partie des patientes, malgré leur ardeur pour la nouvelle foi et ses principes de l'amour avec ce qui est élastique et moelleux, languissaient toujours après la queue. Après la trique. Durant leur temps libre, les patientes se cachaient du personnel pour se fourrer dans les buissons où, sous la supervision de Szajbel, elles se frottaient. Mais dès que celle-ci fermait les yeux pour augmenter encore sa transe, certaines se saisissaient soudain d'une trique qu'elles s'enfonçaient dans la vulve jusqu'au cou.

Szajbel les appelait en pensée « les fourreuses de triques », elles lui faisaient perdre patience, et elle comptait alors sur l'aide de son bras droit, la Barbue, pour leur rosser le dos avec une branche. Grażyna était la pire d'entre elles. Rien d'étonnant à ce qu'elle ait dû feindre le plaisir pour faire l'amour avec les arbres.

En ajoutant les psychotiques, toujours accompagnées d'une masse d'espions et d'agents secrets, et parfois même de délégations d'extraterrestres, l'unité se remplissait vraiment comme une ruche. Ces presque quatre cents mètres carrés qui avaient été bénis par un prêtre trois ans auparavant étaient alors en état de siège. L'acoustique particulière du lieu, entre ces épais murs de briques, faisait vibrer les gémissements de plaisir qui s'élevaient du dessous des couvertures jusqu'à en modifier la densité de l'air, une toile invisible d'émotions et de folie. Une folie bridée mais aussi exaltée par les psychotropes, une aliénation qui, tel le lierre ou la vigne sauvage, enveloppait l'établissement, rongeait ce bâtiment en brique qui datait du XIXe siècle – de l'époque où les hôpitaux psychiatriques étaient ouverts au public quelques heures par jour pour se transformer en panoptique ou en peep-show. Tout cela survenait grâce à la réactivation de cette communauté que

Szajbel, en fumant son herbe quotidienne, pénétrait et découvrait.

Quand Aniela Żarska, de la salle numéro 8 – couturière de Milanówek qui avait cousu la bouche de son concubin, préalablement assommé avec une poêle en fonte, lorsque, à la sortie d'une cure de désintox, il avait pris la direction du magasin de spiritueux avant même de rentrer à la maison –, traversait le couloir, elle était accompagnée de quatre autres figures féminines. Sa fille Renata, sa mère, sa grand-mère et son arrière-grand-mère, qui avaient pour point commun de toutes haïr les hommes et de ne jamais rater une occasion de les mettre en pièces. C'était assez courant, ces cas de loyauté entre femmes auxquelles quelqu'un (autrement dit un homme) avait marché sur les pieds. Elles ne vivaient pas sous le même toit et parfois ne vivaient même plus tout court (comme l'arrière-grand-mère et la grand-mère), mais elles s'étaient accrochées dans la sphère immatérielle, extracorporelle, pour parasiter la vie d'Aniela et se nourrir de tout acte de violence commis envers les hommes. Et même si elles n'étaient que passagères de ce bateau aux prises avec un océan agité, dès qu'Aniela Żarska s'assoupissait un instant ou qu'elle descendait du pont pour assouvir ses besoins, elles se saisissaient de la barre. Plus encore : elles se battaient pour l'avoir, se sautaient à la gorge avec leurs griffes. Pourtant, elles partageaient un seul et même but : garder le cap de la haine contre les représentants de l'espèce masculine.

Aneta occupait la chambre 9 où vivait la vieille Pigeonnière. Productrice, Aneta avait collaboré avec les plus grands cinéastes polonais. Elle promouvait un cinéma exigeant. Le show-business l'adorait. Une blonde sculpturale, et un sens de l'humour tel que les plus brillants bouffons des anciennes cours royales ne lui seraient pas arrivés à la cheville, elle aurait pu les écraser de son talon à la pédicure irréprochable.

Sa vie privée était tout aussi prospère. Un bon et riche mari, deux magnifiques enfants, un appartement, certes acheté à crédit, mais qui comptait trois tableaux de Bogacka. Et des originaux de Wróblewski, Nowosielski et Sasnal. Si ceux-ci ne se mariaient pas très bien dans le spacieux vestibule, il n'en restait pas moins que c'étaient de vrais grands noms. Aux côtés des Schulz et des Gombrowicz qui meublaient les rayonnages de sa bibliothèque moderniste, ils étaient de ceux qui vous rendaient un peu moins honteux d'être polonais. L'étagère du dessous était occupée par le triangle patriotique des romantiques : Mickiewicz, Słowacki, Norwid ; et, fourré derrière eux, Reymont. Elle adorait Reymont, mais elle en avait honte, surtout vis-à-vis de son mari qui lui reprochait ses racines paysannes. Leur vie de famille allait plutôt bien, jusqu'à ce que, en 2020, une pandémie que tout le monde attendait interrompît leur idylle. On l'attendait comme la femme d'un alcoolique attend la rechute de son mari pour enfin pouvoir relâcher la tension. Relâcher la pression d'un pneu trop gonflé. C'est très bien, un pneu bien gonflé, mais c'est quand même pas facile de rouler avec sur les nids-de-poule, ça secoue pas mal. Quand la vie commence à être trop oppressante, quiconque vit avec une personne dépendante prie au fond de son âme pour qu'une grenade vienne enfin tout foutre en l'air, malgré les pertes humaines, parce qu'il n'y a rien de pire que de vivre dans l'attente d'une catastrophe.

C'est ce qui s'était passé avec le coronavirus en 2020. Tout le monde savait qu'une épidémie devait survenir un jour pour ronger la partie la plus âgée de l'humanité, une partie que l'Occident ne considérait pas comme gardienne d'un monde ancien et de ses mystères, mais comme une sangsue qui aspirait le fric de la Sécurité sociale. Mais revenons à la productrice Aneta. Durant la quarantaine qu'avaient décrétée les gouvernements des pays les plus atteints par le virus, elle ne pouvait plus faire son métier, toutes ses productions avaient été annulées. Après deux semaines passées à la maison avec ses enfants, tandis que son mari, quand il ne travaillait pas à l'hôpital, nettoyait la voiture du matin au soir, allait acheter de la litière pour le chat, des croquettes pour le chien, des graines de blé à semer sur la grande terrasse de quarante mètres carrés de leur appartement dans le quartier varsovien de Powiśle (l'herbe de la pampa était déjà passée de mode à l'époque, tout comme le carex et autres graminées de provenance exotique), Aneta avait failli devenir folle. Les voix enfantines suraiguës, jusqu'alors toutes mignonnes, s'étaient muées en communiqués d'une civilisation extraterrestre déterminée à bombarder son cerveau d'un venin sirupeux. « Gaëtan est complètement chtarbé, s'était-elle lamentée auprès de sa meilleure amie l'avant-veille de l'acte qui l'avait fait interner chez les fous. Il passe son temps à sauter. J'ai beau lui dire cent fois : fiston, arrête de sauter, putain, tu sais pas le faire et tu tombes par terre, cette terre dangereuse qui peut nous contaminer. Rien. C'est comme parler à un mur. Et c'est maman maman non-stop, des maman qui surgissent d'une chambre, des maman qui surgissent de l'autre, des maman depuis la salle de bains, toujours des maman, des putains de maman et maman et maman avec cette petite voix qui te transperce le cerveau. Je crois que je vais lui interdire de dire maman. C'est insupportable, ces maman. » Le lendemain, le fiston s'était tu pour un bon moment. Comme l'avait raconté la voisine Karolina Burska au tribunal : « Avec mon mari, nous avons entendu le dernier maman aux alentours de onze heures, puis plus rien. » Inquiétés par l'absence des cris d'Aneta, qui n'avait cessé de hurler tout au long des deux semaines de quarantaine, les voisins avaient décidé d'avertir son mari pour lui dire que, selon eux, il s'était passé quelque chose.

Andrzej était médecin à l'hôpital, au service des maladies infectieuses, et il n'avait pu quitter son lieu de travail, où il avait lutté de longues heures pour la survie de ses patients. Il n'était rentré que tard le soir, vers vingt et une heures, comme il l'avait déclaré lors de l'interrogatoire, peut-être même vingt-deux heures, et il avait trouvé Aneta endormie sur le fauteuil, une bouteille de vin vide dans une main et une cigarette encore fumante dans l'autre. De la télévision filtraient tel du poison les chiffres des nouvelles victimes de la pandémie. Ce n'est qu'en balayant l'appartement du regard et en remarquant les jouets des enfants – Gaëtan, sept ans, et Max, trois ans – éparpillés un peu partout que l'appel des voisins préoccupés par le silence de mort lui était revenu à l'esprit.

Lorsqu'il avait réussi à réveiller sa femme de sa surdose d'alcool et de nicotine, celle-ci avait passé une demi-heure, comme il l'avait expliqué au tribunal, à essayer de se rappeler ce qu'elle avait fait des enfants. En vain. Lorsque, perdant patience, Andrzej l'avait bousculée de sorte qu'elle retombât sur le canapé, ils avaient tous deux entendu une sorte de vagissement de nouveau-né. Aneta avait alors eu une épiphanie. Elle avait soulevé triomphalement l'assise du canapé, dévoilant une scène qu'Andrzej ne pourrait jamais oublier. « Les enfants ligotés avec une corde à sauter, engourdis de peur. La bouche bâillonnée par des gants de cuisine », avait-il déclaré au juge. « Mais enfin silencieux, putain », s'était dit en pensée Aneta, qui serait bientôt privée de ses droits parentaux. Interrogée par les journalistes qui s'étaient bousculés à la sortie de la salle d'audience pour la presser de commenter le verdict du jugement, elle avait répondu : « La liberté règne enfin ! »

L'avocate qui l'avait défendue pour une somme rondelette avait réussi à la faire déclarer irresponsable pour cause de troubles mentaux, ce qui lui permettait d'éviter la prison au profit d'un internement d'un an en hôpital psychiatrique. Aneta n'avait pas réclamé la possibilité de voir ses enfants.

Pourtant, elle ne s'était pas sentie enfin libre, car des démons s'étaient mis à la tourmenter – de petites voix d'enfants qui peuplaient sa tête, et pas seulement deux, des milliers. Tous répétaient en chœur le mot maudit. Un mot qui la faisait spontanément vomir. Qui taillait son corps en deux. Un mot qui, tel l'arsenic, s'infiltrait lentement en elle, la condamnait à mourir quotidiennement, dans d'atroces souffrances. Des milliers de « maman » entraient en collision avec les murs blancs de sa cellule d'hôpital.

Elle était donc toujours accompagnée d'un millier de gosses qui hurlaient à tue-tête, lançaient ces deux syllabes telles les salves de l'*Aurore*. Le pire mot du monde sur lequel, à cause du putain de patriarcat, on avait – selon elle – édifié la civilisation occidentale de la mort. La mort de la mère tourmentée par ses enfants.

Danuta Klawa, qui occupait aussi la chambre 9, était celle qu'on appelait « la Pigeonnière ». Dans son monde imaginaire (et non dans la réalité, fort heureusement), elle était entourée des pigeons qui, au décès de son mari, s'étaient envolés de son pigeonnier. Un mari qui l'avait trompée et dont elle avait fait déterrer le cadavre pour lui couper le sexe. C'est pendant la cérémonie funèbre qu'elle avait découvert que son défunt époux avait eu une aventure. Du côté opposé du cercueil se trouvait une femme attirante aux joues baignées de larmes. Lorsque Danuta l'avait enfin abordée pour lui demander comment elle connaissait feu Tadeusz, celle-ci lui avait répondu avoir été sa maîtresse pendant plus de trente ans.

Danuta n'avait pu pardonner. Le lendemain, elle s'était rendue aux pompes funèbres qui s'étaient chargées, à sa demande et avec son argent, de l'inhumation. En prétextant un défaut dans le remblayage du tumulus, elle avait obtenu les coordonnées du fossoyeur qui venait de confier le corps de son mari à la terre. Elle avait fixé la suite de la procédure directement avec lui, en évitant le directeur des pompes funèbres Khéops. Le scénario était inhabituel, mais simple. Pour mille cinq cents zlotys, le fossoyeur avait déterré le cercueil, soulevé le couvercle, coupé le sexe du débauché qu'il avait remplacé par un pigeon mort – appartenant au défunt. Il avait envoyé une photo témoignant de l'exécution de la commande à la Pigeonnière, avant de se soûler comme jamais. Il était convaincu qu'attenter au monde des morts, de surcroît en dépouillant l'un des siens de sa dignité, lui avait ôté le privilège de pouvoir être appelé humain. À partir de ce jour, il ne put plus croiser son propre regard devant le reflet d'une vitrine ou d'un miroir sans cracher. Ce ne fut pourtant pas lui, fossoyeur mandaté employé par Khéops, mais elle, mandante vengeresse triomphatrice de pénis, qui avait sombré peu de temps après dans la folie, ne cessant d'entendre le roucoulement de ces oiseaux qui la persécutaient et le battement effronté de leurs ailes.

Milena était dans la même chambre. Au cours de vacances passées à Tenerife avec son amant de Varsovie, un metteur en scène de second ordre, sa perception de la réalité avait complètement changé sous l'effet d'une drogue que son jules avait dégottée chez des locaux. Après en avoir consommé, Milena s'était persuadée que sa vie n'avait été qu'une erreur. Elle n'était pas cheffe des relations publiques pour une grande entreprise mais, depuis toujours, chamane et guérisseuse. D'ailleurs, son cas était similaire à celui de Natalia Połabska, chambre 1, enseignante de mathématiques qui, dès qu'elle revêtait son peignoir blanc en éponge, se révélait capable de guérir miraculeusement les patientes de toute l'unité, et ce, avec des gestes d'une telle subtilité qu'ils n'avaient jamais attiré l'attention du personnel. Elle passait seulement les mains sur les bras de la personne à soigner et c'était tout. Celle-ci était immédiatement guérie – aux yeux de Połabska, mais aussi, chose étonnante, aux yeux des autres patientes – et prête à reprendre une vie normale en liberté. Milena et Natalia se détestaient. Elles étaient en compétition et tenaient le compte de leurs guérisons en les listant par écrit.

Le service comptait également une astronome, Xymena Zdun, qui passait ses nuits à la fenêtre, un rouleau vide de papier toilette collé à l'œil telle une longue-vue, pour observer d'un regard égaré le ciel tacheté d'étoiles. Elle était convaincue que, si elle le quittait des yeux, ne serait-ce qu'un instant, cela engendrerait sa chute immédiate. Elle retenait donc le ciel en haut avec la force de sa volonté, pour l'empêcher de venir fracasser le monde. Sa concentration, la tension qu'elle éprouvait en s'adonnant à cette observation la rendait ensuite malade pendant des semaines. Rien d'étonnant à cela : maintenir le ciel et la terre à leur place, quelle responsabilité c'était ! Un jour, le Dr Charkot, voulant en libérer Xymena pour qu'elle puisse dormir quelques heures, avait organisé une garde et ordonné au personnel de « surveiller le ciel » pendant le sommeil de sa patiente, pour éviter que celui-ci ne tombât sur sa tête ou sur celle des autres.

De ce point de vue, le Dr Charkot appartenait vraiment à l'élite des psychiatres humanistes ; il octroyait à ses patientes la liberté de jongler avec les divers aspects de leur démence. Au sein de sa collection privée de personnalités, il se sentait tantôt le maître de ces âmes perdues entre deux mondes, tantôt un directeur de cirque. Complémentaires, les deux fonctions coexistaient en lui avec harmonie.

Ces sous-personnalités imprégnées de folie se multipliaient en de nouveaux variants toujours plus résistants aux traitements. De nouveaux symptômes semblaient s'ajouter, et les flaques de la démence se transformaient en de gigantesques réservoirs. Aux troubles affectifs bipolaires venaient soudain se joindre la schizophrénie ou des tendances pyromanes jusqu'alors absentes. Celles-ci s'étaient en revanche toujours manifestées chez Żarska. Vers l'âge de six ans, en entendant son père pester contre son chef Drzazga – dont le nom de famille signifiait « écharde » –, elle avait constaté qu'un nom disait tout d'un homme, et elle avait commencé à jouer avec le feu.

Il y avait une douzaine de patientes comme Żarska à l'hôpital, et si l'on multipliait ce nombre par les trois ou quatre personnalités qui les accompagnaient en permanence, que l'on élargissait cet assortiment de démences aux patientes avec des troubles affectifs bipolaires, des psychoses au cours desquelles la peur se trouvait incarnée sous des formes que personne ne voyait à part le patient mais dont les effets étaient perceptibles par tous, des cyclophrénies, des dépressions, etc., il fallait bien en conclure que le Dr Charkot et ses employés ne pouvaient se plaindre à ce moment-là – et alors qu'une révolution approchait sur la pointe des pieds – d'un excès de temps libre.

Voilà l'armée de Terreuses d'Anna Szajbel. Elle comptait également un homme qui adorait faire l'amour à la Terre, surtout après avoir fumé. Un homme à qui Szajbel devait plus qu'à aucun autre, celui en qui elle avait le plus confiance. Adek.

Anna Szajbel continuait à ne pas comprendre pourquoi seules des femmes étaient internées dans l'hôpital. Elle avait senti depuis le début que quelque chose n'allait pas. Elle avait cherché d'où provenait l'odeur d'anxiété qui pénétrait son cerveau et avait mis une semaine à déterminer la cause de son état de tremblement interne : l'absence totale d'hommes parmi les patients. En regardant à travers les fenêtres à barreaux de sa chambre, celles de la salle commune ou du réfectoire, celles qui donnaient sur le parc ou sur la cour, elle n'avait vu aucune silhouette masculine vêtue en patient. Aux hommes revenait le statut d'employés de l'hôpital, aux femmes, celui de patientes démentielles. À l'exception, évidemment, des aides-soignantes et des infirmières, mais même cette catégorie était progressivement supplantée par les hommes. La folie avait-elle été, à un moment donné (qu'elle avait visiblement loupé), attribuée à un seul sexe ? Quand elle posait cette question au Dr Charkot ou au personnel, on lui répondait d'un sourire complaisant. Il lui semblait parfois entendre le docteur marmonner dans sa barbe « quelle époque, quelle époque », mais elle ne pouvait en être sûre.

Une des patientes, qui se disait juriste, se référait à un article de loi qu'elle récitait dans le couloir pendant la nuit, jusqu'à ce qu'on lui administre une piqûre de tranquillisant. Ses actes de folie suivaient une certaine structure et se déclenchaient inlassablement aux alentours de trois heures du matin. On entendait tout d'abord se répéter un cri qui semblait provenir du sommeil. Un cri tellement effrayant qu'il arrachait de leurs songes les autres patientes dont une partie se mettait à trembler de peur, une autre à rire, et une autre encore à crier avec la juriste. Elles composaient ainsi une fugue polyphonique singulière fondée sur le principe de la disharmonie, et les âmes de l'hôpital s'en trouvaient plongées dans un tel état d'éveil et de tremblements que les infirmières devaient alors s'agiter comme dans une ruche pour distribuer des pilules abêtissantes avec la générosité du père Noël. Avant qu'elles n'arrivent à attraper et à ligoter l'agitatrice, celle-ci avait généralement le temps de réciter les slogans qui lui tenaient à cœur : « Les hommes, tous des pouilleux ! Article neuf deux ! » ; « La femme ses raisons a, paragraphe cent cinq trois ! » ; le tout parsemé de morceaux de bravoure composés de jurons et de vulgarités : « Fils de pute ! C'est pas croyable ! Que vos couilles et vos bites se dessèchent ! » Naturellement, ces slogans étaient repris en un éclair par ses sœurs d'infortune éveillées et neurologiquement excitées, comme pour une gigantesque manif devant le parlement.

Parfois, dans un élan de colère, la juriste arrachait sa chemise de nuit et découvrait sa poitrine opulente, la Liberté guidant le peuple des patientes vers les barricades, droit vers le cabinet du docteur en l'occurrence, qui passait souvent la nuit à l'hôpital et se protégeait à la dernière minute de l'assaut, aux côtés des autres membres du personnel, derrière six verrous prestement fermés. Dans les situations de ce type, le Dr Charkot ne cherchait pas à pacifier les femmes ; il savait pertinemment que, même avec les tasers dont le directeur précédent avait équipé l'hôpital, ils ne réussiraient pas à brider cette colère sauvage. Il préférait attendre jusqu'au matin, comptant sur le fait que ces tarées finiraient par tomber de fatigue et rendraient la Bastille aux environs de midi, et c'est d'ailleurs ce qui se passait généralement. En attendant, avec son personnel, ils se régalaient de ce que leur avait fait parvenir le ministère des Affaires étrangères (et non de la Santé) en signe de gratitude pour avoir « résolu la question des femmes » : de l'excellent alcool moléculaire qui, sous forme de petites billes légèrement plus grandes que des œufs d'esturgeon, avait le goût de la plus pure des vodkas, avec un soupçon de Lugol pour mieux absorber cet iode qui avait presque disparu de l'atmosphère à cause de la pollution.

En réalité, les billes devaient être distribuées au personnel les jours où l'hôpital recevait un e-mail l'alertant sur un risque de pollution forte au CO_2, mais le Dr Charkot osait supposer que les Affaires étrangères en possédaient des stocks supplémentaires et que, en cas de besoin, le ministère les dépannerait d'un contingent additionnel. Et il était toujours possible, lors de ces heures dites sombres, de puiser dans les réserves destinées aux patientes, qui étaient certes modestes, mais intactes – on ne les avait jamais distribuées au cours des alarmes passées. Le docteur avait pensé à tout.

Charkot aimait ses patientes à sa façon, comme on aime les singes de cirque en redingote rouge et chéchia qui se grattent tantôt les fesses, tantôt la tête, et font des galipettes pour amuser un public qui les applaudit et s'émerveille que, encore très récemment, on ait pu dire que l'homme ne venait pas de Dieu mais de cet étrange animal. À vrai dire, depuis plus de vingt ans, le Dr Charkot embrassait secrètement cette opinion impopulaire – une opinion pour laquelle au moins cinq femmes s'étaient retrouvées dans son hôpital –, mais cela faisait des années qu'il ne l'exprimait plus à haute voix.

La vie personnelle du docteur était agréable. Il vivait à Komorów, dans une villa bien aménagée auparavant habitée par une famille d'écologistes. La direction d'un établissement aussi célèbre que Tworki, réservé uniquement aux femelles (et certaines étaient tout à fait attirantes), le remplissait de fierté, le réjouissait terriblement : c'était un travail passionnant ! Du point de vue professionnel comme strictement masculin, d'ailleurs. Que n'avait-il pas vu dans cet hôpital ! Plus d'un homme rêverait de pouvoir observer avec lui ces patientes, en particulier celles qui étaient soudain prises de phases maniaques au cours desquelles leur libido atteignait des sommets. Comme le disait le Dr Charkot lors des réceptions entre hommes du ministère de la Santé : « C'est tout simplement un nouveau genre de porno. »

Les questions que posait Szajbel quant à l'absence de patients masculins étaient tout simplement ignorées par le personnel. Dans les dossiers médicaux des patientes que Szajbel examinait la nuit, quand, grâce à Adek qui lui en procurait la clef, elle s'infiltrait dans les archives de l'hôpital, certains mots semblaient en revanche répétés tels des mantras : lubricité, libido excessive, agression verbale d'un fonctionnaire de police, violence physique envers les hommes, hypersensibilité, stimuli de caractère politique, agitation malsaine, hypomanie, trouble obsessionnel compulsif autour de l'alimentation saine et de l'écologie, amour des rivières, harcèlement des hommes sur fond sexuel, nymphomanie, hystérie, dendrophilie.

Grâce à Szajbel, ces patientes étaient devenues une puissante armée. Elle savait ce qu'il lui restait à faire. Cela faisait un moment qu'elle avait compris le but de la réactivation des Terreuses, depuis une session thérapeutique menée par le Dr Charkot. Un rêve lui était alors revenu en mémoire. La pièce manquante de son puzzle. Elle savait qu'une partie des Terreuses, Mathilde Spalt en tête, avait réussi à s'échapper grâce au puissant courant de la rivière. Elle savait aussi qu'elles étaient retournées à l'endroit où avait eu lieu le massacre sanglant. Et elle savait maintenant que Mathilde, la Terreuse, et elle-même n'étaient qu'une seule et même personne. Un être humain et une divinité qui cohabitent en chacune d'entre nous. Nous, les enragées. Les rebelles. Recrachées par un système dirigé par Dieu le Premier ministre et Dieu le Père. C'est elle-même qu'on avait torturée et brûlée dans le premier four du monde construit à cet effet, sur la grand-place de Neisse. Celui de Bamberg avait été édifié par la suite. On y brûlait des femmes sans gaspiller la chaleur ainsi produite, répartie ensuite par des tuyaux qui, de la cheminée du four, allaient alimenter les bâtiments les plus proches.

Szajbel avait repris confiance en elle et accéléré la cadence. Elle avait peu de temps pour atteindre ce pour quoi l'avaient invoquée les deux Spalt, la grand-mère et la petite-fille, laquelle n'avait évité le bûcher que pour brûler en compagnie de ses amies dans un four.

La session avec le Dr Charkot

– Vous avez ouvertement réclamé des relations sexuelles à votre mari. Ce faisant, vous l'avez castré. Les hommes n'aiment pas se retrouver dans une situation de ce genre. C'est nous, les hommes, qui devons exiger de vous, les femmes, conformément aux lois de la nature. Là, vous me pardonnerez l'expression, mais tout part en couille. On ne sait plus qui est le mec et qui est la nana. C'est de ce conflit que viennent les homosexuels. De cette traque féminine. (En énonçant son hypothèse, le Dr Charkot battait si vite des yeux que Szajbel faillit en être hypnotisée.) Votre devoir, quand vous désiriez du sexe, c'était de toujours repousser et refuser les avances. C'est ainsi que vous seriez devenue attirante aux yeux de votre partenaire, la célèbre femme insaisissable. Personne ne veut coucher avec quelqu'un qui en a toujours envie. L'homme doit conquérir, pour ne pas dire « violer ». Chacun de nous est un Viking dans l'âme, madame, un barbare qui feint d'être civilisé. Nous, les hommes, nous baisons, nous fécondons, nous brûlons, nous saccageons, puis nous naviguons vers des eaux plus profondes.

Szajbel serrait la mâchoire. Elle s'en tenait à son plan, mais sentait les flammes de la colère lui lécher les pieds. Elle ne tenait pas en place sur sa chaise. Charkot lui proposa des sucreries pour faire passer la pilule. Il servit du thé, offrit des biscuits croquants saupoudrés de cristaux de sucre. Rien d'exceptionnel, mais cela permettait de construire un pont entre eux, et Szajbel se dit qu'il était préférable de continuer à faire semblant d'être d'accord avec lui. Pour le bien de l'affaire, pour ne pas gâcher ce plan qu'elle tissait mystérieusement pendant la nuit. Elle tenta donc de freiner sa rage et de montrer sa foi dans le progrès de l'existence et les principes qui président au fonctionnement de l'humanité, la condition d'existence d'une civilisation occidentale fondée sur la puissance de la raison, et le pouvoir qu'elle entérine. Une raison que venaient constamment menacer les femmes avec leurs cycles menstruels, leurs changements hormonaux, leurs manipulations – en somme, leur imprédictibilité totale et cette maboulerie qu'elles se transmettaient de génération en génération.

Une semaine plus tard, le 30 septembre 2026, au cours de la session suivante, Szajbel qualifia son état exactement ainsi, en usant du mot « maboulerie » décliné à toutes les sauces. Elle fit preuve d'un flair prodigieux. Elle s'empara des arguments critiques du docteur et confessa l'aversion innée qu'elle avait pour les femmes. En entendant les considérations radicales de Szajbel, le Dr Charkot fut enchanté. Il commençait vraiment à apprécier sa patiente. Il rayonnait en la voyant sagement hocher la tête, l'air raisonnable. Il n'avait encore jamais rencontré à Tworki de patiente qui eût un regard si lucide sur la réalité. Une patiente qui était presque comme sa fille, née de son esprit. Elle était si différente de la harde de foutus corbeaux dont il continuait à s'occuper tout en sachant pertinemment que, dès que ces patientes arrêteraient de prendre leur traitement, elles seraient de nouveau perdues pour la société ! Et dangereuses. Surtout pour sa partie masculine.

– Je vais vous dire, madame, même si ce n'est pas très professionnel : ce qui vous est arrivé n'est qu'une erreur. C'est en tout cas comme ça que je le vois. Vous avez beaucoup de chance car, dans la vie, vous êtes guidée par la raison, contrairement à... – il baissa alors d'un ton pour continuer sur un registre complotiste – ces tarées. Nous pensons tous les deux en des catégories identiques. Nous sommes tous les deux à des postes de direction. Même si vous êtes tombée de votre trône et que moi, je m'y trouve encore. Ne vous en faites pas, ne déviez pas de votre trajectoire, n'allez pas dévisser vos roues en conduisant, et dans deux, trois semaines, nous tenterons de vous faire sortir. À condition, bien entendu, que votre comportement continue à être irréprochable, que vous preniez bien votre traitement et que, une fois sortie, vous continuiez à vous soumettre à des contrôles mensuels ici, à Tworki.

Szajbel se mordit la langue, elle voulait poser une question, mais la raison lui souffla de se taire. Le médecin, qui passait les pensées de Szajbel aux rayons X, répondit pourtant à cette question non posée :

– Non. Elles ne sortiront jamais. Elles sont sévèrement brisées. Ni les psychotropes ni aucun lavage de cerveau n'y changeront rien. Elles ont toutes un même défaut qui se manifeste de différentes manières. Elles pensent avec leur chatte plutôt qu'avec leur cerveau. Et c'est justement la chatte qui est au fondement de la folie. Quand on choisit le chattocentrisme plutôt que les lumières, voilà la conséquence. En liberté hors de l'institut, elles parviendraient à se maîtriser une, deux semaines maximum. Ensuite recommenceraient à apparaître des comportements antisociaux que viendraient aggraver leur libido effrénée et le chaos. Une libido qui résiste aux traitements pharmacologiques. Nous avons fait plus d'une tentative, croyez-moi. Lithium, bromazépam, quétiapine. Aucun traitement n'agit sur les chattes avides. On les ramasse donc comme la fourrière ramasse les chiennes. De bons citoyens, qui continuent à défendre les valeurs fondamentales de notre civilisation chrétienne, nous appellent, signalent le problème, et nous arrivons, et nous le résolvons. Il faut bien les attraper et les isoler du tissu social encore sain si l'on veut stopper cette gangrène.

Le Dr Charkot poursuivit ce dialogue télépathique qui avait l'apparence d'un monologue, mais qui consistait en réalité à répondre méthodiquement aux questions qui surgissaient dans l'esprit de Szajbel sans jamais être énoncées.

– Ce qu'elles ont fait ? Pourquoi elles se sont retrouvées ici ? Ce serait trop long à raconter. Certaines ont toujours été seules, forcément, qui en voudrait ? Sauf pour la baise, peut-être, il y en a qui font bander, même si on a honte de le reconnaître. D'autres avaient des maris qui ont fini par les quitter, intoxiqués par les hérésies qu'elles débitaient. Elles ont laissé tout ce qu'elles possédaient, ce qu'elles n'avaient d'ailleurs pas gagné à la sueur de leur front mais grâce à leurs maris, et elles sont parties en sucette en oubliant la civilisation. Et leur éducation ! Exactement comme dans ce film dont vous êtes la vedette ! C'est bien pour ça qu'on vous a ramassée ! Il fallait couper la tête de l'hydre ! La police municipale pensait que vous représentiez une menace, que vous étiez l'une de ces bacchantes. On ne pouvait pas se le permettre. La frustration des hommes était à son comble. Des noyaux familiaux instables mettaient en péril la stabilité de toute la ville et de ses environs – toutes ces magnifiques cités-jardins, connues jusqu'alors pour leur prospérité –, et plus encore : de la vie même, selon le système de valeurs chrétien ; du catholicisme vigoureux, ce poisson sain que nous étions était en train de transformer en un poisson-chat chinois en décomposition. À cause de ces femmes, nous avions commencé à décliner en tant qu'Église et donc en tant que communauté. Il fallait alors les attraper et les dégager du chemin.

Szajbel passa la semaine suivante à réfléchir. Comment enflammer le plus efficacement possible son armée, comment la convaincre de croire en son plan, de s'échapper ? Comment réaliser à la fois un grand coup et les soigner ?

Les rebelles

Il fallait orienter les Terreuses vers la rébellion. Les en imprégner. Il serait alors plus facile de les guider au cours de l'action qu'Anna Szajbel avait préparée avec Adek.

Depuis que Szajbel prononçait les sermons sur la Terre pendant ses transes – et qu'Adek prenait en notes –, les internées avaient cessé de se laver : se recouvrir de saleté leur semblait cohérent avec leur style de vie écologique radical. Il en allait de même avec les vêtements, qu'il fallait porter longtemps, recouvrir de poussière et gorger de sueur. Elles expliquaient aux infirmières qui tentaient de leur ôter leur linge souillé que l'union avec leur odeur originelle était la garantie de la vie : l'évaporation, la respiration, la pulsation et la production de sécrétions par le corps étaient la véritable preuve de leur existence. Le déodorant devint leur ennemi mortel, même celui qui était d'origine totalement naturelle.

Leur unité n'imposait pas de porter des blouses d'hôpital, et elles s'habillaient de façon identique : de larges tee-shirts portés sans soutien-gorge, de longues jupes indiennes sous lesquelles elles laissaient sans vergogne pousser leur fourrure. Les Terreuses se distinguaient également en marchant pieds nus, de façon à maintenir un contact continu avec la Terre-Mère. Toutes, y compris la Papesse, la Barbue et les quatre autres Terreuses de la chambre 6, qui jouxtait celle de Szajbel, portaient leurs cheveux longs lâchés, et toutes sentaient un mélange de sueur, de patchouli et de santal. Il était impossible de ne pas les repérer à l'odeur.

Elles refusaient que le personnel lave leurs vêtements. Quand c'était absolument nécessaire, elles le faisaient elles-mêmes, selon une méthode traditionnelle, dans la rivière Utrata, « La Perte », qui portait bien son nom, près du cimetière de l'hôpital où gisaient déjà quatre générations de femmes qui, comme elles, s'étaient écartées de la norme dans son sens le plus large. Elles lessivaient leurs vêtements en les frottant contre les galets, sans même utiliser de savon noir, pour éviter d'empoisonner l'eau avec de la mousse. Elles chantaient d'une voix blanche des chants puissants qui les faisaient entrer en transe. Accroupies devant le cours d'eau, elles se balançaient sur les côtés tels des culbutos – et en tombaient parfois. La lessive des Terreuses mettait tout l'hôpital en état de transe, si bien que le Dr Charkot, initialement opposé à ce procédé, avait fini par céder et considérer ce cérémonial comme un élément essentiel du folklore de l'institut.

Les Terreuses étaient connues pour leurs lubies. Elles ne consommaient rien qui ne provînt de la Terre. Leur nourriture était principalement constituée de tubercules et de racines, des pommes de terre, des topinambours, du persil, des carottes, des radis et des navets qu'elles cultivaient avec l'accord de l'hôpital dans une serre spécialement installée à cet effet. Une serre où elles faisaient aussi pousser des herbes hallucinogènes – cette fois, en secret. Entre les rangs de tomates et dissimulées par leurs feuilles poussaient de la belladone et des jusquiames noires, connues dans la médecine traditionnelle pour leurs propriétés psychoactives. Les Terreuses avaient impudemment planté à l'entrée de la serre de la stramoine, poison des poisons dont le personnel n'avait visiblement jamais entendu parler, ayant pris pour argent comptant le nom populaire de la plante, la trompette des anges. Elles ne buvaient que de l'eau de source et de l'eau de bouleau récoltée sur les arbres du parc de l'hôpital – ce qui avait causé de nouveaux problèmes aux aides-soignantes car, tous les matins, à l'aube, l'infirmière de garde devait à présent récolter un peu d'eau de bouleau des arbres percés par les Terreuses si elle voulait leur faire avaler leur dose quotidienne de médicaments.

Il n'y avait pas que cette nouvelle manie qui déplaisait aux infirmières. Outre les méthodes traditionnelles de maintien de l'hygiène des Terreuses qu'elles avaient prises en aversion, diverses autres lubies les rebutaient fortement, comme le lavage des dents avec de la terre ou l'addiction à l'épluchage de pommes de terre, une façon de contrôler leur anxiété qui leur assurait un contact immédiat avec la terre. Il fallait balayer plusieurs fois par jour les planchers recouverts d'épluchures, sans parler de tout ce feuillage, toutes ces mauvaises herbes que les Terreuses ne cessaient de rapporter de l'extérieur : des massettes des bords de l'Utrata, des rhizomes de roseau, de la mousse, des fougères, de la consoude, mais aussi les racines et tubercules cultivés dans la serre, qu'elles utilisaient en cachette à des fins masturbatoires. Elles les pelaient en silence. Économes et bassines à épluchures étaient le fil et le rouet sur lequel elles filaient le destin des planètes et du monde. Après le petit déjeuner pris dans la cantine, quand la moitié des patientes descendait dans la salle commune pour regarder des feuilletons mielleux, les Terreuses se rassemblaient dans la cuisine pour s'adonner à l'épluchage de légumes sous le regard attentif de l'infirmière de garde.

Qu'elles jouent avec des couteaux terrorisait les employés de l'hôpital, mais les Terreuses avaient obtenu le droit de prier à leur façon, une façon qui, d'ailleurs, fournissait tout l'établissement en nourriture. Chaque semaine, l'hôpital commandait à des paysans polonais cent kilos de pommes de terre qu'elles s'évertuaient ensuite à transformer en gnocchis, pierogis ou quenelles silésiennes généreusement arrosées de beurre fondu.

Les triques en marche !

– Quand je vais dans la forêt, je veux être un arbre, je veux me débarrasser de ce qui est sec. Rejeter tout mon bois mort. Me décharger de ce qui est sans vie, de ce qui n'a pas eu le temps de pousser, de ce qui s'est métamorphosé : tout ce qui accroche, gêne, entrave la marche.

Après six mois d'internement à Tworki, Anna Szajbel avait enfin retrouvé la forme ! Elle était prête à reprendre le cours de sa vie, ce qui, dans son cas, était d'une importance capitale car, ces derniers mois, en plus d'avoir fait semblant d'être quelqu'un d'autre, elle avait réellement été quelqu'un d'autre. Elle avait été le témoin des événements dramatiques survenus en septembre 1639 dans le duché épiscopal de Neisse, lorsque l'évêque suffragant Johann Balthasar Liesch von Hornau, qui gouvernait le duché au nom du prince-évêque Charles Ferdinand Vasa, avait brûlé dans un four spécialement conçu pour l'occasion – le premier dans l'histoire de l'humanité consacré à l'extermination d'une espèce créée à l'image de Dieu – Mathilde Spalt, qui vénérait la Vieille Pucelle, et les Terreuses qui étaient miraculeusement parvenues à échapper au pogrom. Le crime pour lequel on les avait torturées pendant des semaines avant de les brûler en tas consistait, selon les dirigeants de l'Église, à avoir arraché les femmes à leur foyer pour les faire vivre dans la forêt contrairement aux valeurs traditionnelles de la ville.

Et bien que le verdict du suffragant responsable de la condamnation à mort des Terreuses eût été justifié différemment, par le culte du diable, bon nombre des personnes rassemblées dans le tribunal municipal de Neisse se dirent que ces femmes, qui avaient nourri la principauté du meilleur quark qui soit et soigné les habitants grâce à leurs remèdes à base de plantes, n'avaient pas mérité une telle fin.

Le chemin parcouru par Anna Szajbel, accusée du meurtre de son mari, puis innocentée par la Cour suprême en raison de la maladie affective bipolaire qu'on lui avait diagnostiquée, avait été un vrai calvaire. Acquittée mais enfermée dans un hôpital psychiatrique pour une durée indéterminée, elle semblait pourtant utiliser son identité ordinaire, celle à laquelle au moins la moitié des Polonais l'identifiait depuis que les unes des journaux et les émissions de télé avaient couvert le scandale.

Szajbel s'était consacrée à l'œuvre des Terreuses auxquelles elle était liée, avec à leur tête la fondatrice de la communauté, Hélène Spalt, et sa petite-fille Mathilde : elle enseignait aux autres dans les buissons à entrer en transe et à atteindre l'état dans lequel apparaîtrait la Vieille Pucelle, fille de la Terre et du Ciel qui régnait sur le monde. Elle avait passé plus de six mois de l'autre côté de la folie, à apprendre aux côtés de Mathilde tout ce qu'Hélène lui avait transmis.

– Les verges, le bois mort, les branches sèches sont sur moi, elles sont sur les arbres. Je commence par les arbres, mais c'est moi que je veux rencontrer.

Szajbel interrompit momentanément son exposé pour désigner d'un geste de la main ce qui l'entourait.

Toutes suivaient ses mouvements du regard avec ferveur. Comme si le pape en personne s'adressait à elles, non pas au Vatican, mais en Mazovie, dans la partie la plus boisée du parc de l'hôpital psychiatrique à Tworki. En guise de férule papale, Szajbel tenait une énorme trique avec laquelle, pour la deuxième fois cette semaine, elle enseignerait à ses acolytes la technique du défonçage de bois mort. Une technique qui réduirait leur stress et leur permettrait aussi, selon Szajbel, d'entrer en contact avec la Divinité.

– Avec la Vieille Pucelle, dit-elle d'une voix basse et solennelle.

Dissimulées dans les buissons, à la pause entre les séances de musicothérapie et celles de peinture sur de foutus aquariums qu'une putain d'enseigne d'animaleries achetait pour soutenir la psychiatrie polonaise, elles apprenaient avec Szajbel à bien manipuler les bâtons. Et n'attendaient que son signal pour commencer le défonçage.

Elles couraient comme si on les avait libérées de leurs chaînes, avec la trique qu'elles s'étaient procurée elles-mêmes au cours de promenades forcées, en s'isolant dans les recoins les plus éloignés du parc, dans les broussailles et bosquets remplis de tiques et d'autres vermines, où personne ne s'aventurait jamais. Elles l'avaient ensuite polie au papier abrasif avec l'aide d'Adek, toujours parfaitement fasciné par leurs mystères, par le frottement des vagins contre la mousse, par la régulation des souffles, par le corps qui se sépare de l'esprit, par l'enserrement et la pénétration.

Homo de vingt ans, beau comme Adonis, Adek exposait ce qu'il avait pu observer et apprendre des Terreuses aux rassemblements de la branche polonaise du culte Wicca – la Chasse sauvage. Chacun de ses doigts était couvert de bagues en or ou en argent à faire pâlir d'envie Harry Potter. Adek était le seul Terreux du personnel de Tworki – officieusement, bien sûr.

Toutes les Terreuses voulaient son bien. Certaines, les plus affamées, étaient prêtes à offrir leur fente arrière au pharaon. Depuis l'éveil de Szajbel, les mots « chatte » et « cul » étaient devenus surannés. Il en allait autrement du mot « fente », directement connecté à l'expérience qu'avait vécue Szajbel auprès des Terreuses et de Mathilde Spalt.

Szajbel siffla sa meute.

– Demi-tour ! cria-t-elle avec autant de conviction que l'entraîneur d'une équipe nationale. Il faut passer cette forêt au peigne fin pour dénicher les endroits où s'amasse le plus de bois mort, comme dans l'autre…

– Me voici, dit Adek en se positionnant le premier, sa trique à la main.

– Comme dans quelle autre ? demanda Aneta, la plus agressive des internées, celle qui s'était retrouvée là après avoir enfermé ses deux enfants « qui gémissaient et lui réclamaient tout le temps quelque chose » à l'intérieur de son canapé et avait oublié par la suite de l'avoir fait.

– Comme dans la Forêt de bois mort des Terreuses, répondit avec impatience le pharaon Adek.

– Des bâtons pour le petit bois mort, des barres pour le gros ! Bam, tchac, ni une ni deux, putain. T'as pas de barre, tu dégages !

Autour de Szajbel, l'assemblée n'en pouvait plus d'excitation. Son discours était fréquemment interrompu par des cris et des tonnerres d'applaudissements. Cela faisait bien longtemps que quiconque avait enflammé les fous comme elle le faisait en cet instant. Les Terreuses brandirent alors de nouveau leurs triques et, au signal de Szajbel, elles se mirent à courir en se piétinant les unes les autres. Elles s'élancèrent à corps perdu. Leurs jambes, qui n'étaient pas habituées à fouler le terrain humide et irrégulier, jalonné de pierres et de taupinières, trébuchaient, ce qui les contraignait à ralentir. Mais ce n'était qu'ainsi, en courant à toute berzingue, qu'elles perdaient contact avec elles-mêmes, qu'elles cessaient de réfléchir pour devenir un bruissement d'herbe, un souffle si court et si rapide qu'il se faisait hyperventilation – qu'elles atteignaient cet état où la conscience devient transparente aux êtres qui souhaitent la pénétrer. Un état que la psychiatrie avait pour habitude d'appeler « folie ».

Quand elles se mettaient à défoncer le bois mort loin derrière la rivière Utrata, qui marquait la frontière entre ce qui était encore normal et ce qui était déjà perdu, elles n'étaient plus celles dont les noms figuraient sur le registre d'admission de l'hôpital. Tandis qu'elles frappaient les branches sèches de toutes leurs forces, elles étaient des entités hybrides, à la fois leur être contemporain et celui vers lequel les conduisait Szajbel. Auquel elle les connectait. Alors seulement, après la transe qui accompagnait l'action de défoncer le bois mort – pratique qui permettait l'envoûtement et l'entrée des anciennes Terreuses en elles –, épuisées, transcendées, elles s'accroupissaient au-dessus de la mousse et s'y frottaient jusqu'à atteindre le plus sauvage et le plus puissant des orgasmes – un orgasme qu'elles n'avaient éprouvé avec aucun homme ni aucune femme, aucun vibromasseur, ni lapin, ni pingouin – et elles étaient alors pleinement heureuses. En se débarrassant des corps et des identités qui entravaient leur vraie nature, en aspirant avidement de leurs lèvres du bas l'humidité des flux souterrains, elles semblaient se rappeler le moment où elles avaient été engendrées par leur mère biologique, mais aussi par la Terre-Mère.

L'extase dans laquelle elles se vautraient tels des porcs dans la boue était si grande qu'elles refusaient de revenir à leur ancien moi, à celles qui cuisinaient, lessivaient, accouchaient, repassaient, faisaient contre mauvaise fortune bon cœur, supportaient toute la merde d'un quotidien aussi ennuyeux qu'une tranche de gouda – ou de mortadelle – sur du pain beurré.

– Qui a envie de ça, bordel ?! demanda par provocation Aniela lors de sa séance hebdomadaire avec le Dr Charkot – qui s'inquiétait de voir certaines patientes attirées par ces allers-retours aux antipodes de la démence, ces voyages vers les bipôles.

– Comment ça, qui ?! Vous disiez vous-même vouloir écourter votre séjour ici pour aller retrouver votre mari et vos enfants, rappela le psychiatre à Aniela Żarska qui affirmait, avant sa thérapie, venir de l'espace.

– Merci, mais finalement je suis mieux ici.

L'action du Mont sacré

Elles s'échappèrent de Tworki au milieu de la nuit. Elles étaient aussi nombreuses que les femmes qui avaient descendu le cours de la rivière avec Mathilde. Adek avait vérifié plusieurs fois les horaires des trains pour le Mont sacré.

Lorsqu'elles montèrent dans le train à la station de Tworki, elles savaient qu'elles n'atteindraient leur destination qu'au petit matin. Elles n'emportaient rien d'autre que leurs triques, qu'elles déposèrent sagement dans le filet à bagage au-dessus de leur tête.

Lorsqu'elles attrapèrent leur correspondance à Varsovie et s'installèrent dans deux compartiments voisins du train pour le Mont sacré, elles entonnèrent d'une voix forte le chant médiéval *Bogurodzica*, dédié à la mère de Dieu, puis elles se turent.

Il ne leur fut pas difficile de trouver des places les unes à côté des autres. Avec leurs triques à la main, dans leurs vêtements usés et puants, pieds nus, elles avaient un air étrange qui n'incitait pas les passagers à partager leurs compartiments.

Elles arrivèrent à Częstochowa dans un silence complet, favorable selon Szajbel à la concentration qu'allait nécessiter leur action. Une fois descendues du train, elles se fondirent en un instant dans la foule de pèlerins, dont l'allure n'était pas si différente de la leur. Ils avaient le même degré de folie dans les yeux, la même détermination à atteindre leur but. Même les triques ressemblaient aux bâtons de ces voyageurs fatigués. Rien d'exceptionnel. La crosse dans la main de saint Nicolas.

Une fois arrivées au pied du mont, elles virent le sanctuaire marial. Elles y entrèrent et se placèrent devant l'icône de la Vierge noire. Celle-ci les regardait d'un air triste. On l'appelait la Vierge de Clair-Mont, mais elle était sombre. Immobile.

Szajbel badigeonna les triques du même onguent qu'usaient Spalt et Kreppel dans la clairière. Puis elles se mirent à défoncer.

Elles s'étaient mises d'accord pour ne pas défoncer les pèlerins, seulement les religieux. Leurs gueules, leurs dos, leurs mollets. Elles les frappaient aux genoux pour qu'ils tombent face contre terre devant le tableau sacré. Pour que leur sang coule. Pour leur infliger une douleur qu'ils n'avaient encore jamais connue. Ce n'était pas la douleur perverse qu'ils s'auto-infligeaient quand ils péchaient dans des salles de catéchisme, dans leur paroisse fermée à clef.

Ils n'étaient pas prêts pour la douleur que leur administraient les Terreuses.

Une fois qu'elles eurent défoncé les premiers rangs, Szajbel se rua sur l'archevêque. Après lui avoir asséné un coup de trique sur la tête, qui le fit s'effondrer sans signe de vie sur l'autel, elle lui ôta sa chasuble qu'elle passa sur sa tenue, puis prêcha un sermon sur la Vieille Pucelle devant les fidèles paralysés par la peur.

Lorsqu'elle eut fini, elle sortit avec sa garde prendre l'air. De l'air prétendument pur, en réalité pollué par ce qu'il leur fallait détruire pour sauver leur mère, la Terre. Elle inspira avidement par le nez. Les pèlerins les observaient, la bouche béante, tandis qu'elles tentaient de repérer quelque chose sur le béton qui les entourait.

Elles trouvèrent des brins d'herbe qui perçaient les dalles çà et là, mais pas de mousse ; la forêt de jadis avait été rasée pour construire le sanctuaire. Elles se mirent à s'y frotter. Et un miracle eut lieu. Que ce fût à la faveur de leur transe ou par la grâce de la Vierge à l'enfant, les brins d'herbe humidifiés par les Terreuses se mirent à se multiplier, à pousser par milliers entre les dalles de béton, et formèrent bientôt une prairie luxuriante.

Elles frottaient leur fente aux brins avec une vénération que cet endroit que la nation appelait sacré n'avait jamais connue. Les vulves faisaient des allers-retours sur l'herbe réchauffée par le soleil. Et c'est au moment où elles commencèrent à émettre des sons aigus, comme pour invoquer d'autres femmes, toutes ces femmes désireuses d'un changement, qu'advint ce que Szajbel avait désiré plus que tout.

Voilà qu'Elle descendit du tableau. Non pas sombre, mais claire, luisant d'un éclat aveuglant. Sur son visage se dessinait la joie, et non la tristesse.

La cicatrice sur sa joue se mit à pâlir, comme si elle s'effaçait sous l'effet d'un traitement.

L'enfant dans ses bras cessa d'être un garçon et devint une fillette à la fine tresse.

Elle s'approcha des femmes qui se frottaient, déposa l'enfant par terre et lui fit signe d'attendre. Elle entra dans le cercle des femmes. Elle se dévêtit, dévoilant son corps qui était à la fois jeune et vieux, un corps de jeune fille en même temps affaissé et vieillissant, magnifique.

Szajbel lui tendit sa propre trique. Elle l'enfonça d'abord entre ses jambes, comme pour la baptiser de son humidité sacrée, puis elle la déposa à côté d'elle pour frotter sa fente contre le substrat vert.

Les femmes purent alors l'observer de plus près. La Vieille Pucelle dont leur avait parlé Szajbel. Emplie de joie et de vie.

Elle était moi, Elle était toi. Elle était Kunegunde Kreppel, Hélène Spalt et sa petite-fille Mathilde. Une amie. Ta sœur, ta mère ou ta fille. Et ta grand-mère. Elle était nous toutes dans notre folie la plus belle et la plus sacrée.

MANIFESTE DU HEXISME

1. Enracinées dans la terre avec nos griffes, nous racontons par le chant, par nos gémissements et nos cris le nouveau Cantique de la Création du monde – le nouveau Commencement du monde.

2. Ébranlées par le frisson de l'orgasme, nous proclamons qu'au Commencement était la fente, pas Dieu le Père, mais la Déesse Mère. Sur cette Fente-Vagin originelle apparurent, avec le temps, des verges saillantes – des excroissances. Des tissus défectueux similaires aux verrues, aux poireaux ou aux croûtes, extrêmement pathologiques.

3. Loyales envers le Vagin originel, la sainte Fente et notre Creux ancestral, donc, nous sifflons à l'oreille des adeptes bornés de l'Ancien Testament et du Troupeau du Christ qu'au commencement il n'y avait pas d'Arbre de la connaissance, mais seulement l'Arbre de la vie, aussi appelé Arbre de la tendresse. Lui seul fut épargné par les tonnerres rutilants, par les prophètes des autres religions appelées « épées flamboyantes ». Lui seul résista à la rudesse et à la médiocrité phalliques. Ce fut la meilleure phase du développement humain – une ère où le Vagin, et non la bite moisie et pourtant toujours effrontément dressée, régnait sur le monde.

Une période où les femmes décidaient seules de ce qu'elles mettaient dans leur bouche, et ce n'était sûrement pas cette excroissance lubrique dont il faut se débarrasser comme d'une tumeur.

4. Nous appelons toutes les femmes du monde tenant des phallus dans leur bouche, leur vagin, leur anus ou leurs mains à cesser toute pratique visant à les maintenir rigides. Qu'ils ramollissent enfin et se dégonflent, qu'ils laissent de la place pour la réactivation de la Fente qui, par son humidité, est la véritable Source de Vie sur Terre.

5. Plutôt que d'élever nos mains vers le Ciel nimbé de smog, saisissons-nous de triques, de gourdins et de barres, et défonçons tout ce qui est dressé mais mort. Les régimes politiques, les hiérarchies sociales, les –ismes dans l'art ! Défonçons ceux qui considèrent que notre place est à la maternité, dans une église ou dans la cuisine. Défonçons les Słowacki, les Norwid et les Mickiewicz de toutes les nations qui, au lieu de voir notre force motrice et notre puissance, ont préféré nous affubler de caractéristiques totalement opposées : la soumission, la douceur et la faiblesse. Ont préféré soupirer pour nous, se suicider de désespoir plutôt que de nous respecter pour notre fertilité, notre créativité, notre intelligence, notre organisation du travail, notre ingéniosité et notre force. Mettons en pièces tous ceux qui exigent des femmes mères qu'elles se sacrifient, pour leur offrir ensuite un monument

à la gloire de la Mère-polonaise. Traitées pendant des siècles comme des chiennes, nous nous libérons désormais de votre laisse. Nous réduirons en cendres la Patrie, dont le symbole est l'Aigle blanc. Plus jamais aucun petit oiseau ne sera le symbole de notre peuple. Que ce charognard reste l'emblème des cadavres vivants dont nous ne faisons pas partie, nous, femmes, croyant non tant au Père qu'en la Terre-Mère toujours vivante et vivifiante, la Vieille Pucelle, Cybèle.

6. Volons en éclats sans avoir peur d'être absorbées par le sombre Gouffre, puis fusionnons à nouveau. Soyons comme le quark qui, à partir du lait, prend une autre forme grâce au feu sans pour autant changer de composition. Que la coagulation et la dissolution deviennent les principes fondamentaux qui dirigent notre vie. Que les concepts de normalité ou de personnalité définitivement figée ne nous leurrent pas. Dès que vous en entendrez parler, posez les mains sur votre vulve et vérifiez : n'aurait-elle pas cessé de palpiter, de pulser ? Il n'y a rien de plus néfaste pour la vulve que ces normes bourgeoises en décomposition telles des carcasses de cailles sur les tableaux des maîtres flamands.

7. Élevons au rang du Sang du Christ le Lait, la substance la plus vivifiante au monde. Plutôt que de faire couler le sang lors de croisades ou de guerres, dissolvons-nous dans la Sainte Ocytocine – l'hormone de l'Amour créée par la femme pendant

l'orgasme et l'allaitement. Plaçons au-dessus de tout la Mère portant la Vie et l'Amour, et non le Père semant la peur !

8. Cessons de nous mettre à genoux sur les dalles de marbre froid des églises, agenouillons-nous sur la mousse chaude et humide, frottons-y notre vulve nue assoiffée de tendresse ! Par la fente qui s'y cache, aspirons le sol moussu de la forêt, accueillons en nous les flux souterrains de la Terre, offrons-lui en échange notre secrète humidité. Ainsi que notre odeur, l'aura phéromonale de la reproduction autant que la décomposition et la putréfaction, caractéristiques de tout être vivant, qu'il soit végétal ou animal. Ce n'est que par la symbiose avec la Terre, par une relation intime avec Elle que nous renouvellerons l'Alliance contractée avec Elle à l'aube de l'humanité.

9. Enracinons-nous dans les bois ! L'Office national des forêts est une institution tout aussi néfaste que l'Église, qui essaie de nous imposer le type de contact que nous devrions avoir avec la nature (dans le cas de l'Église, avec une divinité). Nous savons ce qu'il doit être ! La forêt est le grand vagin vert du Monde. Notre première et dernière demeure. En cas de catastrophe climatique, grâce aux forêts seulement, nous aurons où nous protéger de la canicule, où étancher notre soif. L'austère Dieu vétérotestamentaire auquel croient souvent ceux qui se moquent de la crise climatique et des

principes écologiques a déjà manifesté son désintérêt total à l'égard des cataclysmes et des fléaux. En sera-t-il autrement, cette fois ? La FORÊT est la source de notre infaillible instinct. Nous, femmes, nous, hexes, avons pu subsister en cueillant des baies, en infusant des plantes pour guérir divers maux. Nous n'avions pas besoin de chasser, de tuer pour survivre. Nous en sommes toujours capables. Et nous survivrons si nous défendons la Forêt – matrice du monde dont le revers est la contrée des morts qui nous nourrit de sa décomposition. Les eaux des océans qui coulent dans les veines de la Terre. La Vie. Ce n'est que dans le giron de notre Mère que nous pouvons nous sentir en sécurité. Mais s'il n'y a pas de retour possible au giron, la Forêt, elle, est accessible. Que pour chaque arbre abattu tombe la tête d'un garde forestier. Des milliers de têtes pour des milliers d'arbres. Des millions pour des millions.

10. Ne cherche jamais, au grand jamais, à te débarrasser de ta folie. Ce n'est pas avec la tête que tu remporteras la lutte contre la métaphorique, rigide et omniprésente queue qui sévit et qui s'impose. C'est dans ta fente que se cache cette folie indispensable pour l'emporter. La seule folie au monde que craint le patriarcat dressé, artificiellement soutenu par le Viagra. Le CRÂNE UTÉRO-VAGINAL – symbole de la force transformatrice des femmes et de leur religion intérieure et privée chantant la Tendresse, la Fertilité et l'Amour – apparaîtra

pour te guider lorsque tu suspendras les pouvoirs de ton esprit, lorsque tu cesseras – ne serait-ce que pour un instant – d'obéir à la lettre de la loi. Lorsque tu t'écouteras toi-même, lorsque tu n'écouteras pas ta tête, mais ta propre chatte, sauvage et atavique, dont le pouls s'accorde avec celui de la Terre-Mère, avec le pouls du monde. Ta Fente doit être ta meilleure amie et ta conseillère. Élimine immédiatement tout ce qui se tient entre ta chatte et toi. Sinon, tu n'entendras pas son murmure. Or, c'est en lui que se trouvent les indications à suivre pour vivre en harmonie avec les coordonnées du monde.

Remerciements

Je remercie les femmes qui, dans leur lutte pour l'égalité des sexes et dans leur souci du bien de notre planète, ne craignent pas d'employer leur folie comme arme politique. Ce n'est qu'à travers une relation étroite avec ce qui existe en nous, aux antipodes de la « raison » dégonflée des Lumières, que nous pourrons mettre un terme à ce qui se dresse. En renversant ainsi l'érection dans sa forme symbolique, politique et culturelle, nous nous libérerons enfin du patriarcat et de l'asservissement.

Merci à Justyna Kęs pour ses récits sur le bois mort. À Daniel Zarewicz pour son inspiration, son amitié et ses conseils, et à mon Piotr qui ne manque pas de courage pour vivre avec moi et en tirer du plaisir. Ma plus profonde gratitude va à mes filles qui souffrent d'un handicap intellectuel. C'est grâce à elles que je découvre au quotidien la vraie puissance de la folie.

COMPOSITION ET MISE EN PAGES
NORD COMPO À VILLENEUVE-D'ASCQ

CET OUVRAGE A ÉTÉ ACHEVÉ D'IMPRIMER
SUR ROTO-PAGE
PAR L'IMPRIMERIE FLOCH À MAYENNE
EN AOÛT 2024

N° d'impression : 105272
Dépôt légal : septembre 2024
Imprimé en France